una
estrella
que no
se apaga

una estrella
que no se apaga

VIDA Y PALABRAS
DE ESTHER GRACE EARL

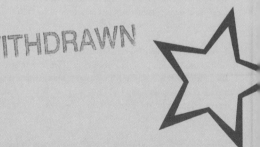

WITHDRAWN

esther earl CON LORI Y WAYNE EARL

TRADUCCIÓN DE MAIALEN GARAGARZA URKIA

VINTAGE ESPAÑOL
UNA DIVISIÓN DE PENGUIN RANDOM HOUSE LLC
NUEVA YORK

ΣSTA HISTORIA trata de una chica a quien le cambia la vida al pasar por una experiencia conocida como cáncer de tiroides. No es uno de esos melodramas basados en una historia real, sobre todo porque el cáncer de tiroides no es tan malo como el cáncer. Esta historia trata de mí, Esther Earl, que padezco una enfermedad que da bastante miedo.

EL SEÑOR BULTO CANCEROSO
Esther Earl,
diario Bulto canceroso

*A todos los que anhelan vivir con intensidad
y amar de todo corazón,
cualquiera que sea el impedimento
o la duración de la vida.*

Abigail y Esther con John Green,
LEAKYCON, 2009

INTRODUCCIÓN
Por John Green

Escritor bestseller de BAJO LA MISMA ESTRELLA *y uno de los creadores del canal Vlogbrothers de YouTube*

M i amistad con Esther Earl comenzó, al igual que muchas grandes historias de amor, en una convención de fans de Harry Potter. Mi hermano Hank es un músico de wizard rock (es decir, escribe canciones acerca del universo del joven mago), y en 2009 lo acompañé a regañadientes a la LeakyCon, una celebración de todo lo relacionado con Harry Potter que tuvo lugar en Boston. La primera noche se ofreció un banquete, y también un concierto que, desde luego, entrañaba una buena sesión de baile.

La mayor virtud de dicha comunidad de fans es que no se juzga a nadie. Ser *nerd* no se considera un defecto. Se valora la espontaneidad, y en ningún lugar tanto como en la pista de baile. En un concierto de wizard rock da igual si se es un bailarín fantástico o pésimo, siempre que se esté entregado a los movimientos.

Y yo no pertenezco a esa clase de personas. Me resulta imposible bailar como si nadie estuviese mirándome, incluso cuando nadie está mirándome. De modo que, cuando todos corrieron a la pista, yo me quedé rezagado. Mi estrategia para ese tipo de ocasiones consiste en apoyarme contra una columna o pared y observar con gesto pensativo a los músicos y bailarines, fingiendo reflexionar sobre ideas sumamente inteligentes. Así, si da la casualidad de que alguien se fija en mí, pensará que no debe molestarme.

Pero resulta que aquella noche me interrumpió una vocecita que me preguntaba: «¿Es usted John Green?». Al girarme vi a dos chicas casi idénticas, por lo que supuse que eran hermanas: una de ellas llevaba una cánula nasal y la otra sostenía un tanque de oxígeno. «Sí, hola», respondí. Lo que siguió fue algo de lo más habitual: a aquella chica llamada Esther le gustaba el videoblog que hacemos Hank y yo, y quería hacerse una fotografía conmigo. Su hermana nos la hizo y tras una breve conversación volví a apoyarme contra la pared.

Un par de minutos más tarde, un amigo tiró de mí para tratar de arrastrarme a la pista de baile. Me di la vuelta presa del pánico y vi a Esther y a su hermana Abby sentadas a una mesa que había detrás de la pista. «Hum, tengo que ir a hablar con esas chicas», aduje.

Aquélla fue la primera vez, aunque no la última, que Esther Earl me salvó de una catástrofe. Me senté junto a ellas y entablé conversación. Resultó que Esther no sólo veía nuestros videos, sino que era una *nerd-fighter* muy comprometida (los *nerdfighters* son personas que luchan a favor de los *nerds* y celebran el intelectualismo; la comunidad nació gracias a los vídeos que mi hermano y yo empezamos a colgar en 2007). Esther llevaba siguiéndonos muchos años. Más adelante ella misma ayudaría a sacar adelante la mayor página web de fans *nerdfighter* (effyeahnerdfighters.com) junto con un reducido grupo de amigos que se hacía llamar Catitude. Además, dicho grupo colabora cada año en un proyecto benéfico *nerdfighter* denominado Project for Awesome, y Hank y yo hemos acudido con frecuencia a Catitude en busca de consejo y ayuda. De manera que, en cierto modo, Esther y yo ya nos conocíamos.

Aquella noche en Boston charlamos durante un buen rato —y seguro que aburrimos a la pobre Abby— sobre bromas internas de los *nerdfighters*, la música de Hank y nuestros grupos favoritos de wizard rock.

A partir de entonces seguí en contacto con Esther. De cuando en cuando hablaba con ella por Skype y alguna vez participaba en el chat de Catitude para hacer comentarios acerca de su página de fans, de cómo moderaban el foro o simplemente para pasar el rato. Es imposible describir la velocidad a la que escribían en esos chats de Skype: diez o doce personas podían teclear miles de palabras al minuto, y Esther, a pesar de ser uno de los miembros más jóvenes de Catitude, no se quedaba atrás.

Yo ya sabía que ella tenía cáncer, pero también que la mayoría de los jóvenes enfermos de cáncer se recuperan. Nunca quise ser indiscreto, sobre todo porque había estado trabajando durante años en un libro sobre niños con cáncer y no deseaba que mi amistad con Esther se convirtiera en un proyecto de investigación. Durante mucho tiempo nuestra relación se basó en una especie de negación: yo no quería ni pensar en el hecho de que aquella admiradora tan leal y divertida podía morirse, y Esther buscaba amistades que no estuviesen definidas y limitadas por su enfermedad. Sus problemas físicos hacían que aquélla fuese una tarea difícil en la vida real, pero en internet no era la Esther Earl que tenía cáncer e iba con un tanque de oxígeno: era Esther Crazycrayon, la chica graciosa de Catitude.

Un buen día, mientras chateaba con Esther, me confesó que estaba escribiéndome desde la cama del hospital y, tras entrometerme un poco, me contó que se encontraba en la UCI, con unos tubos que le salían del pecho y que se encargaban de drenar el líquido que se le había acumulado en los pulmones. Incluso entonces hizo que la situación pareciera algo normal y corriente, como si a todos los jóvenes de catorce años les hiciera falta un drenaje torácico de vez en cuando. Sin embargo, me quedé tan preocupado que contacté con sus amigos, quienes a su vez me pusieron en contacto con Lori y Wayne, los padres de Esther. Poco tiempo después, todos sus amigos de internet empezaron a ser conscientes de que ella sufría una enfermedad terminal.

Acabo de darme cuenta de lo que he estado haciendo: he tratado de distanciarme de mi dolor, utilizando frases frías y técnicas como «enfermedad terminal» y describiendo los hechos en lugar de los sentimientos. La verdad es que me enojé mucho: conmigo mismo, por todas las veces en las que interrumpí nuestras conversaciones para seguir trabajando; y también con el mundo, por ser una especie de lugar repudiable donde los niños que no han hecho nada malo se ven obligados a vivir con miedo y dolor durante años para finalmente morir.

Me disgusta la frase «amigos de internet», porque implica que las personas conocidas en la red no son amigos de verdad; es decir, que de alguna manera la amistad es menos real o significativa porque sucede mediante Skype o mensajes de texto. Yo considero que la amistad no debe medirse por su cualidad física, sino por su importancia. Los buenos amigos, sean de internet o no, nos empujan a ser más empáticos, nos reconfortan y también nos liberan de nuestras prisiones interiores. Imagino que a Esther en parte le entristeció tener que renunciar a la ilusión de que iba a estar bien con sus amigos de la red, pero lo que sucedió a continuación resultó ser una revelación para todos. Nuestras amistades de internet eran reales y poderosas, y se hicieron aún más reales y poderosas cuando Esther y sus amigos por fin pudieron reconocer su enfermedad y hablar abiertamente y con sinceridad sobre ella.

Unos meses antes de que Esther muriera, esos amigos de internet se vieron en persona, ya que algunos miembros de Catitude fueron a visitarla a Boston. Yo pasé un día con ellos. Me gustaría decir que me mantuve sereno y fuerte, pero la verdad es que estuve llorando casi todo el tiempo y apenas fui capaz de articular alguna que otra frase. Preferiría haberme comportado como un adulto con ellos, haber sido, al igual que sus padres, una presencia que la reconfortara, la tranquilizara y le diera cariño, en lugar de una magdalena asustada. Pero así es la vida.

De todos modos, fue un día fantástico. Hablamos de nuestras esperanzas y miedos para el futuro, de la última película de Harry Potter (lamentablemente, Esther nunca llegó a verla) y de nuestros mejores recuerdos. Ella me confesó que el suyo había tenido lugar un año antes, cuando la ingresaron con neumonía y pensó que iba a morirse. Me contó que estuvo rodeada de su familia, que se tomaron de la mano y que sintió que estaba conectada a aquellas personas, que le profesaban un amor infinito. En algún momento utilizó esa palabra, «infinito», para referirse al amor de su familia, y pensé que no era un número muy alto. Para mí se trata de algo completamente distinto: se trata de lo ilimitado. Vivimos en un mundo definido precisamente por los límites: no se puede viajar más rápido que la luz; debemos morir y moriremos. No hay modo de escapar de esos límites. Pero el milagro y la esperanza de la conciencia humana es que aún podemos concebir lo ilimitado.

Vimos un video que Wayne y Lori habían preparado sobre la vida de Esther. Comimos comida china. Lloramos mucho todos juntos. De cuando en cuando Esther hacía pausas (para echarse la siesta, para vomitar, para que le inyectaran medicamentos en la sonda del vientre), pero estaba plenamente con nosotros, tan viva como los demás, igual de capaz de amar, divertirse, enojarse y sufrir. Y, por mucho que yo no deseara que nuestra amistad tuviera algo que ver con el hecho de que yo escribiera, no pude evitar que ella me influyera como escritor y como persona. Esther era divertida, mordaz y segura de sí misma. Su capacidad para empatizar era insólita. Pero, por encima de todo, era una persona, completa y compleja. Tendemos a pensar que los moribundos son radicalmente distintos a los sanos. Los consideramos héroes y creemos que tienen unas reservas de fuerza vedadas a los demás. Nos decimos a nosotros mismos que las historias de su sufrimiento nos servirán de acicate, que aprenderemos a dar las gracias por todos los días o a ser más empáticos. Esas reacciones, aunque bienintencionadas, acaban por deshumanizar a los moribundos. Esther era especial, pero no porque estuviese enferma, sino porque era Esther, y no existió para que el resto de nosotros aprendiéramos importantes lecciones de vida. El sentido de su vida, al igual que el sentido de cualquier otra vida, es una cuestión enloquecedoramente ambigua envuelta en incertidumbre.

Aquella misma noche, un poco más tarde, acompañé a Esther y a sus amigos a dar un paseo por Boston y, haciendo turnos para empujar la silla de ruedas, buscamos un lugar donde tomar café y helado. Jamás lograré explicar lo bien que lo pasamos, la sensación que teníamos de estar viviendo una gran aventura similar a escalar el Everest, al serpentear por calles con siglos de antigüedad en busca de un postre.

Unas semanas más tarde hice un video sobre Esther, y pronto ella se convirtió en una especie de celebridad en la comunidad *nerdfighter*. Durante los últimos meses de vida, llevó con gracia la atención que acababa de suscitar (después de todo, Grace era su segundo nombre). Incluso comenzó a hacer sus propios videoblogs, y aunque ya estaba muy enferma y le quedaban pocas semanas de vida, sus videos eran divertidos, graciosos y captaron el interés de muchos internautas. Mantuvimos el contacto, y Esther continuó charlando con sus amigos en el chat de Catitude, a pesar de que le resultaba cada vez más difícil seguir el ritmo de la conversación a medida que su salud empeoraba.

La última grabación de Esther fue parte de un video elaborado conjuntamente por los miembros de Catitude con motivo de mi trigésimo tercer cumpleaños, que tuvo lugar el 24 de agosto de 2010. Para cuando el video se publicó, Esther volvía a estar internada en la UCI. Falleció la madrugada del 25 de agosto.

Cuando reflexionamos sobre la muerte, solemos imaginar que sucede gradualmente: pensamos en un enfermo al que se le va la vida poco a poco, hasta que finalmente muere. Pero Esther, incluso en sus últimos días, estuvo completamente viva, tan viva como cualquiera, y a pesar de que todos los que la queríamos sabíamos que estaba llegando su final, perderla fue un gran golpe para mí. No se marchó lentamente, sino de repente, porque, hasta cuando no podía levantarse de la cama, encontraba el modo de estar completamente viva; de jugar con sus amigos, de gastar bromas, de querer y ser querida. Y de pronto se fue.

He dicho en repetidas ocasiones que *Bajo la misma estrella* no es un libro sobre Esther, aunque se lo haya dedicado a ella. Cuando se publicó, muchos periodistas querían que hablara sobre Esther, deseaban saber si mi libro estaba «basado en una historia real». Nunca supe muy bien cómo reaccionar ante aquellas preguntas, y aún sigo sin saberlo, porque la verdad, como siempre, es complicada. Esther fue la fuente de inspiración en cierto sentido, ya que la ira que sentí tras su muerte me empujó a escribir constantemente. Ella me ayudó a ver que los adolescentes son más empáticos de lo que yo creía, y su encanto y sarcasmo también me sirvieron de inspiración. De todos modos, el personaje de Hazel no tiene nada que ver con Esther, y la historia de Hazel no es la de Esther. La historia de Esther le pertenecía a ella. Por suerte para nosotros, era una escritora extraordinaria, y en estas páginas nos cuenta su historia de forma maravillosa. Encuentro consuelo en eso, pero que no se me malinterprete: todavía estoy enojado por su muerte. Aún la extraño. Su pérdida sigue pareciéndome una injusticia intolerable. Y me gustaría que hubiese leído *Bajo la misma estrella*. Me asombra que el libro haya tenido tantos lectores, pero nunca llegará a las manos de la persona que más deseo que lo lea.

Antes he mencionado que Esther me salvó de más catástrofes aparte de aquella noche de 2009 en que me sacó de la pista de baile. De hecho, todavía sigue salvándome, todo el tiempo. En estas páginas, al igual que en mis recuerdos, ella hace que tenga presente que una vida breve también puede ser buena y rica, que es posible vivir con depresión sin que ello te consuma, y que el sentido de la vida se encuentra juntos, en la familia y en la amistad, que transciende y sobrevive a toda clase de sufrimientos. Tal y como escribió el poeta en el Cantar de los Cantares de Salomón en la Biblia, «es fuerte el amor como la muerte». O quizá más fuerte.

Almohada con forma de estrella,
ARABIA SAUDÍ, 2000

Esther trabajando,
MASSACHUSETTS, 2003

ESTHER GRACE
Por los padres de Esther

Introducción de Lori y Wayne Earl

Desde pequeña, Esther no tuvo ninguna duda de que iba a ser escritora. Y nosotros estábamos seguros de que lo conseguiría. Ella amaba las palabras, sentía su poder y creía en la magia de la historia. Al crecer, comenzó a apuntar en una lista las ideas y los personajes que esperaba desarrollar más adelante. La animábamos a escribir, y con mucho entusiasmo le prometimos que la ayudaríamos a encontrar lectores para sus trabajos.

A partir de los ocho años, más o menos, empezó a llevar un diario personal, y escribía en él con más frecuencia a medida que crecía. Evidentemente no lo hacía con la idea de que se publicara algún día. Escribía porque tenía la necesidad de hacerlo. Le apasionaba el proceso, y resultó ser fundamental para su salud, tanto mental como emocional, plasmar en un papel las ideas que le rondaban por la cabeza. Como a muchos otros niños de su edad, llevar un diario le ayudó a recorrer la travesía entre la infancia y la juventud; escribir se convirtió en una actividad aún más fundamental después de que le diagnosticaran la enfermedad.

Sus textos ahora te pertenecen a ti, al lector. Estamos convencidos de que ella no se habría opuesto a ello. A menudo decía que deseaba alentar y motivar a otras personas, y lo habría hecho aunque su propósito pasara inadvertido, quizá especialmente si pasaba inadvertido. Defendía a los solitarios, acogía a los desconocidos, era hospitalaria.

Esther solía escribir al final de su jornada, ya en la cama, y sólo después de haber leído algo maravilloso. Es evidente que se dirigía a su diario como si de una persona se tratara, y a menudo releía lo escrito con la intención de mejorar sus virtudes y de enfrentarse a lo que consideraba sus defectos. Con el paso de los años, el estilo y el contenido de sus textos comenzaron a reflejar que Esther tenía una meta en la vida, todo ello desde la perspectiva de una jovencita empática y alegre que se veía obligada a afrontar la monstruosa realidad de un cáncer con sentencia de muerte y que, al mismo tiempo, entraba en el seductor mundo de la adolescencia a principios del siglo XXI.

Ante aquella intromisión tan desagradable, con frecuencia nos embargaba una sensación de impotencia mientras luchábamos por no perder el optimismo. Para nosotros, el omnipresente respirador artificial de Esther era un recordatorio constante de que llegaría el día en que dejaríamos de oír su zumbido tranquilizador. Pero ella prefirió ver las cosas de otra manera. A lo largo de todo el tratamiento, Esther creyó que, en general, la vida se había portado bien con ella. Tenía el amor de su familia y amigos, y todos los días volvía a centrar toda la atención en su propósito de reconfortar a los demás y cuidar de ellos. Por muy duro que fuera el asalto, hasta que el trabajo estuviese terminado no se planteaba dejar de escribir su texto esperanzador. Dos semanas después de cumplir dieciséis años, tuiteó lo siguiente a sus amigos: «Si pudiera pedir tres dones, serían el de entrar en un cuerpo (sin hacerle daño) y quitarle todo el cáncer, el del baile y el de la PALABRA».

Crear palabras que pudiesen curar, y disfrutar de la vida en compañía y con intensidad aquí y ahora: ése es su legado. Estamos convencidos de que a ella le gustaría que la recordaran por eso, y también por el gran amor que profesaba a los demás.

Su vida era su libro. No pudo elegir el desenlace, pero el modo en que llenó las páginas hace que su historia sea irresistible. Compartir lo escrito por Star —nuestra estrella y nuestro maravilloso rayo de sol— es una manera de esparcir luz. Estamos muy agradecidos de que honrara nuestras vidas con su presencia, aunque fuera por poco tiempo. Al leer las palabras de esta joven escritora, esperamos que, al igual que nosotros, los demás encuentren la motivación para ser mejores personas.

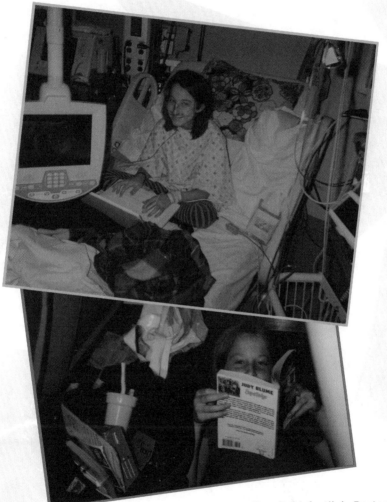

Hospital Infantil de Boston,
2008

En el avión a casa desde Europa,
2004

Obra de arte sin título,
6 DE DICIEMBRE DE 2008

3 DE AGOSTO DE 1994

Esther Grace Earl, nacida en Beverly (Massachusetts) e hija de padre pastor y madre educadora, era muy querida mucho antes de que el mundo la conociera. Esther —que significa «estrella»— fue llamada así por la valiente reina judía que arriesgó la vida para salvar a su pueblo.

Esther con siete meses,
HAVERHILL, MASSACHUSETTS, 1995

EL CABELLO

Nuestra Star nació con un precioso cabello liso y rebelde que se ajustaba a su actitud enérgica ante la vida. Era imposible domarlo, de modo que ¡ni siquiera lo intentábamos! De vez en cuando oíamos este comentario sobre nuestra pequeña: «Hoy nos hemos levantado con el pelo revuelto, ¿eh?» Nosotros contestábamos indignados, siempre con tono de reproche: «¡Nos encanta su cabello!»

Nuestra pequeña,
WARD HILL, MASSACHUSETTS, 1997

LA CREATIVIDAD

Con sólo dos años, Esther dibujó una bota con agujetas
y un rostro sonriente. Su padre escribió sobre ello en su diario:

—Esther, ¿has visto ese dibujo en algún lugar?

—No.

—¿Se te ha ocurrido a ti solita?

—Sí, papá, he visto la bota, ¡y le he hecho una cara!
  ¿Te gusta?

—Claro, Esther. Me encanta.

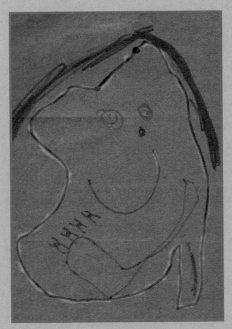

La bota de papá,
1996

LA EMPATÍA

Cuando Esther tenía cuatro años nos mudamos a Arabia Saudí, donde nos habían contratado para ser profesores. El mundo de Esther giraba en torno a la familia, incluyendo a sus hermanas mayores, Abby y Evangeline, y a su hermano menor, Graham.

La empatía de Esther, que para entonces ya era patente, quedó probada el día en que tuvo la generosidad de darle crema solar a Graham en el rostro. Él se echó a llorar porque se le había metido en los ojos, y Esther no tardó en reaccionar. «No, Graham, mira, ¡no hace daño!», le dijo, y ella misma se puso crema en los ojos para demostrárselo. ¡Ambos acabaron chillando de dolor y corriendo en busca de ayuda!

LA LECTURA Y LA ESCRITURA

En 2011 nuestra familia regresó a Massachusetts, donde el padre de Esther aceptó un puesto en una iglesia. Ella ya era una ávida lectora, y también aprovechaba muchas ocasiones para escribir historias, así como correos electrónicos a amigos y familiares. Por ejemplo, este que envió a su padre en octubre de aquel mismo año:

> Querido papá:
>
> Espero que te encuentres bien. He escrito dos historias más, *El temible gato destruye la ciudad vegetal* y *El pato de Pascua*, y voy muy bien en la escuela.
>
> Estoy un poco triste porque te has marchado.
>
> Te quiero y rezo por ti. He pensado en qué pedirte que me traigas de donde estás y quiero un animal de peluche o un Huevo Kinder. No me importa que no sea un peluche de los Beanie Babies porque no sabes cuáles tengo, así que no puedes traerme uno.
>
> Un abrazo y muchos besos,
>
> ESTHER

Esther y Graham,
ALEMANIA, 2000

Esther Grace, BARÉIN, 2001

TODO SOBRE MÍ

Esther fue una de las dos únicas estudiantes de segundo curso que consiguieron trepar hasta lo alto de la escalera de cuerda del gimnasio de la escuela. Gracias a ello, tuvo el gran honor de escribir su nombre en el techo.

Póster «Todo sobre mí»

Cinco palabras que me describen: amable, lista, divertida, graciosa, dulce.

Una cosa que me hace especial: mi segundo nombre es Grace.

Mi libro favorito es: la serie de Harry Potter.

Mi comida favorita es: la pizza.

Mi deporte favorito es: el fútbol.

Mi animal favorito es: el gato.

En mi tiempo libre: me gusta leer y escribir.

Cuando sea grande: quiero ser escritora.

Tercer curso,
Kingston, Massachusetts, 2003

NUEVE AÑOS

El hermanito Abraham se unió a la familia el año en que Esther cumplió los nueve. Ella estuvo presente en el parto y cortó el cordón umbilical. Hizo un comentario firme y categórico a todos los presentes en el parto: «¡Seré madre adoptiva!»

A Esther le encantaba el mar. Incluso su rostro parecía hecho de arena y agua, salpicado de pecas que aparecían con los primeros rayos de sol estival. Su alegría quedó reflejada en este poema que escribió en la playa:

Recolecta de manzanas,
NORTHBORO, MASSACHUSETTS, 2003

El mar es muy preciado para mí

Cada vez que lo miro,

él me mira a mí.

Adoro el mar, y sus aguas;

como el cielo, son azuladas.

Y el mar es muy preciado para mí.

Si el mar sigue ahí cuando crezca,

abriré los ojos y respiraré la brisa fresca.

Porque el mar es muy preciado para mí.

El mar me gusta cuando está sereno,

la arena es nueva y el viento agita mi pelo.

Y el mar es muy preciado para mí.

Allée Centrale,
París, Francia, 2004

Éste es un fragmento de un mural titulado «Entrevista con la clase», en el que Esther respondía a algunas preguntas sobre su vida como estudiante de quinto curso:

P.: ¿Qué es lo que más te gusta de ti?

R.: El pelo y las pecas, ¡claro!

P.: ¿Qué harías si vieras que se burlan de alguien porque tartamudea?

R.: Le preguntaría si quiere sentarse conmigo a la hora de la comida o jugar a los videojuegos en mi casa.

P.: ¿Tienes algún miedo?

R.: Tener un accidente de avión, coche o barco, o hacerme daño estando sola en casa.

P.: ¿Tienes algún apodo?

R.: Estee, Star.

P.: ¿El cielo?

R.: ¡Creo que será estupendo y que todo será supercool!

FRANCIA

En diciembre de 2005 nos mudamos a Francia para trabajar en una organización sin ánimo de lucro y así cumplir un sueño que siempre habíamos tenido. Los niños acudieron a programas de inmersión ofrecidos por las escuelas públicas francesas, y Esther pareció adaptarse con especial facilidad a todos aquellos cambios. Debió de encajar muy bien, ya que un día vino a casa después de la clase de gimnasia (¡en la que habían estado esquiando en los Alpes!) y nos contó una historia muy divertida: una familia británica la había descrito como «una niña francesa muy guapa».

Esther y Abe,
ALBERTVILLE, FRANCIA, 2006

ESTHER GRACE

Tras casi un año los niños estaban adaptándose bien a nuestra nueva vida en Europa. Pero en medio de aquel cuento de hadas irrumpió el cáncer. Nuestra niña de doce años —esbelta, musculosa, enérgica e infatigable— se cansaba incluso al recorrer distancias cortas. Necesitaba descansar y empezó a toser. El temor de que tuviera neumonía o tuberculosis nos llevó al hospital en varias ocasiones, y entonces recibimos la peor de las noticias: cáncer de tiroides.

Sexto curso en el Collège Mignet, Aix-en-Provence, Francia, 2006

DIAGNÓSTICO Y TRATAMIENTO
Por la doctora Jessica Smith

Médico especialista del servicio de endocrinología del Hospital Infantil de Boston

C orría el año 2006 cuando Esther, que por aquel entonces tenía doce años y vivía en Francia, empezó a sentirse incapaz de seguir el ritmo de los siete miembros de su muy viajada familia. Durante varias semanas había tenido dolor de pecho, tos y dificultades para respirar, especialmente tras haber realizado actividades físicas. La llevaron al hospital de la Timone en Marsella, donde al principio creyeron que padecía neumonía. Sin embargo, para sorpresa de todos, la radiografía torácica mostró que tenía líquido y nódulos en ambos pulmones.

Internaron a Esther de inmediato y, tras muchas pruebas, le diagnosticaron un carcinoma papilar de tiroides con metástasis, el tipo de cáncer de tiroides más común en los niños. En noviembre de aquel mismo año la operaron para extirparle la glándula tiroides y numerosos ganglios linfáticos del cuello. Tras la intervención tuvo que enfrentarse a graves complicaciones, a consecuencia de las cuales se vería obligada a tomar indefinidamente hormonas tiroideas, calcio y suplementos de vitamina D. Como parte del tratamiento contra el cáncer, también recibió dos sesiones de radioterapia.

Conocí a Esther y a su familia en agosto de 2007 en el Hospital Infantil de Boston, adonde acudieron con la esperanza de encontrar la ayuda necesaria para frenar y curar la enfermedad. En general, el cáncer de tiroides pediátrico tiene muy buen pronóstico a largo plazo, ya que la tasa de supervivencia es de noventa por ciento a los veinte años. Pero el caso de Esther era distinto: el cáncer no estaba confinado en un punto, sino que se había extendido hasta llegar a los ganglios linfáticos del cuello y de los pulmones. Con el propósito de evaluar la situación médica de Esther, se reunió un equipo formado por un tiroidólogo (médico especializado en el cáncer de tiroides), un neumólogo (médico especializado en los pulmones), un enfermero del servicio de endocrinología (enfermero que asiste en casos de desórdenes hormonales) y un trabajador social (especialista que ayuda a hacer frente a las dificultades y los cambios económicos y emocionales).

Normalmente, los pacientes con cáncer de tiroides deben ir al hospital cada seis o doce meses, pero era necesario que Esther fuera a hacerse las revisiones mucho más a menudo. Nuestro primer enfoque consistió en administrarle grandes dosis de yodo radiactivo (radiación) para eliminar la metástasis que tenía en los ganglios linfáticos y en los pulmones. Aquello no sólo la obligó a llevar una dieta muy rigurosa, sino también a estar aún más aislada de sus amigos y familiares. A pesar de que Esther empezó a responder a la medicación, tanto ella como su familia comenzaron a lidiar con otros retos asociados al tratamiento. Esther ya no podía ir a la escuela con regularidad por las numerosas citas médicas que tenía. La cantidad de medicamentos que debía tomar al día aumentó considerablemente y, como consecuencia del estrés al que estaba sometido su cuerpo, tenía constantes dolores de cabeza, náuseas y adelgazó mucho.

Yo era optimista, aunque con ciertas reservas, respecto a la respuesta de Esther al tratamiento, hasta que en junio de 2008 comenzó a empeorar. Ya no era capaz de respirar por sí sola sin ayuda de oxígeno, y la pérdida de peso resultaba llamativa. Se resistió mucho a la idea de que le colocáramos un tubo en el estómago para facilitar la administración de alimentos y medicamentos, pero, tras una larga charla sobre maneras modernas de ocultar el tubo-G, finalmente acordamos que la operaríamos para ponérselo. Entonces, en octubre de 2008, Esther tuvo un gran revés, ya que llegó a la UCI tras sufrir dos hemorragias pulmonares. No toleraba la sedación, y más adelante se mostró bastante reacia a tomar medicamentos psicoactivos.

Tras internarla en la UCI, tuve una larga conversación con Esther y su familia acerca de los siguientes pasos de su tratamiento. Decidimos consultarlo con el Dana-Farber Cancer Institute y seguir una nueva terapia experimental que, si bien no iba a curarla, posiblemente le proporcionaría más tiempo de calidad de vida.

Se consideraron todos los riesgos y los beneficios junto con Esther y su familia, y, aunque se trataba de una decisión muy difícil (una de las posibles consecuencias era que tuviera más hemorragias pulmonares), ella estaba deseando empezar con la terapia. Durante esa transición, Esther tuvo que recibir más cuidados a domicilio y ya no podía dormir en su habitación. La familia trasladó su dormitorio al comedor, porque ella no era capaz de subir y bajar la escalera.

Durante los siguientes dieciocho meses Esther luchó con gran valor y probó dos tratamientos experimentales. En ese tiempo su hermana mayor se convirtió en una maravillosa cuidadora y pasó mucho tiempo acompañándola al hospital. Esther tuvo que lidiar con muchos efectos secundarios —pérdida de cabello, acumulación de líquido, sarpullidos, náuseas, dolores de cabeza y demás—, pero, pese a todo, nunca perdió el optimismo. En el verano de 2010 le fallaron los riñones. En todas sus experiencias médicas Esther se implicó mucho a la hora de tomar decisiones relativas a su salud.

Me sentí muy afortunada al estar presente aquella cálida noche de agosto de 2010 en que Esther falleció en paz y rodeada de su familia debido a complicaciones relacionadas con el cáncer de tiroides.

Me pidieron que dedicara una pequeña parte de este texto a Esther Earl. Las explicaciones médicas, si bien son un recuerdo doloroso de una maravillosa vida perdida, forman parte de mi labor como doctora. Tuve la gran suerte de conocer y atender a Esther y a su familia. También me enfrenté a la dura tarea —con todos los retos que ello implicaba— de explicarle su pronóstico a largo plazo, que vino acompañado de una gran preocupación y sorpresa, así como de una decepción inesperada.

No obstante, las lecciones de vida que me enseñó Esther y el haber compartido esta experiencia trascendental con ella y su familia son todo un regalo. Me resulta imposible resumir en pocas palabras los pensamientos y sentimientos que Esther me despertó. En cuanto la conocí supe que era una estrella. La habitación se iluminaba con su sonrisa y se caldeaba de inmediato con ese halo que siempre la rodeaba. Tenía un sentido del humor mordaz pero encantador, y una carcajada que alumbraba hasta el más oscuro de los días.

Al principio de nuestra relación Esther destacaba por ser una adolescente poco convencional y muy lista, que tomaba cafeína y que era muy sensata para su edad. Siempre escuchaba en silencio y con atención nuestras conversaciones, y sus preguntas no sólo eran agudas, sino médicamente pertinentes. Con sólo trece años, era capaz de cuestionar respetuosamente una decisión médica y formular preguntas que nos hacían reflexionar. A medida que avanzaba nuestra relación y confiaba cada vez más en mí, surgió un vínculo entre nosotras que era jovial a la vez que lleno de honestidad e integridad. Esther nunca estaba dispuesta a admitir el fracaso, y sin embargo aceptaba su destino, se expresaba con claridad y exteriorizaba sus sentimientos con sensatez y confianza. Conforme avanzaba su enfermedad, luchó con gran aplomo y dignidad.

Esther conseguía con sus blogs que todos y cada uno de los lectores se sintieran únicos y especiales, y establecía vínculos entre desconocidos que durarían para toda la vida y que se afianzarían con el tiempo. Su amor por la literatura, la amistad, el arte y todos los procesos creativos hacía que su círculo de amigos se fortaleciera, y sigue haciéndolo a día de hoy. Creó su propia estructura de ayuda que permitió a su familia y amigos reunir fuerzas en el contexto de su propia enfermedad.

Hay que ser tremendamente fuerte para conseguir semejante éxito en el proceso de una enfermedad que afecta a tan pocas personas. No pasa un día en que no piense en ella. Gracias a su contribución a mi trabajo, me dedico con más ímpetu a mi desarrollo tanto profesional como personal. No me olvidaré de mencionarla en todas y cada una de las charlas y conferencias que dé. A pesar del poco tiempo que pasó entre nosotros, su vida y su legado siempre estarán presentes en muchos medios de comunicación diferentes. Yo siempre sabré dónde encontrarla: en mi corazón.

Uno de los pasatiempos favoritos de Esther era crear obras de arte para después regalarlas. Esos tesoros podían consistir en cosas hechas a mano o cortadas, cosidas, pintadas y recogidas por ella misma, como por ejemplo un ramo de margaritas o un jarrón lleno de conchas. Sus creaciones siempre iban acompañadas de una nota o una larga carta: ése era el verdadero propósito de sus regalos, su verdadero regalo. Aunque las flores se hayan marchitado y las obras de arte hayan empezado a amarillear, sus preciadas cartas de amor perduran.

LOS PADRES DE ESTHER

Sin título,
2009

Carta del 2 de junio de 2007

Wayne y Lori Earl...:

¡Hoy es su aniversario! ¡¿Saben lo que eso significa?! Llevan juntos/casados 23 años (¿o son 24?). ¡Qué buena onda!

Siento mucho que no podamos celebrarlo de un modo más especial o romántico. En serio... ¿a quién le gustan los aniversarios aburridos? Bueno, si se quieren, no debería importarles demasiado :).

Papá y mamá, los quiero. Muchísimo. Tengo la gran suerte de que me educan unas personas increíbles. Porque... de verdad, no sería quien soy sin su amor y afecto. Por favor, créanme cuando les digo que son maravillosos. Doy las gracias a Dios por habernos bendecido con unos padres tan cariñosos.

El cáncer es duro. No habría llegado tan lejos si no hubiera tenido a mi familia. Gracias, muchas gracias por estar a mi lado. Hace que la enfermedad sea más llevadera.

Sé que sueno bastante sensiblera, pero no puedo expresar por escrito lo mucho que significan ambos para mí. Tengan claro que los quiero, y que no cambiaría por nada del mundo a nuestra familia pobre y sin hogar pero llena de amor.

Por favor, pasen un buen día, a pesar de que no tengan ningún plan divertido. Los queremos y les deseamos el mejor aniversario que hayan tenido nunca.

Los quiero mucho,

Su Estee

Carta del 3 de junio de 2007

Chérie, aunque sea el Día de la Madre en Francia,
¡VAMOS A CELEBRARLO!

Mamá:

Te quiero. No existe ningún otro modo de expresarlo. Eres una mujer fantástica, lo sabes, ¿verdad? Creo que mis hermanos y yo somos muy afortunados: «no» tenemos dinero, pero en su lugar recibimos el amor de nuestros maravillosos padres; no tenemos una casa, pero contigo me da la sensación de que siempre estamos en casa... Contigo, con el ángel de la guarda que Dios envió para que nos amara (:D), siento que no debemos preocuparnos por nada.

Mamá, sé que sólo soy una niña, pero quiero decirte que el cáncer me ha ayudado a madurar. A veces, cuando pienso en por qué ha tenido que tocarme a mí, consigo algunas «respuestas». Por ejemplo, antes de lo sucedido en el hospital de La Timone, yo no estaba muy cerca de Dios. No quería tratar con Él. Prefería disfrutar de las cosas materiales, que no tienen ninguna importancia... Pero un día me di cuenta de que, sin Dios, <u>nada</u> tiene importancia. De modo que le pedí que entrara en mi corazón. Mira, la verdad es que no entiendo nada sobre Dios, sólo sé que me quiere, que me creó y que sin Él estoy perdida. No me habría dado cuenta de todo eso si tú, papá y Abby no me hubieran dicho que leyera la Biblia y no me la hubieran leído. Muchas gracias.

También he llegado a la conclusión de que tu amistad es <u>muy</u> importante para mí, y no habríamos tenido una relación tan estrecha si no hubiera ocurrido todo esto. Y si me dieran la oportunidad de volver atrás en el tiempo e impedir el cáncer, no lo haría, porque eso cambiaría muchas cosas.

Sólo quiero que sepas que quizá no me importa demasiado tener cáncer. En este momento es parte de mí, y me considero bastante afortunada. Me refiero a que el cáncer de tiroides puede tratarse con radiación, ¡y apenas lo noto! La quimioterapia es distinta, porque te meten un montón de veneno que mata también lo bueno. Espero que pronto encuentren la cura para el cáncer, porque... Bueno, si no me hubiera tocado a mí, no habría pensado en todos los enfermos que lo sufren... Me habrían dado una lástima del tipo «oh... ¡qué pena!», en lugar de una lástima <u>verdadera</u>. A veces me entran ganas de gritar y me enfurezco porque los médicos no consiguen encontrar la cura del cáncer... Oh, es doloroso.

(¡Uau! Acabo de darme cuenta de que parece que estoy hablándole a mi diario en lugar de a ti. ¡Vaya, vaya!)

He pensado que deberías saber que acepto el hecho de tener cáncer de tiroides. <u>NO</u> lo niego ni nada parecido. Sé que todo saldrá bien gracias a Dios y a una familia protectora, cariñosa y comprensiva que me ayuda a pasar por ello.

Bueno, ok, siento cambiar el tono, pero hoy es tu... ¿Qué es?... ¡18º día del Día de la Madre!

P.D.: Se me da mejor escribir que hablar. En serio. Incluso con Angie. Ah, eso me recuerda una cosa... Aunque no sea <u>tan</u> abierta contigo como con ella, ¿te das <u>cuenta</u> de que valoro tu amistad más que <u>muchas</u> otras cosas? Así es. Y mamá, te quiero, y no existe ningún otro modo de expresarlo.

P.D.: Dale las gracias a papá de mi parte... Si no fuera por él yo no estaría aquí... ¡<u>literalmente</u>!

¡Feliz Día de la Madre!

Te quiero, *ich liebe dich, je t'aime* + otros cien o diez idiomas.

Tuya, por siempre jamás y hasta el fin de los tiempos,

<3 ESTEE <3

Madre e hija,
PLYMOUTH, MASSACHUSETTS, 2003

Beach Boardwalk,
SANTA CRUZ, CALIFORNIA, 2004

5 de junio de 2007

Ahora mismo la vida va bien.

De verdad que sí.

Mamá y papá celebraron su aniversario el 2 de junio, pero fueron a cenar a la ciudad el día anterior. Les escribí una postal y por la noche la dejé junto a la puerta de su habitación. Me dijeron que les había «encantado».

Hacia las once de la noche del día 2, Angie y yo decidimos preparar algo para el Día de la Madre, que era el 3 (nuestros padres estaban en la cama, dormidos). Tomamos unos folios y recortamos dos letras por página para completar la frase ¡¡¡FELIZ DÍA DE LA MADRE!!! Lo colocamos todo en la mesa del comedor, junto con una carta (¡muy larga!) que le escribí a mamá y una notita de Ang. Las dos estuvimos de acuerdo en que quedaba muy soso, de modo que salimos a la calle y recogimos un montón de flores (algunas de los jardines de los vecinos... :D). Fue muy gracioso, porque serían más o menos las doce y media, y parecíamos dos niñitas alborotadas. ¡Lo pasamos genial!

Evangeline, Abraham y Esther, La Grand-Place,
Bruselas, Bélgica, 2007

20 de junio de 2007; las 15:00

Sabes que tengo una actitud muy positiva ante todo lo relacionado con el cáncer. Sonrío, me río y bromeo sobre ello. Me da el bajón <u>una</u> vez al mes, más o menos. Y en esas ocasiones procuro estar sola en mi habitación, lejos de la gente. Angie nunca me ha visto llorar por ese tema. La verdad es que me resulta muy duro, pero no es porque me dé la sensación de que no tengo a nadie que pueda consolarme en estos momentos. Estamos estresados. Mañana nos vamos a otro país... o mejor dicho, a otro continente.

¿Qué se supone que debo responder cuando me dicen «sé más fuerte, sólo has pasado por una operación»? Eso es lo que acaba de hacer Angie. Pero... no creo que la operación sea el problema. Fue hace unos seis meses, ya es agua pasada. Sin embargo, sigo teniendo cáncer en el cuerpo. Es a MÍ a quien Dios no ha curado. Pero no estoy enojada con Él, porque tiene motivos para todo. Sólo quiero que alguien me pregunte cómo me siento <u>de verdad</u>. Todavía sufro por dentro, aunque parezca muy feliz por fuera.

Siento hablarte así de triste, pero tú eres la única «persona», aparte de Dios, a la que puedo contarle mis cosas. Me alegra mucho que Dios me quiera y me proteja. Hace que me sienta a salvo... EN SERIO. Ay... Tengo que ir a arreglarme.

<3 Hasta luego, besitos.

Hoy es 22 de junio, ¡y estamos en Estados Unidos!
Tengo muchas cosas que contarte...

El jueves (día 21) me desperté hacia las 6:40, pero no estaba muy cansada, porque me había acostado antes de las once. Tomamos el autobús de las ocho hacia Aix y después la lanzadera al aeropuerto de Marsella, adonde llegamos muy bien de tiempo. Nos dirigimos a tomar el primer vuelo hacia Múnich. Yo llevaba dos maletitas de ruedas, una pequeña bolsa de viaje y mi peluche de Mickey. Estaba cansándome mucho de tanto empujar y todo me pesaba cada vez más. De modo que me paré y, lloriqueando un poquito (por las emociones y la falta de sueño), le dije a mamá que no podía cargar con todo aquello. Ella le preguntó a papá si podría llevar una de mis bolsas. Entonces él se fue diciendo: «¡Oh, ESTHER! ¡Deja de lloriquear como una boba!» Aquello me dolió mucho. Sentí ese nudo en el estómago que he notado últimamente cuando me pongo furiosa o celosa. Yo estaba triste y disgustada, y papá vino a recogerme la bolsa muy enojado y nervioso. Entonces eché a andar con «sólo» tres bolsas y le pedí con la voz rota: «¡Ya basta, papá!»

Llegamos a la sala de facturación/espera/BK y fui al lavabo (sin las bolsas, claro). Hice pipí y lloré durante... dos (?) minutos. Luego me mojé la cara y en cuanto recobré la compostura entró Angie y me preguntó si me encontraba bien. Pasé por su lado y me dirigí a la puerta, supongo que descargando mi ira sobre ella. «Muy bien», le respondí.

Apenas dos metros y volví al lavabo, intentando contener las lágrimas. Pero rompí a llorar y Angie me abrazó durante un buen rato.

Fue muy reconfortante. Mucho. Me alegro de haber vuelto. Le hablé un poco sobre las preocupaciones que he tenido últimamente; por ejemplo, de que me siento muy sola. Y todo esto es muy duro. De verdad que lo es. No puedo… Bueno, Angie es una fantástica amiga y hermana.

Se desconoce la fecha exacta

Amor, intensidad, valor, pasión, rechazo, esperanza, preocupación, fracaso, alegría. Lo que la vida pone en nuestro camino nunca tiene sentido. Cree que estamos a disposición de la vida. Cuánto tiempo esperamos para que la vida nos cambie. Cuánto tiempo deberíamos intentar cambiarnos a nosotros mismos. El peso de la muerte, el peso del temor. La carga de la tensión, aquí está el dolor. Nunca se sabrá, no se adivinará, nunca se sabrá, cuánto desastre habrá. No muestres cariño, no tengas amor, no sientas apego, o podrías cambiar.

9 de septiembre (2007)
Sentir

El peso de la muerte, el peso del temor,
la carga de la tensión, aquí está el dolor.
Nunca se sabrá, no se adivinará,
nunca se sabrá, cuánto desastre habrá.
No muestres cariño,
no sientas apego,
no tengas amor,
la vida no es un juego.
Y sin embargo sentimos,
tenemos,
mostramos,
quién sabe...
Yo no lo sé.
Yo no lo sé.

16 de septiembre de 2007

Wayne, padre, papi, papá... Papá...:

¡Feliz 48º cumpleaños!

Te falta muy poco para llegar a los 50, ¡pronto serás un hombre viejo! No he elegido el adjetivo adecuado: quería decir un hombre MADURO :). ¡Uy!

Sólo quiero que sepas lo mucho que te quiero, papá. Me has cuidado y querido durante toda esta mala racha que hemos pasado. Por ejemplo, cuando estaba en la cama del hospital, con el pelo alborotado, la cara tan blanca como la sábana que me cubría y con tubos en la nariz, los brazos, los costados... ¡y hasta en el cuello en un momento dado! ¡Por no decir que tenía las piernas tan peludas como las tuyas :/! Pero a lo largo de todo este tiempo me has dado la mano, has rezado y te has preocupado por mí. Y me has querido. Eso es todo lo que me hace falta para saber que eres el mejor padre del mundo. Tal vez algún día volvamos a ver esa imagen de mí: enferma, llena de tubos y meando en una cuña. Si es así, sé que estarás a mi lado, ayudándome a entender que, a los ojos de Dios, está todo planeado; ayudándome a comprender que Dios me quiere, incluso más que tú, mamá y todos los demás juntos, multiplicado por infinito. Y papá, un par de cosas más: sin ti sería una pobre chica enferma y desamparada, pero en vez de eso soy simplemente una chica enferma. Sólo tendré la enfermedad en mi cuerpo durante el tiempo en que Dios quiera que yo siga en la tierra; una vez que vaya al cielo, comprenderé que mi tiempo en la tierra sólo era una parte de todo mi tiempo. Y en el instante en que Dios esté preparado para que me vaya con Él, toda la enfermedad desaparecerá. Eso es lo que me da esperanza. Papá... quiero decirte que sé lo mucho que significaba para ti ir a trabajar a Suiza, las ganas que tenías y la ilusión que te hacía, y siento mucho haberte estropeado los planes. Gracias por haber renunciado a ellos por mí y por todo lo que necesito aquí, en Boston; por demostrarme que ni se te pasó por la cabeza marcharte cuando los médicos te dijeron que lo que necesito es muy importante para mí. Simplemente... gracias, papá. Muchas gracias. Por todo.

Dicho lo cual, voy a cambiar de tema.

¡Feliz cumpleaños!

Espero que pases un día maravilloso, papá. Me resulta imposible expresar con palabras lo mucho que te quiero.

Un beso enorme.

Tu hija,

ESTHER EARL

Padre e hija,
BOSTON, 2009

Creo que durante un tiempo mis entradas en el diario eran muy positivas; en algunas de ellas decía que la vida es coser y cantar, y en otras pensaba que, después de todo por lo que había tenido que pasar, todo me iba de maravilla. Bueno, supongo que la vida no es tan dura, pero me siento peor que nunca. Estoy cansada, desganada, con sensación de impotencia... No sé. Hoy me encuentro mal: me duelen la cabeza y la panza, noto como si tuviera fiebre, pero me he tomado la temperatura y es normal (36.5°). Ayer celebramos el cumpleaños de papá y lo pasamos muy bien. El viernes empecé a hacer un pato a punto de cruz y lo terminé el domingo (¡en la iglesia!). Era un pato amarillo con una cinta azul anudada al cuello y que decía: «¡Feliz CUA-CUAmpleaños!» o algo por el estilo. Intenté seguir el patrón de un patito, pero, humm... Creo que a papá le gustó. También le regalamos un servilletero (*risita*) y un rascador para la espalda (*carcajada*), y yo le di una carta que le había escrito entre lágrimas (*oh* ;)).

¡Anda! Aquí viene el señor Seriedad de visita. ¡Pero bueno! Se ha traído con él al señor Sensatez y a la señora Porfavorsientelastimapormí. ¡Menuda fiesta! :'\

Hace unos días, creo que era el miércoles 12, mamá y papá se reunieron con los médicos. ¡Y volvieron a casa con novedades! Sí, los signos de exclamación son para resaltar lo triste que estoy >:(. Cito a mamá de memoria, quien a su vez citó al médico: «Hemos encontrado más cáncer de lo que esperábamos en los pulmones de Esther. Nuestro plan consiste en administrarle una gran dosis de radioterapia en enero, y así darles tiempo a los pulmones para que mejoren por sí solos». Fin de la cita. Claro que ése es un resumen muy breve: en realidad fue muchísimo más titubeante, conmovedor, largo y detallado, pero bueno. Contuve las lágrimas hasta que mis padres se marcharon de la habitación. Angie (a quien se lo conté todo) y yo lloramos abrazadas :\. De todos modos, lo que eso significa es que el cáncer está más avanzado y extendido de lo que creían.

Ah, sí, también tengo una piedrita en el riñón :(. Según la doctora Jessica Smith, probablemente se disolverá y la expulsaré «en la orina, sin darse cuenta... puede que sienta un poco de molestia...», pero eso no me preocupa demasiado.

Ayer estuve todo el día leyendo el Éxodo... Fue interesante. El pasaje de Moisés y Dios me pareció muy duro. ¡No sabía que Él fuera tan estricto! Por ejemplo, con el faraón... ¿Por qué hizo que lo pasara tan mal? ¿No podía haber utilizado (Dios) a Moisés para abrir el corazón del faraón?

La chica de las pompas de jabón,
MEDWAY, MASSACHUSETTS, 2009

17 de septiembre de 2007

Hola... ¿verdad?:

No quiero hacerme adulta. Es muy duro. Abe es totalmente ajeno al dolor que sentimos cuando nos enteramos de más cosas... ¡Qué suerte tiene! ¿Sabes que ahora (hace un tiempo que me he dado cuenta) me resultan interesantes las conversaciones que tienen los demás/adultos? Pero dicen cosas como... Bueno, un ejemplo: «Hoy he hablado con Bob y me ha contado que la tía Ronda tiene cáncer. Sí, es horrible»; «¡Joy me ha dicho que el cáncer de Opa se ha extendido!»; «Esther, ¿sabías que el padre de la madre de Keri también tiene cáncer?». Siempre sacan a relucir el cáncer, mis padres comentan abiertamente que «él se murió de tal cáncer, y ella del otro...», y me pongo muy triste, ¡como si fuera a morirme! Ah, ¿no te lo conté? Antes, cuando tenía un CÁNCER DE TIROIDES NORMAL, estaba entre el 99.6 % (más o menos) de los niños que se curan. Por tanto, ahora estoy entre el 0.4 % restante de niños que se curan y luego vuelven a enfermar y al final se mueren, o se mueren directamente; como dice mamá, «estás en la "categoría incierta"». Vaya broma, ¿eh? Puede que me muera. Qué miedo... Pero estoy muy tranquila. Sinceramente, creo que la mayor parte del tiempo es peor para los amigos y la familia que no tienen cáncer y no están acostumbrados a tener al lado a una persona enferma y débil, o que va a morirse... Pero es muy difícil ser tan distinta. Ya no me importa tanto como antes, pero si el cáncer no se hubiese extendido, a lo mejor ya me habría curado... Así que vuelve a afectarme un poco. Aparte de eso, ¡todos nos encontramos bien :D! Estoy cansada, buenas noches.

Besos y abrazos,

<3 ESTHER EARL

Jueves, 20 de septiembre de 2007

Hola :):

Siento comportarme como una emo, pero por las noches siempre me deprimo. Además eres la única persona... ¿o cosa?... a la que puedo contarle mis penas.

Hoy la doctora Smith les ha enviado un correo electrónico a mamá y a papá para comunicarles que va a programar una resonancia magnética y una cita con ella, (CREO QUE) con un fisioterapeuta y con alguien más. He buscado «resonancia magnética» en Google Imágenes y se parece al dibujo que he hecho en la siguiente página. Estoy nerviosa, no sólo porque van a meterme en una especie de máquina claustrofóbica, sino también porque cabe la posibilidad de que el cáncer se haya extendido. Y todo esto ya está siendo muy duro. Hoy le he preguntado a mamá: «¿Qué sucedería si tuviese cáncer en la columna vertebral?» Y mientras me explicaba lo grave que sería, y que si se extendiera *pausa* primero causaría leucemia... de repente he caído en la cuenta de que tengo cáncer.

¡CÁNCER! El tipo de enfermedad por el que se muere la gente... ¡a menudo! No pienso demasiado en ello, pero desde luego no me gusta tener cáncer. Y quizá me muera. Nunca pensé que yo misma podría tener algo tan grave, ni siquiera cuando me operaron. Me refiero a que, por extraño que parezca, justo antes de la intervención no estaba demasiado preocupada. Al hilo de eso, me ha venido a la cabeza el día de la operación. Justo antes de que me llevaran al quirófano, Opa rezaba sin parar, igual que papá y mamá, pero yo me sentía llena de paz. Recuerdo que le hablaba/rezaba a Dios estando tumbada en esa especie de cama de operaciones, sin poder moverme por el daño que me hacía el tubo que me habían puesto en el

costado. Y le decía a Dios que pasaría lo que tuviera que pasar.
Y me repetía a mí misma que Él lo controlaba todo. Recuerdo que ni
siquiera estaba nerviosa cuando entré en el quirófano; sólo un poco
triste porque quizá (si las cosas iban mal) no volvería a ver a mi
familia. Ay, acabo de romper a llorar. Pienso en que no sé si
sobreviviré. Estoy muy asustada. Dios es muy importante para mí,
pero me gustaría que me curara. ¿Soy por ello vanidosa? ¿Egoísta?
¿Estúpida? Me imagino que recuperarse es el deseo de cualquier
niño enfermo. Dios quiere en especial a los niños, y yo soy una niña,
¿verdad? Bueno, sólo me gustaría que me tomara en sus brazos,
igual que en todas esas imágenes en las que se ve a Jesús con niños...
¿Pido demasiado? A lo mejor sí, no lo sé. Voy a leer a Ester en la
Biblia; quiero encontrar un versículo en concreto.

   ¡BUENAS NOCHES!

<3 ESTHER

Ester 8:3: «Si le place al rey salvar mi vida, y si he hallado gracia
delante de él, ésta es mi petición».

Cosas por las que estoy agradecida:

- ¡Mis gatos!
- ¡Mi familia!
- Las máquinas de oxígeno
- El aire acondicionado
- El peso
- Dios
- Nuestra casa

La web de CaringBridge dedicada a Esther se creó en octubre de 2008, después de que hubiese estado a punto de dejarnos durante una larga estancia en el hospital. En los días que pasó inconsciente, mucha gente se dio cuenta de la gravedad de su enfermedad. Desde que la diagnosticaran, habíamos comunicado las novedades a la familia y a los amigos mediante correos electrónicos y llamadas de teléfono, pero de pronto vimos que había muchas más personas interesadas. Lori consideró las posibilidades y llegó a la conclusión de que CaringBridge sería el medio perfecto para dar a conocer las noticias sobre la salud de Esther de un modo más eficiente. El 1⁰ de noviembre de 2008, el padre de Esther escribió la primera entrada del libro de visitas:

Querida Estee Star:

Te quiero muchísimo y te tengo en mis pensamientos incluso cuando no estoy a tu lado.

Ahora y siempre,

PAPÁ

El CaringBridge de Esther continúa estando activo y la gente sigue escribiendo frases de ánimo para ella y nuestra familia. En noviembre de 2013, cinco años después de que se creara la página web, había recibido más de 84 000 visitas.

Sábado, 1º de noviembre de 2008; las 12:30

Esta semana hemos visto a Esther con mucha más energía y apetito. Comió varias raciones de las hojas de parra rellenas preparadas por mamá, ¡y anoche cenó un plato de curri africano! Los médicos han estado hablando de darle el alta la semana que viene para que pase más tiempo en casa. Antes debemos idear el modo de hacer los trayectos de ida y vuelta al hospital con el alto nivel de oxígeno que necesita. Nos encantaría tenerla en casa, y ella está deseando ver a sus gatitos, Pancake y Blueberry.

En el Hospital Infantil,
BOSTON, MASSACHUSETTS, 2009

Lunes, 3 de noviembre de 2008; las 23:28

Muy bien, ¡de modo que éste es el diario de la página web! Por lo visto es aquí donde les contaremos las cosas más importantes que me sucedan. La mayoría de las veces será mamá (también conocida como Lori) la que se encargue de las actualizaciones, pero yo también quiero pasar a saludarlos de vez en cuando :). Aunque no siempre les responda o les cuente mis historias, me gustaría aclarar que me encanta recibir sus mensajes, postales, pensamientos y oraciones, y que aprecio mucho a toda la gente que piensa en mí y en mi familia. Les estoy muy agradecida. Muchísimas gracias a todos :). Bueno, rápidamente les diré que me encuentro bien y que los médicos están planteándose muy seriamente mandarme a casa mañana. ¡Sí :D!

ESTHER

Blueberry y Esther,
OTOÑO DE 2008

Martes, 4 de noviembre de 2008; las 22:18

En este día de elecciones, mientras esperan los resultados con alegría o entereza, aquí tienen algo que celebrar DE VERDAD: ¡¡¡Esther Earl ha salido del hospital y esta noche la tenemos en casa!!! Hoy, al darle la noticia a un colega profesor, he dejado la frase a medias y he exclamado: «¡Esto es la pura felicidad!»

Aunque el diagnóstico de Esther no ha cambiado y sigue necesitando un nivel muy alto de oxígeno (cinco litros), los médicos han considerado que está lo suficientemente estable para quedarse en casa mientras pueda. Estamos muy ilusionados, y ella ha saboreado la libertad de salir del hospital tras treinta y dos días de reclusión. Sus gatitos, hermanos y hermanas le han dado la bienvenida, y pensamos disfrutar de todos y cada uno de los momentos que Dios nos conceda para estar en compañía de Esther, ya sean unos pocos meses o años. ¡Alégrense con nosotros!

Es primera hora del jueves por la mañana, ¡y Esther ha sabido defenderse en casa! Hemos tenido algunos momentos de pánico; por ejemplo, cuando los fusibles de su habitación han saltado cuatro veces seguidas debido a todas las máquinas que funcionan al mismo tiempo. Hemos hecho algunos ajustes, enchufando esto aquí y lo otro allá, ¡y por ahora todo va bien! Además le hemos pedido al casero que venga para ver si puede mejorar la instalación eléctrica de la planta de arriba de esta vieja casa. Por otra parte, Esther me ha despertado a las 4:30 de la madrugada porque sus niveles de oxígeno eran muy bajos. Hemos comprobado que el BiPAP estuviese en marcha, pero el oxígeno no estaba conectado. ¡Uy!

Ayer vino la enfermera a domicilio de Esther y nos dijo que todo parecía estar bien. Además, pudimos practicar francés con ella, ya que es haitiana. Gracias a todos por su apoyo espiritual, emocional y económico. ¡Que tengan un buen jueves!

Sábado, 8 de noviembre de 2008; las 15:51

Hoy es sábado y ya estamos acostumbrándonos a nuestra «nueva» rutina: nos aseguramos de que Esther tome los medicamentos a la hora exacta y de que todo esté conectado y encendido. Ayer se dio un LARGO baño caliente y parece una mujer nueva. Es asombroso cómo las pequeñas cosas nos resultan verdaderos lujos tras haber pasado un tiempo sin ellas...

Algunos de ustedes nos han preguntado cómo se divierte Esther. Le gusta leer los cómics de Archie y Garfield, y también revistas juveniles y de moda. Juega a videojuegos en su Mac y se ha aficionado a varios programas de televisión, tales como *¡No te lo pongas!*, *Jon & Kate + 8* y *Grey's Anatomy*. Le encanta pintarse las uñas (la última vez se las puso de blanco con puntos, ¡como si fueran dados!). Nunca sabemos qué nueva actividad le fascinará (en el hospital hizo ocho o diez rompecabezas enormes). ¡Estamos contentísimos de verla disfrutar de la vida!

Domingo, 9 de noviembre de 2008; las 13:29

He pensado que les gustaría saber la opinión de Esther acerca de las características que debe tener un buen enfermero:

- Te sacan sangre de las venas en el primer intento.
- No te despiertan por la mañana.
- Saben ponerte y quitarte los apósitos sin arrancarte la piel.
- No te hablan como si fueras un bebé.
- No te despiertan cuando estás dormido.
- Tienen paciencia, incluso cuando estás de mal humor.
- Escuchan tus peticiones respetuosamente.
- ¡No te despiertan!

La mayoría de los trabajadores del Hospital Infantil de Boston nos han tratado de maravilla y les estamos muy agradecidos por todo lo que han hecho por nosotros. Los pocos que han sido más duros nos han brindado la oportunidad de madurar, de modo que también les damos las gracias a ellos.

La habitación de Esther,
QUINCY, MASSACHUSETTS, 2009

MAKE A WISH

¡Esther disfrutó de un lunes fantástico! Para empezar el día, acudimos a la primera consulta en la clínica oncológica Jimmy Fund en Boston. Fue una experiencia positiva, ya que los encargados de atendernos son una pareja alegre e ideal para Esther. En resumen, estuvo dieciséis horas desconectada de la máquina BiPAP, hizo algunos dibujos muy bonitos para sus amigos, comió un poco de comida china, envió un mensaje a su hermana mayor, Abby, y pasó un buen rato con el perro, los gatos, mamá, papá, Abe y Angie.

La semana pasada vinieron a casa algunos miembros de la fundación Make A Wish, pero tuvieron que marcharse sin haber anotado ni una sola idea de nuestra Star. Simplemente no tiene ningún deseo (excepto curarse, por supuesto). Hace poco soñó que se encontraba en Francia. Iba caminando con brío junto a su hermana cuando, de repente, ¡se daba cuenta de que le faltaba el tanque de oxígeno! Empezaba a asustarse, pero entonces se llevaba la feliz sorpresa de que ya no lo necesitaba. Eso sí que es un deseo…

¿Qué desea uno cuando ya tiene todo lo que quiere y necesita? Esther comentó que le gustaría traer otro gato, pero le respondimos que, en ese caso, antes deberá regalar uno de los que ya tiene (si hubiese suficiente espacio, llenaría la casa de muchos y variados miembros del reino animal). También dijo que le gustaría ir a la India, porque le encantan los colores y la comida de ese país, pero no puede viajar. Le gustaría volver a nadar… No hay nadie a quien quiera conocer, ni nada que anhele poseer. Ella siempre piensa en qué le gustaría dar, y no recibir. ¿Se les ocurre alguna idea para un caso tan complicado?

Miércoles, 12 de noviembre de 2008; las 19:26

Hola :):

 Actualizo a toda prisa para decirles que me encuentro bien.
El lunes tuve una cita en el Hospital Infantil y todo fue perfectamente,
hasta despertarme a las ocho de la mañana estuvo... bien. ¡Ja, ja, ja!
El martes vinieron algunos amigos a casa y lo pasamos fenomenal:
sacamos un montón de fotos, jugamos a *Scene It* y estuvimos
charlando :). El miércoles y hoy he pasado el rato con la familia,
he visto la tele, he estado jugando, etcétera. Sí, todo va bien y
últimamente me encuentro genial. ¡Me encanta leer todos los
mensajes y las postales que me mandan! También quería ponerles
el enlace de una página web (se llama Flickr), en el que encontrarán
muchas más fotos mías y de mi familia. ¡Pulsen <u>aquí</u> para verlas!
 Un beso,

ESTHER

Ayer Esther tuvo la segunda cita en la clínica Jimmy Fund. Para ella fue una larga excursión de cuatro horas, puesto que no sale de casa excepto para esas visitas. Bajar la escalera, montar en la camioneta, ir al hospital, hacerse los análisis de sangre y la revisión, volver a casa... y todo ello con 30° de temperatura... ¡Uf! Tiene molestias constantes en la garganta y, según los médicos, es probable que los fuertes dolores de estómago que ha sufrido recientemente se deban a la acidez del fármaco de la quimioterapia que ha estado tomando. Desgraciadamente, por primera vez su recuento de glóbulos rojos es bajo, y sin duda éste es el motivo por el que ha estado más cansada de lo normal. Por ello el próximo miércoles regresaremos a la clínica a las ocho de la mañana para que le hagan una primera transfusión de sangre, que durará unas dos o tres horas. Algunos de ustedes nos han preguntado si Estee está en remisión; no, porque eso significaría que no tiene cáncer. Es poco probable que alguna vez llegue a estar en remisión, y nuestra esperanza es que la quimioterapia evite que los tumores sigan creciendo o que incluso destruya las células cancerosas. Pero ése es el mejor de los escenarios posibles, y el equipo médico (mejor dicho, los equipos médicos) desconoce si Esther vivirá sesenta días o años. Nos han dejado claro que hará falta un milagro para que llegue a la edad adulta. Hemos hablado sobre ello, sobre morir, sobre las probabilidades, y ella sabe muy bien qué es lo que escribimos aquí. Ayer, hacia las dos de la madrugada, su padre le recordó que ser desterrados del cuerpo significa vivir junto al Señor. Para una joven cuyo deseo es estar con Dios, ése no es un mal trato. Pero, evidentemente, ella y todos nosotros preferimos que se quede aquí ¡hasta que bendiga a sus bisnietos! Toda la familia espera con ilusión que llegue el día de Acción de Gracias. Hemos decidido que prepararemos una pequeña pechuga de pavo y que nos centraremos en las guarniciones que más nos gustan: verduras asadas, un montón de puré de papas (¡es lo que más le gusta a Esther!), aceitunas y otros condimentos, así como magdalenas y pastel de calabaza. Esperamos que en esta época festiva ustedes también tengan en cuenta las bendiciones que Dios les ha concedido.

Selfie,
BOSTON, 2008

¡Accio Pooh!,
Quincy,
MASSACHUSETTS, 2008

Queridos amigos:

Ya ha llegado el día de Acción de Gracias, una ocasión para reunirse con amigos y familiares, y dar todos juntos las gracias por las muchas bendiciones que tenemos. Por otra parte, hace exactamente dos años oímos por primera vez las palabras «Esther tiene cáncer». Hemos dado las gracias por todos y cada uno de los días que hemos pasado con ella, y estamos especialmente contentos porque, gracias a la transfusión de sangre que le hicieron, ¡sus niveles han subido de 23 a 38! Además, tras dos días completos de tratamiento con antibióticos, ha comenzado a recuperarse de una infección y ya se encuentra mucho mejor. Pueden ver a Esther hablando de sus pensamientos con su característica originalidad pulsando en el enlace de YouTube que encontrarán en esta misma página web.

Cambiando de tema, hoy han llamado a la puerta de casa y, según nos han informado, un amigo nos había apuntado a un sorteo organizado por una radio local y nos ha tocado ¡una cena completa de Acción de Gracias! Así que, después de todo, prepararemos un pavo entero.

Lunes, 1º de diciembre de 2008; las 18:30

Me alegra que tanta gente se interese por nuestra Esther. Los numerosos mensajes y muestras de cariño nos animan a todos. Wayne y yo pensamos en cada uno de ustedes, aunque no respondamos uno por uno a todos los correos electrónicos.

El día de Acción de Gracias fue muy emotivo para mí. Fue el colmo de la felicidad estar reunidos en familia, alrededor de la mesa abarrotada, y leer para los demás una lista de las cosas por las que estamos agradecidos. Sin embargo, a menudo me inunda la profunda pena que me produce pensar que Esther está mucho peor que hace un año. Después fuimos al desfile navideño de Quincy y a un vivero para talar un abeto para las fiestas. Lo más probable es que este año las únicas salidas de Esther sean a la consulta del médico, aunque esperamos poder llevarla al concierto de Navidad que ofrecerá Angie en el instituto de North Quincy. Deberíamos poder trasladarla en una silla de ruedas, con el tanque de oxígeno a remolque...

Hoy le han hecho un análisis de sangre y los resultados son buenos; además, esta vez el recuento de glóbulos rojos es alto. Tiene una infección constante junto al tubo-G, y no ha podido comer mucho porque el sarpullido del rostro ahora también es interno, lo que le produce demasiadas molestias al tragar más de lo necesario. A lo mejor mañana tendremos que llevarla a la clínica para que le hagan una revisión y ver qué medicamentos pueden recetarle para esos efectos secundarios. Últimamente ha estado entretenida con su nuevo diario, y hemos alcanzado a ver dibujos de sus gatos en el cuaderno de esbozos.

No nos olvidamos de dar las gracias todos los días.

DIARIO

2 de diciembre de 2008

Éste es mi <u>nuevo</u> diario.

Ahora mismo estoy viendo *Jon & Kate + 8* que, dicho sea de paso, es mi programa favorito. En estos momentos los Gosselin y sus ocho hijos se dirigen al show de Oprah para hablar de todos sus problemas.

Hace alrededor de una semana leí su libro titulado *Multiple Blessings*. Está escrito principalmente por Kate y su buena amiga Beth Carson, y trata sobre estar embarazada de sextillizos y el modo de hacer frente a todas las dificultades económicas, emocionales y físicas que eso acarrea. El libro está repleto de historias acerca de su fe, y en las muchas ocasiones en que estuvieron a punto de tirar la toalla, ¡Dios no les falló! Esos relatos me motivan y hacen que recuerde que es Dios quien está ayudándome a superar todos MIS problemas.

¿Cuáles son <u>mis</u> problemas? Humm… El primero, y sin duda el más grave, es que tengo cáncer y estoy enferma. El segundo es que la situación económica de la familia está un poco patas arriba, pero puede que no sea así, porque nunca he oído a mis padres hablar de dinero. El tercero supongo que no puede considerarse un problema, pero es que estoy haciéndome adulta. De modo que volvamos a hablar acerca del maravilloso tema del cáncer… Ah, no sé por dónde empezar exactamente. ¡Comenzaré contando toda la historia de principio a fin! Sí, ése es un lugar <u>fantástico</u> para empezar.

Vamos a ver… Cuando tenía doce años —mejor dicho once— vivíamos en Plymouth (Massachusetts). En aquella época mamá y papá pensaron que sería fabuloso mudarnos a Francia. Al acercarse el invierno (¿sería noviembre?) nos trasladamos a Albertville, un pueblo situado en los Alpes franceses. Aquélla fue… toda una experiencia. Quizás alguna vez vuelva a hablarte de la querida Albertville. Después… Espera, no. Cuando vivíamos allí, todos mis compañeros franceses de 5º año y yo fuimos a la piscina en clase de gimnasia. Recuerdo que tuvimos que nadar cuatro largos seguidos y que me quedé sin aliento. En otra ocasión fuimos a correr a la pista de atletismo de la escuela y sentí calambres en las costillas; me pareció raro, pero supuse que simplemente estaba en baja forma.

Viviendo aún en Albertville, Angie y yo empezamos a dar paseos por el pueblo, por lo menos un día sí y otro no. Seguimos haciéndolo hasta que nos mudamos a otro lugar de Francia llamado Aix-en-Provence.

Una vez, un día entre el verano y el otoño, hicimos una buena caminata hasta un parque no muy lejano. Habíamos tomado las llaves de casa, pero, cuando estábamos justo delante de la puerta dispuestas a entrar, no las encontrábamos. De repente recordé haberlas dejado en la hierba. Las dos juntas recorrimos parte del camino de vuelta, pero Angie me pidió que siguiera yo sola. Recogí las llaves y regresé a casa.

Me dolía el costado y no podía respirar. Tardé alrededor de media hora en recuperar el aliento.

La falta de aire, la tos y el dolor en el costado empezaron hacia septiembre u octubre. Pensé que las molestias eran una consecuencia normal del ejercicio o de la regla, y supuse que me quedaba sin respiración porque practicaba demasiado deporte.

Cuando vivíamos en Francia, Abby estudiaba en un internado de habla inglesa en Alemania, y mamá, Angie y yo fuimos a visitarla un par de días.

Papá pensaba que para cuando regresáramos ya se me habrían pasado el resfriado o las excusas para no ir al colegio que me provocaban la tos. Al ver que no era así, me dijo: «Vamos a ir a que te hagan una radiografía». Eso hicimos, y la radiografía mostró que tenía mucho líquido en los pulmones. El médico nos mandó al hospital >:,S.

De manera que fuimos al hospital y, creo que a la mañana siguiente, me operaron para ponerme un tubo en el costado que drenara todo el líquido.

Aquello me dio mucho miedo. Recé en la cama con todas mis fuerzas para pedirle a Dios que cuidara de mí. Una cirujana muy simpática me tomó de la mano mientras me inyectaban la anestesia.

Tras la operación estuve dormida un día o dos, aunque recobraba la conciencia a ratos. El tubo medía como medio centímetro; lo tenía colocado en el costado izquierdo y entraba hasta la pared del pulmón (no hasta dentro, ¡ja, ja, ja!). Drenó muchísimo líquido.

Unos días después, todavía en el hospital, me hicieron pruebas y me pincharon para tratar de descubrir por qué tenía tanto líquido. Al principio creyeron que sería tuberculosis, neumonía o algo parecido. Sin embargo, el día de Acción de Gracias, los médicos nos dijeron que tenía cáncer (**mierda**).

No recuerdo la fecha exacta, pero un poco más adelante me quitaron un bulto que tenía en el cuello, así como la tiroides y una (¿o dos o tres?) paratiroides.

Varios días después me trasladaron a la Timone, el hospital infantil de Marsella. Tenían más experiencia en el cáncer pediátrico, aunque el cáncer de tiroides en niños es muy poco común, de modo que no tenían tanta experiencia.

Me dieron una dosis del tratamiento con yodo radiactivo, que consistía en una pastilla sin demasiados efectos secundarios. Alrededor de un mes después (quizá dos) tomé otra, y más adelante, otra más.

Los médicos pretendían administrarme otra dosis dos meses más tarde, cuando regresáramos de Estados Unidos, pero resultó que nos quedamos aquí para siempre.

Venir al Hospital Infantil de Boston fue todo un cambio respecto a la Timone, porque los doctores parecían saber mejor lo que hacían. Me dieron otra dosis de yodo radiactivo, mucho mayor que las anteriores, e hizo que me sintiera mejor.

Y entonces, hace dos meses, a pocas semanas de tomar otra dosis, noté un fuerte ruido sordo en la parte baja/central del pulmón izquierdo, y supuse que se trataba de otro resuello. Me encontraba en el baño haciendo pis, de modo que respiré hondo y el ruido se intensificó. Tosí, esperando expulsar flemas, pero en su lugar vi sangre.

No sabes la sensación que tuve al ver el pañuelo manchado de sangre. El corazón me latía a toda prisa, se me hizo un nudo en la garganta y me mareé. Intenté llamar a gritos a mamá, pero estaba tan asustada que se me quebró la voz. Aun así me oyeron, y mamá y papá subieron corriendo. Tras toser más sangre en un tazón, papá me llevó a urgencias. Para cuando llegamos ya me encontraba mejor; seguía desconcertada, pero estaba bien. El oxígeno me subió de 2 a 4, pero estaba bien, estaba bien. Los médicos me hicieron un reconocimiento y nos dijeron que sangraba principalmente porque al retirarme la tiroxina (para prepararme para el yodo radiactivo) los tumores pulmonares se habían *über* activado.

Unos días más tarde me dieron la dosis de yodo radiactivo. El primer día me encontraba bien; el segundo tuve un poco de dolor de cabeza; el tercero me conectaron a una nueva máquina de oxígeno llamada BiPAP y me pusieron morfina. Lo único que recuerdo es que mamá vino a despertarme para decirme que Abby y Angie habían venido a visitarme y que, adormilada, hablé con ellas durante un rato.

Mis padres solían estar en la habitación, pero a veces hacían turnos para salir debido al alto nivel de radiación que había dentro.

Al parecer, todo el mundo estaba seguro de que iba a morirme. Ése es el motivo por el que, a pesar del nivel de radiación, papá y mamá pasaban tanto tiempo en mi habitación y Abby y Angie vinieron a verme. Pero yo no sabía que estaba a punto de morirme; simplemente pensaba que me encontraba tan mal porque me habían dado una dosis de radiación mucho mayor.

Afortunadamente, y gracias a Dios, ¡salí adelante! Hasta que pasé una semana internada en la UCI mamá no sacó a relucir la posibilidad de que me muriera. Aquello me hizo pensar más en la muerte, en morirme, en el cielo y en el infierno. Siempre había creído que sabía lo terrorífica que era la muerte.

Yo pensaba que te mueres y que luego vas a donde se supone que debes ir, pero no le daba demasiadas vueltas. Ahora, a estas alturas de mi vida, en las que los médicos no saben si viviré seis días, seis meses, seis años o sesenta años, he tenido más tiempo de pensar en qué pasaría si me muriese mañana.

Incluso teniendo todo este tiempo para pensar, no creo que mi punto de vista sobre la muerte haya cambiado demasiado. Me imagino que te mueres, y que entonces tienes la sensación de ver tu cuerpo desde arriba, tal y como papá me ha explicado cuando hemos hablado de ello. Y después, tal vez, te encuentras con alguien que te lleva a donde tengas que ir. O quizá ya estés allí, no lo sé. Me pregunto si habrá alguien en el mundo que tenga una idea acertada de la muerte.

3 de diciembre de 2008

Como estoy enferma, sin lugar a dudas, y de un modo que me obliga a quedarme metida en mi habitación la mayor parte del tiempo, no veo a casi nadie. En parte es porque no quiero, así que pedimos a la gente que no venga a visitarnos. Y es que ¿a quién le gusta que personas a las que apenas conoce entren en su casa y le pregunten qué tal se encuentra? Antes ya tuve que soportar esas situaciones tan violentas. ¡Ja, ja, ja :\!

Sin embargo, también tengo la sensación de que estoy aislada del mundo. Hace más o menos una semana estuve tres horas con mi mejor amiga, Alexa, y mi buena amiga Melissa, a la que conocí en Carolina del Norte. Al principio fue un poco incómodo, pero al cabo de un rato lo pasamos genial.

Claro que me gustaría tener algún tipo de contacto humano en mi vida, pero las ganas de relacionarme me entran y se me quitan espontáneamente (creo que se escribe así...). Quizás algún día encuentre la solución al problema.

...

Bien, me da un poco de vergüenza admitirlo, pero cuando estoy aburrida (es decir, cada segundo de cada hora) a veces me grabo con la computadora y lo cuelgo en... ¡YOUTUBE! ¿Que si hago el ridículo? Oh, no lo sabes bien. Hasta el momento he hecho un video de presentación, otro donde muestro mis cosas favoritas, y ahora estoy preparando uno en el que hablo sobre esa gente que tiene la maldita costumbre de decir «qué cool» todo el tiempo, incluso cuando no lo es.

Cuando papá y mamá me regalaron este diario (lo titulé Daisy, pero quizá lo cambie), también me trajeron un cuaderno de esbozos donde he hecho algunos dibujos. Hace poco dibujé un ojo, una ceja, una nariz y unos labios. Se supone que tiene que parecer la mitad de un rostro, pero sin detallar mucho la nariz y el resto de la cara. Debo confesar que estoy muy orgullosa de cómo me ha salido el ojo. He pensado que, cuando no sepa qué escribir o esté de mal humor, intentaré volver a dibujarlo aquí.

Kandern, Alemania,
Junio de 2007

5 de diciembre de 2008

¡Uf! ¡Uf, uf, uf!

¿Sabes qué me pasó anteayer? Tuve migraña. Ayer fui al hospital y, dicho sea de paso, la enfermera Annette comentó: «¿De quién es esta sangre? ¡Los resultados son fantásticos!» :). Al volver a casa estaba totalmente agotada. Más tarde reapareció la migraña. Me eché una siesta de cuatro horas y cuando llevaba un rato despierta volvió a aparecer. ¡Qué alegría! No sé qué la provoca... ¿El cansancio? ¿La quimio? ¿Los nervios? ¿Los tumores? Ay...

Me da vergüenza confesar esto, sobre todo porque sé que algún día mamá y papá lo leerán, pero qué le vamos a hacer. Como ya sabes, mi vida está llena de problemas a los que un adolescente no debería enfrentarse; por ejemplo, el cáncer. Bueno, pues cuando hago cosas «normales», como ver una película con mis hermanas, salir de casa o simplemente ir a la planta baja, suelo sentirme mejor. Cansada, pero bien.

Y llevo una temporada pensando en chicos, ¡uy, uy, uy! Tuve un sueño muy extraño en el que besaba dos veces a un chico desconocido, y ése es el motivo por el que he pensado en chicos. Sí, últimamente le he dado muchas vueltas a que, si me muero y antes de que me muera, me gustaría hacer una cosa típica de adolescentes: besar a un chico =). Me siento como una tonta al pensar en eso, porque, justo cuando quiero pasar más tiempo con mi familia y estar más cerca de Dios, tengo ese deseo irreprimible de que me besen por primera vez. No es para tanto, sólo quiero un beso. Es algo normal que quizá nunca consiga; es otra de las cosas que me perderé. Ay...

No se me ocurre qué más escribir. No voy a soltar lo primero que me venga a la cabeza, porque este cuaderno es fantástico y no quiero estropearlo :D.

¡Ah! ¡LA NAVIDAD! ¡ESTOY DESEANDO QUE LLEGUE! He pensado en qué pedir. Son bastantes cosas, ¿debería anotar la lista? ¿Sí? De acuerdo ;).

1. El CD de Matt and Kim (del mismo título)
2. ~~El CD de Phantom Planet~~ Maquillaje
3. ¡CALCETINES!
4. El CD *Grand* de Matt and Kim (no saldrá hasta enero...)
5. Tarjetas regalo/dinero =)
6. El CD de Regina Spektor

Fotografía de Daily Booth,
QUINCY, MASSACHUSETTS, 2008

¡Esta mañana hemos amanecido con una ligera nevada! Es la primera de la temporada. Por supuesto, los chicos no podían quedarse en la cama y ya están jugando en el jardín trasero, con mi frecuente «¡Chisss!» para que no despierten al vecindario. Estoy buscando un futón en los anuncios clasificados en internet, porque Abby pasará las vacaciones de Navidad en casa.

El jueves Esther tuvo otra cita en la clínica Jimmy Fund. Le fue muy bien, e incluso la enfermera comentó entusiasmada: «¿De quién es esta sangre? ¡Es perfecta!» Nos alegra mucho que su cuerpo muestre indicios de que sigue teniendo reservas de fuerza. Regresó a casa con dos nuevos antibióticos: uno para la sangre en la orina y el otro para una glándula linfática del cuello que parece infectada (¡mejor eso que otro tumor!). Cada ocho horas también debe tomar otro medicamento para proteger el esófago. Anoche pudo cenar más que todo lo que ha comido en una o dos semanas, puesto que el dolor ha disminuido mucho. Además, Wayne hizo un esquema de la medicación que debe tomar cada hora; es complicado, porque algunas deben tomarse en ayunas, otras requieren no ingerir nada en las siguientes dos horas, otras deben tomarse solas... ¡Hace falta una carrera para conseguir que todo encaje!

Más tarde Wayne comprará un abeto ya cortado: este año nos quedamos sin ir al vivero. Por la noche bajaremos a Esther al salón y lo decoraremos. También tenemos previsto encender nuestra preciosa y antigua chimenea de ladrillo, ¡y tomar unas magdalenas de calabaza recién hechas acompañadas de sidra!

LORI

8 de diciembre de 2008

¿Sabes qué es un poco raro?

Casi todas las noches, cuando me acuesto, hablo como para mí y como para Dios (supongo que es mi modo de rezar). Cuando lo hago con Dios, le hablo de mis dolores y del cáncer. Pero eso no es lo extraño: lo raro es que a menudo acabo con lágrimas recorriéndome las mejillas. No estoy segura del motivo, porque no todos los días me pongo (demasiado) triste por el cáncer. A lo mejor es así como exteriorizo las emociones que la gente normal[1] expresa en las situaciones sociales del día a día… No tengo ni idea.

Cambiando de tema, últimamente he estado reflexionando sobre mi identidad. Te preguntarás por qué (quizá no, pero eres mi diario, ¡así que vas a preguntártelo!). El otro día dibujé un autorretrato no muy bueno. Cuando Abe lo vio, me miró con cara de «¿Tú has hecho eso? ¿Sin copiarlo de una foto?» Parecía un poco impresionado, y me gustó que al menos Abe pareciera… impresionado. «Pero ¿dónde está esa cosa que tienes en la nariz?», me preguntó señalando la cánula nasal. Me dio la sensación de que fue un comentario perspicaz, sin ninguna intención de molestarme. Sin embargo, mis padres lo oyeron, y más tarde papá me dijo que mamá había estado llorando.

Supongo que es un tanto triste ver que mi enérgico y entusiasta hermano de cinco años no recuerda la época en que tenía dos o tres años y vivíamos en Albertville; entonces solía llevarlo a jugar al parque y me veía dar volteretas en las barras. Pienso que Abe no se acordará, pero los demás sí. Ahora me doy cuenta de que ya han pasado más de dos años desde entonces, y empezamos a olvidar los recuerdos y a

---

1. ¡¿Normal?! ¿Qué demonios es normal? Visto lo visto, supongo que yo lo definiría como estar sano.

reemplazarlos por cosas como hacer una GRAN salida para ir a cenar y cosas por el estilo. Espero que no todos los recuerdos sean malos :\.

Mientras decorábamos el árbol, Abraham dijo otra cosa graciosa, nada triste (¡uau!) y bastante ingeniosa: «¡Oh! ¡Sólo <u>una</u> más!», exclamó, intentando coger en brazos a mamá. Fue muy, muy divertido.

¡Ah, sí! ¡Anoche decoramos el árbol de Navidad! Papá y los chicos fueron a Home Depot y eligieron uno ya cortado. Lo trajeron a casa y lo colocaron en un rincón del salón. Después cenamos estofado, ¡y sí, me senté a la mesa con toda la familia (excepto con Abby :P)! Luego Angie se fue a la cama y los demás decoramos el árbol. A Abe le encantaron sus* adornos, y a Graham pareció gustarle mucho colgar las figuritas, según él «abajo del todo, para que caigan en la falda del árbol y no se rompan».

¡Lo pasamos <u>genial</u>! Me habría gustado que Angie se quedara más tiempo, pero tiene una «vida». Hace dos días pasó la noche (evidentemente, despierta) en casa de su amiga Michelle, y anoche estaba cansada, así que vete tú a saber qué hicieron...

Creo que paso mucho tiempo con mis padres porque tengo cáncer. Y por eso considero que de todas las hermanas soy la que mejor se lleva con ellos. Supongo que Abby también, pero no <u>siempre</u> los respeta. Y pienso que Angie los respeta incluso menos; sólo hay que ver la manera en que los trata, aunque quizá me equivoque. Nunca se lo he preguntado... De todos modos, últimamente me saca de quicio su modo de comportarse con nuestros padres, y por ese motivo a veces dejo de hablarle. Pero luego la conciencia me dice «No hagas eso, Esther», y vuelvo a ser amable con ella. Sin embargo, para entonces Angie ya ha vuelto meterse en «su vida», y es algo que haría independientemente de si yo soy simpática o antipática con ella. Pero <u>en general</u> soy agradable. Creo que acabo de contradecirme por completo, ¡ja, ja, ja!

* ¡Egocéntrico! Que nooo :D.

11/12 de diciembre de 2008

¡Son las dos de la madrugada!

Uau, hacía mucho tiempo que no tenía un día tan ajetreado.
Ha comenzado a las 9:30, cuando me desperté con náuseas,
de modo que llamé a papá y me trajo una pastilla. Luego me arreglé,
y hacia las 10:30 él y yo salimos en dirección a la clínica Jimmy Fund.
Llegamos allí más o menos a las… 11:30. Me sacaron sangre,
conseguí nuevos récords de puntuación en la página de juegos
online Webkinz (¡FRIKI!) y meé en un bote. Al sacarme sangre
no me encontraban la maldita vena y han tenido que pincharme
en el otro brazo.

(Al principio gritaba y lloraba si intentaban sacarme sangre; poco
tiempo después, se me llenaban los ojos de lágrimas y respiraba muy
hondo; más adelante, se me empañaban los ojos cuando entraba la
aguja; y ahora, cuando me sacan sangre, tomo una gran bocanada de
aire —no sé por qué— y me pinchan. En realidad no es más que un
pellizco.)

Hoy ha sucedido algo que me ha encabronado <u>mucho</u>, aparte de que
no pudieran encontrarme la maldita vena: una de las enfermeras,
mientras movía la aguja por mi brazo, me miraba con cara de «¿Te hago
daño?» Yo he puesto mi mejor gesto de «¿Me lo preguntas en serio?»,
y ella no se ha inmutado. Sé que es su trabajo, ¡pero claro que me hacía
daño! Después, tras sacarme la sangre, volvió a mirarme con esa misma
cara, esta vez señalando las curitas que me ha puesto. Le he respondido
que no.

Es increíble cómo pequeños detalles que en absoluto pretenden
ser ofensivos, o ni siquiera están relacionados con lo que me preocupa
en estos momentos, pueden hacer que me enoje, me ponga triste

o me sienta sola o feliz. Como por ejemplo… ahora mismo no se me ocurre nada. Bueno, si me viene algo a la cabeza lo apuntaré aquí.

Ah, sí, estaba hablando de mi día. A continuación me han pesado (¡¡¡40.09 KILOS!!!) y me han tomado la temperatura y la tensión. Para medirte la tensión, te envuelven la parte superior del brazo con un manguito y estiras (no tú, sino yo) el brazo y me lo aprietan muy fuerte; tan fuerte que me produce heridas. No de las que sangran, sino debajo de la piel. Para acabar, te quitan el manguito. Según me han dicho, tengo bien la tensión; ésa es una buena noticia, ya que con este nuevo tratamiento experimental es común que sea alta, por eso están vigilándomela de cerca.

Tras mirarme las constantes vitales, ha venido Annette y hemos repasado qué me duele, de los pies a la cabeza. La parte inferior del cuerpo y los brazos están bien, pero el tubo-G sigue un tanto raro, porque está un poco infectado. Aún no ha desaparecido ese bulto extraño de la garganta/el cuello; no estoy segura de qué es; y ellos tampoco. Tengo un nuevo dolor en la cabeza, que no sé muy bien cómo describir… Hummm, en la parte trasera, junto a la oreja izquierda y bajando por el cuello, siento ese tipo de dolor intermitente que parece latir. Aparece cuando cambio de postura, y es como «no duele, PUNZADA DE DOLOR, no duele». Es bastante raro, y ayer y anteayer me resultaba más molesto que doloroso, pero ahora ya está doliéndome más. Sí…

Después de eso hemos estado un rato platicando, ¡y he visto al doctor G.! Es muy simpático. No hay duda de que es una persona risueña que hace que te sientas mejor sólo con verlo. Además, trata igual a los niños y a los adultos, con el mismo tono. No me habla como si tuviera cinco años, lo que es bastante agradable. A continuación, ¡hemos ido al coche! (¿puedes creértelo?).

Papá y yo decidimos comer en el OLIVE GARDEN. Recorrí
a pie el camino del coche al restaurante, y pasé junto a
muchos asientos hasta llegar a nuestra mesa. ¡Menuda caminata!
No es broma. Tomamos el delicioso pastel de chocolate y la rica
ensalada. Y hablamos de esto y de aquello, ¡de nada serio! Me gustó
charlar con papá. Es un tipo muy buena onda, para ser padre ;D.

Después regresamos al coche (¡bajo la lluvia!) y nos venimos a
casa. Subí las escaleras y me senté en la cama. Y ahora, varias horas
más tarde, aquí sigo.

Estuve pensando en lo siguiente: si tuviera que describir a los
miembros de mi familia ahora, tal y como son en estos momentos,
¿qué diría? ¿Y qué haría para dibujarlos? Se me ha pasado por la
cabeza intentarlo, pero es una tontería.

Bueno, olvídalo. Ésa era una mala idea, ¡aunque tengo una buena!
¡¿Preparado?!

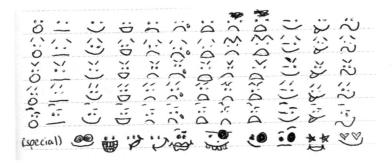

¡Éste es (parte de) mi fantástico y fabuloso surtido! Surtido de
emoticones, claro. ¡¿Verdad que son muy chulos?! Mi favorito es <;)
, pero ¡cada vez que lo dibujo parece distinto! Aunque no
recuerdo si lo he utilizado alguna vez… ¡Ja, ja, ja! Los emoticones son
lindos.

¿Has visto las decoraciones navideñas que dibujé?

Abby y Elise han llegado a casa y se quedarán aquí dos días; es decir, hasta el domingo (hoy es viernes). Mañana iremos a un restaurante llamado Tia's, ¡y comeremos LANGOSTA! Ni siquiera me gusta... bueno, ni siquiera sé si me gusta, aunque espero que sí. Pensábamos cenar en el No Name, pero Tia's es mejor porque es más chic.

Ah, ¿recuerdas que te conté que a veces los detalles más insignificantes desatan algunos de mis sentimientos? Sí, te hablé de ello ayer. Bueno, pues papá estaba enojado por algo, y anoche y hoy me ha dado varias malas contestaciones. Sé que no tiene nada contra mí, pero me han entrado ganas de llorar. Nunca lloro durante el día. Si tengo ganas, me aguanto hasta la noche. Unas veces lloro, y otras, no. Si no lo hago, guardo ese sentimiento reprimido en mi bote de las emociones y, cuando se llena, exploto.

Así que, cuando papá me contestó de malas maneras, me pareció que yo era la responsable de que él estuviera estresado. Y es que últimamente he sentido que... pues eso, que es culpa mía que mis padres estén estresados. Si no fuera por mí, aún vivirían en Francia o donde les diera la gana. Evidentemente no me lo dicen, pero es la verdad. Cuando cualquier tipo de enfermedad irrumpe en una casa, no cabe duda de que hay más tensión y ansiedad... Por tanto, es culpa mía.

Otra cosa que he notado —y a la que le he dado demasiadas vueltas— es que mamá y papá creen que soy vaga. Lo piensan pero no me lo dicen, porque no quieren herir mis sentimientos. Creo que estoy desganada y que podría hacer más cosas, pero tengo MIS limitaciones: si voy caminando a algún lugar, me desoriento y me quedo sin aliento.

Podría hacer más cosas y las haría, aunque la motivación para ello me viene en cantidades muy pequeñas, muy, muy pequeñitas :\.

Si estuviera más animada, seguramente haría más cosas, pero me da la sensación de que no tiene ningún sentido. Ufff...

Bueno, voy a ir a conectarme al BiPAP y a pensar en la vida. Paz en la tierra... <:D.

Ah, se me olvidaba: ¿qué he dibujado? Llevo días sin hacerle ni caso al cuaderno de esbozos. No se me ocurre nada D:>. No me gustan los bodegones, creo que prefiero las cosas imaginarias o fantásticas. ¡Ufff...!

En el Barking Crab,
BOSTON, MASSACHUSETTS, 2008

Anoche Abby, Elise, mamá, Angie y yo ¡salimos a cenar! Tomamos dos tanques de oxígeno grandes y tres pequeños (por si la noche era larga) y fuimos en coche al restaurante. En un principio pretendíamos ir al Anthony Piers 4, pero costaba un pastón, así que nos decidimos por el Tia's. Mamá llamó para hacer la reserva, pero le respondieron que estaba cerrado todo el invierno. ¡Vaya trabajo! Finalmente mamá eligió el Barking Crab, que no es ni demasiado chic ni demasiado informal. Al llegar allí nos acompañaron a nuestra mesa, que estaba junto a la chimenea (pero no demasiado cerca... Nadie quiere que explote un tanque de oxígeno <:]).

Por desgracia, también estábamos al lado de la puerta, y cada vez que la abrían sentíamos una ráfaga de aire frío. ¡Brrr D:! Aparte de eso, era un lugar cómodo. Por lo visto, el cuarto de baño estaba fuera, aunque sólo Elise y Angie tuvieron que ir a hacer pipí... ¡Ja, ja, ja!

Pedimos una cubeta de patas de cangrejo para picar, y también aros de cebolla. Las patas de cangrejo tenían una pinta muy rara. No teníamos ni idea de cómo sacar la carne, de modo que le preguntamos a la mesera, ¡y nos trajo una piedra enorme con la que romper el caparazón!

Se coloca la pata de cangrejo en el centro del plato de cartón. Se dobla el plato por la mitad y se golpea con la piedra, justo encima del cangrejo, hasta que se oye un crujido. A continuación se abre el plato, se toma la pata y se retira el caparazón hasta que aparece la carne. Después, con un tenedor o con los dedos, se saca la carne y se come. Estaba bueno, pero no me entusiasmó.

De segundo pedí langosta. Una langosta ENTERA, con antenas, patas y todo. Antes de servirla le dan unos cortes en las partes por las que debe separarse, así que esto es lo «único» que tuve que hacer: 1. Arrancar las pinzas, ¡que tenía dos! 2. Tirar del cuerpo hacia atrás para soltar la cola. 3. Observar/reírme de/tener arcadas por la caquita que sale al desprenderse la cola. 4. Pelar la cola. 5. Sacar la carne de la parte dura. 6. Untar la <u>carne</u> con mantequilla y <u>comerla</u>.

No fue demasiado difícil. Desgraciadamente, me gustó el sabor pero no la textura o ese no sé qué asquerosito :/. Probé un poco y Abby se comió el resto. Preferí zamparme un montón de aros de cebolla; estaban deliciosos.

Oye, he estado pensando en una cosa: como ya sabrás, la gente apunta en una lista las cosas que le gustaría hacer antes de morir. Yo también quiero tener una lista de ésas. Aún no lo sé. Hay varias cosas que me gustaría hacer si no tuviera dificultades para respirar:

1. Poner un puesto en el centro de la ciudad con un cartel que diga «Abrazos gratis» y abrazar a quien quiera.
2. Ayudar de algún modo a los niños enfermos.
3. Probar un montón de comidas distintas.
4. Ir a la India.
5. Presenciar algo maravilloso.
6. Hacer más cosas.

No lo sé. En el caso de que me muera pronto, antes me gustaría hacer más cosas y simplemente VIVIR, pero no lo conseguiré si me quedo en mi habitación y me muevo de vez en cuando. Sin embargo, me cuesta mucho andar de aquí para allá. ¿Me entiendes? Buenas noches...

Lunes, 15 de diciembre de 2008; las 17:54

Esther lleva una temporada bastante bien, y gracias a ello esperamos la llegada de la época navideña rebosantes de alegría. Este fin de semana Abby ha venido a casa de la Gordon College acompañada de una buena amiga a la que conoció en el internado, la Black Forest Academy, y que ahora estudia en Missouri. Llevé a todas las chicas a cenar mariscos a un pequeño restaurante ubicado a pocos kilómetros de aquí, en el muelle de Boston, puesto que Esther tenía ganas de salir y comentó que nunca había probado la langosta. Dos de nosotras tomamos pescado, Angie pidió espárragos y Esther eligió la langosta. No le gustó... pero se puso las botas a base de aros de cebolla. Pasamos una noche fantástica, y la verdad es que se las arregló muy bien con el tanque de oxígeno (creo que llevamos cuatro, por si acaso...).

El árbol de Navidad nos ha quedado precioso, a pesar de que lo compramos en Lowe's y no lo talamos nosotros mismos en el vivero. En casa tenemos una chimenea de ladrillo, de modo que hemos disfrutado de varias veladas calientitos junto al árbol. ¡Les deseo una estupenda semana y que se relajen (o activen) para las vacaciones!

Lunes, 15 de diciembre de 2008

Viví una gran aventura (porque, según parece, soy una aventurera) el... hummm... sábado, el día de la langosta; ¡fue divertidísimo! Pero también fue agotador, y aquella noche dormí casi de un tirón. Al día siguiente (ayer) me desperté hacia las cinco de la tarde, aunque las luces y la tele de mi habitación llevaban encendidas desde las dos, cuando papá empezó a «despertarme». ¡Ja, ja, ja! Sí, estaba bastante cansada. El día de ayer fue lento y aburrido, pero GRABÉ un nuevo video de YouTube. ¡Qué emoción!

ESTA mañana me desperté hacia las seis con muchas náuseas. Es algo que me ha pasado varias veces desde que empecé con la quimio, sobre todo cuando olvido tomarme la pastilla contra las náuseas la noche anterior. Y anoche se me olvidó.

Sí... me desperté a las seis y llamé al celular de mamá, porque pensaba que estaría en casa (desorientación...), pero, claro, ya se había ido a la escuela. De modo que después llamé a casa, con muchas ganas de devolver. Papá subió y me puso una palangana delante justo cuando empecé a vomitar. Menos mal que estuvimos bien sincronizados, porque, de lo contrario, habría manchado todas las sábanas.

Si se me permite decirlo, tengo en el esófago esa cosa que llaman «mucinositis» o algo así, que es como una erupción interior. Estoy tomando medicamentos para curarlo, y gracias a Dios ya se fue el dolor que tenía en la parte central del pecho. De todos modos, si como carne o algo que no esté incluido en mi dieta, tengo reflujo y ardor de estómago.

Así ha sido mi vomitona: me ardía la garganta y la zona del esófago; mejor dicho, directamente me <u>dolía</u>. No me ha dejado de doler hasta pasadas un par de horas. No me ha gustado nada de nada.

Tras el episodio del vómito no podía volver a dormirme, de modo que me levanté. Grabé un video e iba a colgarlo en YouTube, pero era patético. Después pasé como una hora rezando y platicando de esto y de aquello con mi hermano Abe. Hicimos algunos dibujos juntos, y me levanté de la cama (!) para ir a ver la nueva disposición de su dormitorio (papá ha cambiado la cama de sitio). Lo he pasado muy bien con Abe.

Más tarde, hacia las nueve, comencé a cansarme, y llegó el momento en que no era capaz de mantener los ojos abiertos. Pero cuando me metí en la cama (hacia las once o doce) recuperé las energías. ¡Y aquí estoy :D! Bueno... creo que vuelvo a estar cansada.

Mañana seguiré escribiendo. Estoy intentando inventar un personaje de dibujos con el que hacer tiras cómicas; simplemente una persona/criatura que me guste. Ya veremos. Si se me ocurre algo lo dibujaré aquí. ¡ADIÓS!

Esther está adaptándose poco a poco a un horario «normal». Suele dormir doce horas al día: de dos de la madrugada a dos de la tarde. Estamos intentando que sea más equilibrado y que se acostumbre a dormir de doce de la noche a doce del mediodía, pero no es tarea fácil. El problema es que ella insiste en que seamos nosotros los que la arropemos (y lo hacemos encantados). Algunas veces nos vamos a la cama y ella nos llama por teléfono cuando está lista para acostarse. Debe tomar algunos medicamentos por la noche y, además, hay que preparar el tubo gástrico, darle cremas, y colocar y recolocar las cobijas. En algunas ocasiones tenemos una larga plática y hacemos tonterías. Alguna que otra vez la regaño, aunque Esther nunca se comporta de modo irrazonable o exigente. Durante el día debe tomar incluso más medicamentos, ir al hospital cada semana y tiene más tiempo para divertirse. Ayer se despertó a las siete y media de la mañana y tuvo muy buen día: estuvo dibujando, escribiendo en el diario, viendo un programa sobre remodelación de casas y examinando minuciosamente antiguas comedias de situación (le gusta mucho Cosby, y también otros programas que me resultan un tanto extraños...). No obstante, hoy tendrá que pagar muy caro ese buen día, porque va a costarle despertarse antes de que anochezca. Esther escribe muy bien y acerca de cosas muy serias (no lo digo porque me dedique a leer sus cosas...) y hace unos dibujos preciosos de gatos, gente y paisajes, entre otras muchas cosas. Hace poco dibujó una viñeta fantástica de Graham y Abe buceando en una piscina (están tomando clases de natación en la YMCA, la Asociación Cristiana de Jóvenes). Recuperamos cualquier obra de arte o escrito que descarta. Ella intenta convencernos de que no lo hagamos y le parece extraño, pero mamá y yo estamos tratando de guardar muchos copos de nieve…

No olviden ver los videos que cuelga en YouTube; la mayoría son muy originales y a menudo divertidísimos. Los encontrarán en la sección de enlaces de esta página web. ¡Mandamos todo nuestro cariño a los lectores!

¡Uau! Hoy ha sido el segundo día ajetreado en una semana :).
¡Esto es un no parar!

Me desperté a las diez y media, y decidí quedarme levantada todo el día. Pero entonces papá me recordó que más tarde teníamos que ir al concierto de Navidad que ofrecía el coro de Angie, de modo que me eché una siesta desde las tres hasta las cinco, más o menos. Como anoche me dormí hacia las tres y media, he dormido unas ocho o nueve horas en total. No es mucho, pero está bien.

Bueeeno, pues me levanté a las cinco, me vestí y me preparé (y me estresé... me estreso con facilidad...). Hacia las siete salimos de casa, fuimos <u>caminando</u> al auditorio o salón de conciertos, y mamá, Abby y yo nos sentamos en primera fila.

Al principio me daba la sensación de que todos me miraban, y estoy segura de que mucha gente lo hacía, porque, seamos realistas y totalmente sinceros: es inevitable que llame la atención una chica con un tubo en la nariz que está conectado a un tanque enorme. Pero me dio vergüenza los primeros segundos, luego ya me daba igual. Me fijé sobre todo en los cantantes e intenté olvidarme de que la gente podía verme. Además, no puedo influir en los pensamientos de los demás. Que piensen lo que quieran :\.

Navidad de 2008

Queridos padres...:

¡Feliz Navidad!

Ojalá supiera expresar mejor mis sentimientos, porque me gustaría decirles muchas cosas. Antes de nada, les ofrezco disculpas si mi letra es ilegible: intento mejorarla y fracaso estrepitosamente, pero creo que podrán traducirla :). En segundo lugar, quiero que sepan que me encanta seguir aquí, dos años (o más) después de que me diagnosticaran y tras muchas otras cositas descabelladas. No me refiero a que todas ellas hayan sido descabelladamente malas; algunas han sido buenas ;).

Por ejemplo, ¿se acuerdan de aquella Navidad en que me empujaron en la silia de ruedas por la avenida Cours Mirabeau? Las calles estaban llenas de quioscos y puestos navideños, y también había atracciones. Recuerdo que me monté en esa en la que te sientas a ver una película parecida a *La guerra de las galaxias* y te zarandean como si fueras a caerte, etcétera. Graham y yo nos montamos una vez, y después también vino Abe; estaba tan asustado que tuve que abrazarlo y agarrarme con los pies para no caerme. ¡Ja, ja, ja! Llegamos a la conclusión de que aquella atracción daba demasiado miedo para él :D. ¡Ah! ¿Y se acuerdan de que conseguí atrapar un peluche de Winnie the Pooh en esa máquina de la garra/grúa/pala? ¡Aún lo conservo! Es precioso.

Otra cosa que recuerdo es aquella vez que fuimos a la feria de los Hermanos Wringley [*sic*]. ¡Los elefantes y los payasos eran muy bonitos! Bueno, al menos los ELEFANTES... :(.

¿Había también trapecistas? Sí, creo que sí. ¡Las cosas de las que me acuerdo eran divertidas! ¡Ja, ja, ja! Aaah... Uno de mis recuerdos *favoritos* es el día en que cumplí trece años. Todos (incluida Keri, por supuesto) fuimos a comer a un restaurante chino, y allí recibí todos los regalos excepto uno. Cuando abrí el último vi que era ¡UNA BOLSA DE COMIDA PARA GATOS (y más cosas para gatos)! Recuerdo que aluciné. Uau, estaba emocionadísima. Pero lo que siguió a la noticia de que (yo) iba a tener un gato era el detalle de que todavía no. Déjenme que les diga que la siguiente semana fue la más larga de mi vida. Pero entonces no me regalaron un gato, sino DOS, y eso fue fantástico. La noche que los trajimos a casa, Pancake y Blueberry durmieron entre Angie y yo. Oooh...

¡También me encanta recordar la pasada Navidad! Ir por el árbol, «dejar» que Graham lo eligiera, papá «intentando» talarlo... ¡Ja, ja, ja, ja, ja :D! Dimos un montón de vueltas para encontrar el que queríamos. Luego fuimos a esa especie de caseta con una chimenea y con ese... hummm... Santa Claus. Ah, y nos dieron jugo de manzana. ¡El iPod nano fue un regalo increíble! Hoy vi el video de la reacción que tuve: ¡es muy divertido! No me lo esperaba :).

Sé que me faltan por escribir muchos más recuerdos felices, pero bueno. Estoy deseando convertirme en una viejecita arrugada y hablar a mis nietos sobre aquellos años *esterpendos*... ¿Lo agarran? Como «estupendos» pero con «Esther»... ¡Ja, ja, ja!

Seguro que crearemos más recuerdos juntos. Algunos puede que sean incluso mejores que los que he mencionado :D. Quizá...

¡¡¡ÑIIIC!!! Lo siento, pero ahora tengo que cambiar de canción y pasar de bailar hip-hop a entonar melodías más lentas, tristes y melodramáticas. No pretendo ser cruel y hacerlos llorar, pero quiero ponerme un poco sentimental :).

Me gustaría explicarles algunos de mis sentimientos, ya que no siempre soy muy buena hablando. Si no quieren saber lo que siento… hummm, no sé… Me parecería un poco raro… :(¡Je, je, je!

Ustedes mejor que nadie (excepto yo misma) saben qué se siente al oír que puede que me quede poco tiempo de vida. Es una mierda. Pero bueno, ésa es la verdad, y es asquerosa. Supongo que hasta que tuve aquella hemorragia pensaba que estaba recuperándome. No me sentía distinta, pero creía que sí. Y de pronto la hemorragia me dejó desconcertada, y no tenía ni idea de cuándo consideraba yo que estaba… en lo más alto de mi «escala de salud». Entonces hablé un poco con ustedes sobre la muerte (sólo un <u>poco</u>) y pensé que no me pasaría nada malo. Otra hemorragia… Bueno, nunca se sabe. Me dieron radiación, y casi me muero. Ahora vuelvo a estar mejor y lo único malo que me queda (estoy exagerando) es la muerte. ¿Me entienden? Quizá no tendría que haberles dicho eso. Hummm… ¿puedo borrarlo? No, ahora ya saben en qué estaba pensando. Sí. ¡Guau, estoy parloteando! ¡Vaya :O !

De todos modos, al releer lo que acabo de escribir, veo que eso no es <u>todo</u> lo que pienso. Es decir, no estoy segura de si está en los planes de Dios que me muera pronto o viva hasta los 104 años, pero sé que Él tiene un plan. No va a estar en el cielo… ¡SIN tener un plan! Él está al mando, pero sigo preocupada. Vivo el día a día, doy gracias por cada uno de ellos, y luego me preocupo, me preocupo, me preocupo. En algún momento intenté evitarlo, evitarlo, evitarlo… pero no lo conseguí. De manera que ahora, me preocupo, rezo, me preocupo, rezo, me preocupo, duermo. ¡Ja, ja, ja :P !

Pienso mucho en la muerte, pero no sé. Es como si por fin hubiera caído en la cuenta de que no seguiré viviendo en la tierra. Ahora estoy tratando de aceptar la aproximación de la muerte y la parte en que la gente me extrañará, ¿me comprenden?

Tal vez (o tal vez no) les interese saber cómo me imagino mi cielo. Se trata de una colina muy verde con un cielo azul y muchas flores rosas y de colores. Es un lugar tranquilo y sereno, en el que puedo correr y correr y correr sin oxígeno. Eso sería fantástico.

A lo mejor algún día podré hacerlo :). Ni siquiera recuerdo qué pensaba sobre cualquier cosa hace un año; tal vez ustedes tampoco. A lo mejor el cerebro olvida lo que pensaba antes, o algo así.

Cuando llegue el día, sea dentro de uno, diez o cien años, espero que no piensen en mí y se pongan tristes. Incluso ahora, estando viva, no piensen en mí y digan: «Pobre chica. Qué pena que esté enferma». No se los pido porque lo hagan. Piensen en mí y en la luz del sol, y en cuánto me gustan los animales y dibujar cosas bonitas; por ejemplo, este emoticón -> :) <- ¡UAU! Soy una gran artista de emoticones :). Hablando de eso...

:O ¡La *madamoiselle* Esther ha dado un *faux pas* :(!

No les estaba hablando de eso, sino de lo buena artista de emoticonos que soy, e IBA a decirles que tengo unas expresiones faciales estupendas, pero no creo que vaya a hacerlo :(.

Ahora quiero darles las gracias. De verdad. Gracias de verdad. Gracias, mamá, por ser mi madre. Cuando estás conmigo, me siento en paz; y cuando te haces cargo de mí, sé que todas mis necesidades estarán cubiertas. Ninguna mujer debería soportar tanto como tú. Eres mi amiga, mi madre, mi inspiración. Cuando estoy triste, tu abrazo me recuerda que no estoy sola. Haces que me sienta mejor. Me encanta pasar el tiempo (o el rato) contigo, reírnos de ese anuncio que dice «Yo te quiero más. No, yo te quiero más porque te di tu medicamento», y ver juntas esos programas en los que remodelan casas <3. Gracias por cuidarme y decirles a los médicos y a los neumólogos que se piren. Eres muy amable, y tu *buenitud* (¿existe esa palabra?) es inspiradora.

Si algún día me hago adulta, espero ser como tú. ¡Te quiero <u>totalmente</u>! Gracias por todo. Papá, gracias por <u>ser</u> mi padre. Contigo es con quien más me gusta hablar sobre estudios raros o cuando tengo dudas trascendentales. Tu carcajada es contagiosa y <u>a veces</u> me río mucho con tus chistes :). Cuando estoy inquieta o un poco confundida, tu presencia hace que entre en razón. Sabes escuchar a los demás y eres un gran amigo. Te quiero por todo lo que haces; gracias.

Los dos están educándome (igual que lo han hecho hasta ahora) muy bien, y con todo este tema del cáncer se han comportado de maravilla. Sé que sin ustedes no me sentiría tan bien. Han estado a mi lado en todos los momentos difíciles, y quiero que sepan que no sólo son mis padres, sino también mis puntales. Dios es la razón por la que sobrevivo, pero sin duda los ha utilizado en mi vida de un modo estupendo. Los quiero. Ojalá hubiese un modo menos ñoño de expresarlo, pero los quiero. Gracias.

Ambos son maravillosos.

Pero ¿qué es esto? ¡¿¡¿Todavía no ha acabado?!?! ¡AAAH!

¡Oh, no! Han creado una hija con una mano de acero que es capaz de escribir PÁGINAS Y PÁGINAS de información que no sirve para nada. ¡Qué va! En esta página y quizás en alguna más (aún no sé cuánto voy a escribir) anotaré los pensamientos que tengo durante el día. Quizá también haga garabatos. ¿Quién sabe...? Puedo ser profunda, o no tan profunda. Ya verán. (Que conste que la MAYOR parte de lo que diré a continuación no conduce a nada...)

¡Es NAVIDAD! ¡Feliz Navidad! ¿Pueden creer que hace tres años estábamos en...? ¿Dónde era...? Vamos a ver, el año pasado en Quincy; el anterior, en Francia; el anterior, en Alemania; el anterior, en Plymouth, etcétera, etcétera... ¡Miren esa cosa tan elegante que hice debajo de la «S»!

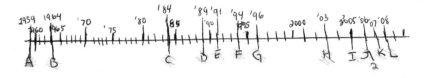

A = 1959: Nace Wayne Eugene Earl II.

B = 1963: Nace Lori Lanei Krake.

C = 1984: Wayne y Lori se casan.

D = 1989: Nace Abigail Cherisse Earl.

E = 1991: Nace Evangeline Danei Earl.

F = 1994: Nace Esther Grace Earl (¡yo!).

G = 1996: Nace Graham Kenneth Earl.

H = 2003: Nace Abraham Judson Earl.

I = 2005: Los Earl se mudan a Albertville.

J = 2006: Se mudan a Aix/Marsella.

J2 = 2006: Esther es diagnosticada (:O).

K = 2007: ¡Se mudan a Estados Unidos!

L = 2008: UN MONTÓN DE COSAS (zzzzzz).

Si no les importa, voy a decirles algo «profundo», también conocido como «serio», ¡ja, ja, ja!

Jon y Kate, en su libro *Multiple Blessings*, hablan de las dificultades por las que han pasado y todavía pasan, y también de lo desesperanzados y desamparados que se han sentido en muchas ocasiones. Creo que nosotros conocemos muy bien esa sensación de desamparo (¿se acuerdan de que en Fuveau pasamos toda una semana comiendo sólo frijoles?), y no sé ustedes, pero yo he perdido la esperanza en muchas ocasiones. En esos momentos, cuando siento que no hay nada que pueda hacer, ¡me da por berrear!

Sí, berreo. Y lloro. Y le hablo a Dios. Y mientras lo hago, normalmente dejo de sentirme así. Como hoy, por ejemplo: estaba a punto de echarme a llorar y me daba la sensación de que todo lo negativo iba dirigido a mí. Ésa no era la verdad, pero así es como me siento cuando me encuentro en esas «zonas». Lo que quiero decirles es que hoy he estado en esas «zonas», triste y un poco enojada, y al final, después de rezar y tomarme un respiro, me siento mejor. ¡Y eso es bueno :)!

Como les iba contando (antes de que la página anterior se rompiera y haya tenido que recortarla), *Multiple Blessings* trata de las dificultades de los Gosselin, y TAMBIÉN de sus... *facicultades*... ¡Ja, ja, ja!
Me refiero a que también habla sobre todo lo que Dios provee y la fe que tienen en Él. Las historias acerca de su fe me motivan, y el último capítulo hizo que me sintiera más agradecida
a Dios y menos desamparada. En ese mismo capítulo se mencionan seis cosas que deben recordarse cuando se está un poco... inquieto:

1. Dios tiene el control. 2. Dios es misericordioso y fuerte. 3. Dios es leal. 4. Dios es amor. 5. Dios proveerá. 6. ¡Dale a Dios gloria y alabanza!

Creo que nosotros comprendemos la importancia de esos seis puntos. Es fácil, para mí al menos, olvidar que es Dios quien todo lo controla. A veces siento que yo quiero tener el control, pero sé que siempre será de Dios. Estoy completamente segura de que Él es fuerte: si fuera débil, no podría sostenerme cuando estoy cansada, como suele hacer. Su misericordia es infinita, porque cuando nos enojamos con Él siempre nos dice «te perdono». Dios es leal, y al menos yo he descubierto que, si no hubiese tenido confianza en Él para que me cuidara en todo este tema del cáncer, me habría vuelto loca. Él siempre es confiado. Dios es amor. Igual que ustedes me dicen «yo te quiero más», pues Dios nos quiere incluso más. Eso es mucho amor. Dios proveerá; por supuesto que sabemos que eso es verdad. Aun cuando no teníamos dinero en la cuenta corriente ni tampoco perspectivas halagüeñas, nunca nos faltó un techo y suficiente comida que llevarnos a la boca; además, siempre nos hemos tenido los unos a los otros. Aunque eso no es todo lo que siempre hemos querido y Dios nunca nos ha dado demasiado.

El último punto de la lista es que debemos acordarnos de dar a Dios gloria y alabanza. Mamá, cuando encontraste aquel puesto de profesora en Hannover, le dimos las gracias a Dios. Y Él es el motivo por el que yo sigo aquí. Me refiero a que Él da talentos a las personas (como a los médicos) para que los utilicen. Por ejemplo, a la doctora Smith, que tanto me ha ayudado. Pero es Dios quien debería llevarse la gloria. ¿Me entienden? Claro que sí.

Ésas no son las únicas cosas que deben recordarse, pero estoy de acuerdo con Kate y Jon Gosselin en que son muy importantes :).

¡Uau! Esta «carta» pretendía ser una nota, después una carta, ¡y ahora parece mi diario! ¡Vaya! Creo que ya he acabado :). Por ahora. No sigo. Lo juro. Quizás una palabra más. Ya he acabado. Ya he ACABADO...

¡Feliz Navidad!

Mi versículo... favorito: Isaías 40:31: «Los que esperan en el SEÑOR renuevan sus fuerzas, echan alas como las águilas, CORREN y no se fatigan, caminan y no se cansan».

Los quiero :).

Un abrazo,

ESTHER

Domingo, 27 de diciembre de 2008

Ha sido Nochebuena, ha sido Navidad, han sido <u>muchas</u> cosas desde la última vez que actualicé este diario (que en un momento quise llamar Delilah, pero ahora no tiene nombre). La verdad es que me gustaría escribir mucho más a menudo, pero bueno... Supongo que lo intentaré.

No recuerdo muy bien qué he hecho últimamente, pero puedo retroceder hasta el lunes, 22 de diciembre. Papá y yo fuimos a la clínica Jimmy Fund y fue una visita normal y corriente. Allí compramos un osito de peluche para regalárselo a Abe en Navidad. Fue un día bastante bueno.

El 23 de diciembre IBA a ser el día en que vinieran a visitarme Alexa y Melissa, pero estaba muy cansada y no quería que me vieran así. De modo que quedamos para otro día y pasé el martes amodorrada. ¡Ah, y vimos *Elf* :D!

El miércoles, 24 de diciembre, fue el día que todos sabemos... ¡NOCHEBUENA! Lo pasé de miedo. Grabé un nuevo video de YouTube mientras envolvía los regalos y luego (hacia las once de la noche) fui al piso de abajo a pasar un rato con la familia. Ah, antes de eso, Angie, Abby y yo vimos *No puedes comprar mi amor*, y nos divertimos un montón.

Los regalos de Graham «no estaban allí», de modo que él abrió dos regalos de papá. Pero entonces Abe también quería abrir dos, y al final decidimos que todos haríamos lo mismo... Por supuesto, más tarde Graham vio que sus regalos estaban debajo del árbol. Bueno, yo recibí el DVD de *Wall-E* y una almohada. Se me ha olvidado mencionar que todos los años abrimos un regalo en Nochebuena; es como una tradición =).

A continuación, subí a mi habitación y me quedé dormida. Ay, hija, eztaba hecha polvo. O zea, eztoy hablando de un modo zupercool ;).

El jueves, 25 de diciembre, era... ¡N-A-V-I-D-A-D!

¡Fue genial! Me levanté a las... ¿qué hora sería?... las diez o las once de la <u>mañana</u>. Al bajar vi que Abe se moría de ganas de abrir sus regalos y que los de Graham, «curiosamente», tenían el envoltorio rasgado... ¡Ja, ja, ja! Más tarde papá nos contó la historia del nacimiento de Jesús, y cómo los ángeles asustaban a los pastores, y cómo los reyes eran magos, y tres. Sí. La verdad es que (no estoy siendo sarcástica) se trata de una bonita historia. Me gustaría volver a leerla. Despúes Abe abrió el primer regalo... ¡unos tenis de *skate*! Le encantaron. A Graham también le regalaron unos, pero no se emocionó tanto como Abe. A ver si me acuerdo de qué recibió cada uno...

Abby: La primera temporada de *Grey's Anatomy*, un dibujo de una margarita y una nota escrita por mí, un libro de anatomía, etcétera.

Angie: un tapete para hacer yoga, champú y más cosas...

Abe: mucha ropa, tenis y juguetes.

Graham: lo mismo que Abe.

Yo: ¡Unos *leggings* de leopardo metalizados muy sexis! Y una bolsa llena de maquillaje, otra bolsa con esmaltes de uñas, cosas para dibujar y... ¿me olvido de algo?

No tengo muy buena memoria. Pero Abby y yo (con Angie, de algún modo) coloreamos fotos de las tres hermanas. Luego las colocamos todas en un marco. Creo que habría unas quince en total. Sí, era muy bonito y se lo regalamos a papá y de paso también a mamá. ¡Le(s) encantó!

En general, Navidad fue un buen día.

Martes, 30 de diciembre de 2008; las 12:37

Los recuerdos navideños que hemos creado juntos... A eso será a lo que nos aferremos en el futuro, cuando nos acordemos de estas semanas pasadas. Han sido unos días sencillos, sin mucha parafernalia; simplemente, hemos vivido la vida. Hemos pasado una Navidad «tranquila» con nuestros cinco hijos. ¿Pueden creer que Abe y Graham abrieron sus calcetines cuando se levantaron a las siete y cuarto y luego esperaron hasta las diez para abrir los regalos (Esther no estaba dispuesta a despertarse más temprano)? Sin embargo, para esa hora los envoltorios de algunos de los regalos de Graham se habían soltado un poco, ya que no había podido aguantarse las ganas de curiosear a hurtadillas. Por otra parte, mientras leíamos la historia de Navidad, Abe nos contó que los ángeles que rodeaban a los pastores en el campo ¡cantaban el villancico *Noche de paz*! Quizá fuera verdad... Más tarde, disfrutamos de una comida relativamente tranquila a base de jamón asado, puré de papas, relleno, habas al horno y un pastel de postre. Al día siguiente el tío Jerry y la prima Michaela, de California, vinieron a vernos, lo que llevó consigo una visita al acuario, una excursión (junto con Esther) para ver las luces de Navidad en la capilla de LaSalatte y una salida nocturna al cine.

Un gracias ENORME a los muchos de ustedes que esta Navidad nos han bendecido a nosotros y a Esther con postales, oraciones y regalos. Aunque no los nombre aquí, nos han reconfortado y han ayudado a aligerar el peso que llevamos sobre la espalda. ¡Ojalá Dios también satisfaga todas sus necesidades!

Ayer fue un día largo para Esther: tuvo que ir al Hospital Infantil y a la clínica Jimmy Fund para que le hicieran una PET y un TAC completos y un análisis de sangre. ¡Salimos de casa a las siete y cuarto de la mañana y regresamos a las seis de la tarde! El miércoles Wayne y yo tendremos una reunión con todo el equipo médico. Allí sabremos cuál es la situación de Esther, si ha habido mejoría y cuáles son las principales preocupaciones, sobre todo respecto a cualquier cambio que haya habido desde que empezó a recibir la quimioterapia experimental. Estamos nerviosos… Recen por nosotros y estén atentos a las novedades.

Jueves, 1⁰ de enero de 2009; las 19:17

Ayer Wayne y yo hicimos frente a la tormenta de nieve para reunirnos en el Hospital Infantil con el médico responsable de Esther en la clínica Jimmy Fund. En resumidas cuentas, nos dijo que la PET y el TAC del lunes muestran que, en los dos meses que han transcurrido desde que empezó con la quimio experimental, los tumores pulmonares se han contraído un poquito. Ellos esperaban que al menos NO hubieran crecido, de manera que el que se hayan encogido es una noticia incluso mejor (según el doctor, ¡un resultado mejor habría sido un milagro!). Así que, por el momento y como hasta la fecha, Esther seguirá recibiendo la quimio y varios medicamentos para controlar los efectos secundarios.

Los médicos nos dejaron muy claro que, según los estudios, esta quimio funciona durante una media de ocho meses; luego deja de ser efectiva. Cuando llegue ese momento, lo más probable es que los tumores empiecen a crecer otra vez. Nosotros lo comparamos con una guerra en la que el rival nos supera en número, pero por ahora estamos ganando la batalla. ¡Agradeceremos las semanas y meses de gracia que se nos concedan…!

¡Feliz Año Nuevo a todos!

Viernes, 2 de enero de 2009
Énfasis en sólo uno

Si un día una persona se sienta delante de la computadora y teclea una palabra, ¿afecta eso al futuro? Si esa sola persona no hubiera tecleado esa sola palabra, ¿cambiaría la historia del futuro? ¿Tienen sus solas palabras algún significado? ¿Tiene mi sola palabra (a veces son muchas) algún significado? ¿Esa sola palabra de esa sola persona llega a ser leída alguna vez? Si no estuviera aquí escribiendo mis palabras, ¿sería distinto mi futuro?

No cabe duda de que sí. Estoy segura de que me sentiría mucho más realizada en la vida si no estuviera tan absorta pensando en estas cosas y después escribiéndolas...

Creo que habré tenido unos diez o quince blogs en total. A lo mejor no son tantos. No sé cuántos blogs suele tener normalmente la gente. Me da la sensación de que diez o quince son bastantes. Y es que, ¿por qué iba yo a escribir tanto en un blog, luego decidir que no me gusta y borrarlo, y empezar uno nuevo varios meses después? De verdad.

¿Tienen sentido mis palabras? Cada vez que escribo algo y lo releo, no le encuentro demasiado sentido. A lo mejor soy demasiado inteligente para mi propio cerebro (;.

Domingo, 4 de enero de 2009
Algunos contenidos han sido eliminados

¡Oh... Dios... mío! ¿Puedo hablarles del peor día de toda mi vida?
Es bastante malo. Aquí va:

2:00: Me acuesto.

7:00: Mamá: «¡Esther, despierta! ¡Me he quedado dormida y debemos marcharnos ahora mismo!». Yo: «¡CHISSS!». Mamá: «¡Vamos!»

7:20: Salimos de casa (mamá y yo).

7:50 (?): Llegamos al Hospital Infantil, y voy con mamá a la sala donde se supone que pasaré una o dos horas tumbada boca arriba para que me hagan un escáner. Me preguntan si no he ingerido nada en las últimas cuatro horas. Les respondemos que no he tomado nada desde las siete. «Hummm...», dicen ellos, y me pican en el dedo para comprobar el nivel de glucosa en sangre (?). El resultado es positivo, de modo que me quedo tumbada una hora y media para que me hagan el escáner.

A continuación, mamá y yo comemos y voy a que me pongan una vía intravenosa. ¡Uy, han fallado! Vuelven a intentarlo. Lo consiguen, y paso tumbada diez minutos para una TAC. Después de eso, nos dirigimos a la clínica Jimmy Fund, donde me sacan más sangre. A esas alturas ya me había quitado la vía intravenosa porque me dolía, de modo que vuelven a picarme. Más tarde viene Annette y dice que necesitan más sangre. No me fastidies. Me pican otra vez y me sacan sangre, y el punto donde había tenido la vía empieza a sangrar. Por fin se detiene y Annette nos habla de varias cosas. Nos vamos a casa y para cuando llegamos son exactamente las cinco. ¡UFFF!

No me acuerdo de qué día sucedió eso, pero fue una mierda :\. Durante los días siguientes tuve los pulmones doloridos por haber estado tumbada tanto tiempo. Ay... Ahora tengo que irme a dormir, porque la cama me llama.

Adiós.

DEMASIADO INTELIGENTE PARA MI PROPIO CEREBRO, QUINCY, MASSACHUSETTS, 2009

Jughead, mi único gran amor, QUINCY, MASSACHUSETTS, 2009

Domingo, 4 de enero de 2009

Estos últimos días/esta última semana estuve más activa en YouTube, no porque haya colgado más videos, sino porque encontré a varias personas agradables, divertidas y que no tienen demasiados suscriptores... No me gustan los canales que tienen más de cierto número de suscriptores, porque en esos casos todos tus comentarios son reemplazados por los de otras personas en cuestión de cinco minutos, y eso no me gusta.

Por otra parte, he empezado un nuevo blog; sí, un blog, donde ya he escrito dos artículos. Tengo un seguidor, y yo soy seguidora de tres personas. Desde mi punto de vista, un blog es como un diario público: escribes tus pensamientos, pero los editas para que parezcan más impresionantes. Los míos están LEJOS de ser impresionantes, pero qué le vamos a hacer. He perdido el hilo de lo que estaba diciendo. Oh, bueno.

La hora del Game Boy,
ALBERTVILLE, FRANCIA, 2006

La señorita de la playa,
QUINCY, MASSACHUSETTS, 2009

Domingo, 4 de enero de 2009

... déjame que cuente las maneras

Me gustan muchas cosas. Me gustan los libros; en especial los que tienen un mensaje lleno de significado pero con un toque de humor, y también los cómics. Me gustan las películas, sobre todo las historias de amor y las comedias clásicas, pero también esas tan extrañas con pretensiones artísticas. Me gusta la música independiente, pero no me gusta que me guste la música que les gusta a los demás. Me gusta la comida; en realidad sólo la del Olive Garden y la de mi madre. Me gusta internet y visitar mis páginas web favoritas veinte veces al día. Me gusta colorear cuadernos, especialmente cuando utilizo esos lápices brillantes y metálicos. Me gustan los animales; me comunico mejor con ellos que con la «especie humana». Me gusta la nieve, sobre todo cuando es pura y totalmente blanca y yo estoy a resguardo. Me gustan las hojas de los árboles que crujen y se hacen pedazos cuando las pisas. Me gusta que el sol me dé en el brazo, porque siento su calor. Me gustan los animales de peluche, esos pequeñitos que puedes meter en la cama pero que siempre acaban debajo del colchón. Me gusta la tranquilidad; simplemente estar sentada y no hacer nada más. Me gustan los jarrones llenos de flores que parecen colocadas sin esfuerzo, todas ellas repartidas de igual modo. Me gustan muchas cosas.

También me encantan muchas cosas. Pero hay una cosa que, sin lugar a dudas, me encanta de verdad, de verdad, de verdad, de verdad...

Me encanta jugar al Neverball.

Martes, 6 de enero de 2009

Hay muchas cosas que no sé

Ojalá fuera mejor persona. Trato de hacer buenas cosas, pero ¿lo consigo? Yo creo que sí, pero no lo sé. No lo sé. Creo que soy una de esas personas que piensa en sus propios problemas, pero desearía poder hacer algo ingenioso. Sin embargo, ahora soy una de esas personas que piensa en sus propios problemas y luego escribe en un blog lo mucho que le gustaría poder hacer algo que cambiara las cosas. Perfecto.

Ojalá también fuera un poco más creativa. Siempre tengo ganas de escribir en el blog, pero nunca se me ocurre un tema interesante. Podría contarles la historia de mi vida, pero estoy harta de hacer eso. Quizás algún día estaré lo suficientemente aburrida y la tecleará de principio a fin. ¿Teclearla de principio a fin? Ah, me parece que creo que soy mayor de lo que realmente soy. La verdad es que catorce años no son nada, y a lo mejor piensen: «Niñita, ¡tú no tienes ni idea de lo que es la vida!» (porque, ¿acaso no hablamos todos así?). A lo mejor tienen razón; la verdad es que no lo sé.

Estoy escuchando a Regina Spektor. No suelen gustarme las voces femeninas, pero ella tiene unas canciones preciosas... y están haciéndome llorar. Y ni siquiera sé por qué. No estoy triste. Quizá lo esté. Sinceramente, nunca consigo descifrar mis emociones.

Etiquetas: no sé, regina spektor, pensamientos, cansada
Colgado por Esther a las 20:48; 0 comentarios.

Últimamente he estado de muy mal humor. Lo odio. Estoy encabronada con mi cerebro porque está encabronado. Y estoy encabronada con mi cuerpo porque está cansado. Odio estar encabronada. Odio odiar estar encabronada. ¡AAAAAAAAAAAAAAAH!

Mañana voy a cortarme el pelo, muy corto y *angulificado*. Pues sí, esa palabra existe. Y después voy a teñírmelo de naranja y a hacerme reflejos morados. Eso es.

Los hermanos Earl,
BRAINTREE, MASSACHUSETTS, 2010

Ya estamos bien entrados en el año 2009 y damos las gracias por todos los momentos que pasamos junto a nuestra Star (el apodo de papá para Esther). Por desgracia, a raíz de la quimio, ella ha ido perdiendo poco a poco su cabello recién teñido de un intenso color naranja calabaza, y también le ha afectado a las pestañas, las cejas y la piel. Es valiente y sabe sobreponerse, pero somos muy conscientes de que no debe de ser nada fácil pasar por todo esto. Una muy buena noticia es que esta semana ¡ha superado los 40 kilos! No hace mucho pesaba nueve kilos menos, por lo que estamos muy contentos.

De hecho, para su estatura y tipo de cuerpo, el máximo son 45 kilos. Ese aumento de peso es una parte estratégica de su batalla contra el cáncer, y nos alegra informarles que está ganándola. Por otra parte, últimamente sus resultados (estoy resumiendo un montón de información) han sido bastante buenos, y esta semana nos han dicho que cabe la posibilidad de que Esther responda a otros tratamientos relacionados una vez que el presente plan llegue a su fin. ¡Ésa sí que es una buena noticia!

Su rutina semanal incluye visitas a la clínica oncológica de Boston (esta semana hemos ido dos veces por Esther, y casi en una tercera ocasión por Graham). Si se lo permitiéramos, Esther fácilmente dormiría dieciséis horas al día, pero nos esforzamos para que sólo sean doce. Aún seguimos tratando de adecuar sus hábitos de sueño a nuestro horario. No le gusta que la despertemos, ni siquiera para darle las medicinas. Duerme con una máscara, y a través de ella la pequeña máquina BiPAP introduce aire y oxígeno en sus pulmones para que pueda respirar con más facilidad y menos molestias. Durante el día Esther se pone una cánula nasal que va unida a un tanque portátil (para ir al piso de abajo o salir de casa) o bien a la propia máquina de oxígeno, que ya forma parte del mobiliario de su habitación.

Le encanta comer un plato chino de verduras picantes que sirven en un restaurante cercano, y lo pide al menos dos veces por semana. También le gusta el pastel de chocolate del Olive Garden, y a veces pasamos a comprarlo después de una visita al hospital. Disfruta pintándose las uñas de colores raros, y a su hermano pequeño Abe también le gusta que le pinte las suyas (asimismo, suele pedirle que le pinte la cara como un superhéroe, ¡aunque no con esmalte de uñas! Las obras de Esther, tanto en la piel como en el lienzo, siempre son maravillosas). Adora a sus dos gatos y le gustaría tener un par de ellos más correteando por la casa (papá: ni pensarlo). Suelen dormir con ella en la cama, ¡y hacen turnos para apoyarse en su panza! Una vez nuestra hija comentó que le encantaría vivir en algún lugar donde pudiese divertirse rodeada de todo tipo de animales (por ahora, prefiere eso a relacionarse con gente). Lee un poco sobre todo tipo de temas, pero principalmente vive pegada a la computadora, escribe, pinta o ve la televisión. Sale de su habitación una vez cada uno o dos días, ya sea para jugar a juegos de mesa o venir a estar con nosotros en el piso de abajo. Sigue siendo la chica alegre y positiva que tanto nos ha gustado siempre. A pesar de este horrible cáncer y de sus crueles efectos secundarios, no hay nada que pueda evitar que Esther —que tiene catorce años y medio y está a pocos meses de empezar el instituto— se convierta en la preciosa joven que siempre soñamos que sería.

Sábado, 7 de febrero de 2009; las 6:51

Esta semana ha sido un poco dura, ya que Esther ha tenido un nuevo tipo de dolor de cabeza que no le ha dejado dormir y le ha producido bastantes molestias. Por consiguiente, sus hábitos de sueño vuelven a estar patas arriba: pasa la noche despierta y finalmente puede dormir durante una parte del día.

Los médicos van a adaptarle la medicación, y le quitaron la quimio durante unos días para ver si el problema se debe a la mayor dosis que le administraron estas últimas dos semanas. De manera que ahora mismo Esther vive a base de calmantes, e intentamos mantenerlos constantemente en su sistema para que el dolor le dé un respiro.

Aparte de eso, sus resultados médicos siguen siendo buenos. Con un poco de suerte, éste sólo será un pequeño obstáculo que superar.

La abuela le mandó algunos juguetes para los gatitos. Nos hemos reído a carcajadas con la caña de pescar con plumas: cuando los gatos atrapan el montoncito de plumas, tratan de escaparse con su «pájaro», pero, claro, se detienen bruscamente cuando la cuerda que tenemos agarrada no alcanza para que se alejen más. Esta semana Esther también recibió una cobijita de colores muy vivos que le han enviado unos amigos. Las dos lo pasamos muy bien viendo los numeritos de *American Idol*, y ella estuvo pintando, leyendo (cuando no le dolía la cabeza) y, por supuesto, *¡computarizando!*

Martes, 10 de febrero de 2009; las 17:38

Lo bueno: afortunadamente, acabamos de saber que los resultados de la TAC y de la resonancia magnética que le hicieron ayer a Esther son normales. A todos nos preocupaba que el cáncer se hubiera extendido al cerebro o a otras partes y que ésa fuera la causa de los recientes síntomas.

Lo malo: a pesar de que sus padres y el equipo médico estamos dando saltos de alegría, Esther sigue teniendo unos dolores de cabeza muy fuertes. Esperamos que aprueben recetarle un calmante distinto y que eso la ayude (aunque hasta ahora la compañía de seguros no lo ha autorizado). Ella se encuentra fatal y sólo quiere dormir. Los despertares de estos últimos días no han sido nada divertidos, porque suele vomitar, tener náuseas y migrañas.

¡Sigan rezando y no pierdan la esperanza!

1 y 2 de febrero de 2009; las 5:00

Me siento muy inútil. Ya sé que es tarde y que estoy triste y cansada
y que debería estar dormida, pero tengo la necesidad de escribir.
Esta entrada probablemente será corta. Me siento inútil porque...
no sé. No cambiaría nada si me muriera. No quiero decir que vaya
a suicidarme, pero este último año no he hecho nada más que estar
enganchada a la computadora. Sí, no puedo hacer mucho más...
¡pero bueno! Quiero cambiar algo, ayudar a alguien. Y no sé cómo.
Ayudando a alguien me sentiría mejor, como si hiciera algo
productivo para cambiar algo, y así me ayudaría a mí misma también.
Quizás algún día.

Sábado, 21 de febrero de 2009; las 23:54

Queridos amigos de Estee:

   ¡Esther lleva unos días bastante bien! Entre adaptarle la medicación y batallar con Dios en nuestras oraciones, su situación ha mejorado. Les damos las gracias por la parte que les toca. A pesar de que los dolores de cabeza no han desaparecido por completo, de momento son llevaderos. Además, sus hábitos de sueño están mejorando, y en las últimas visitas semanales a la clínica oncológica hemos visto que, en general, su progreso es excelente. No necesitamos nada más que eso para estar contentísimos, pero desde la última vez que escribimos Esther ha estado ocupada con otras cosas: un amigo de toda la vida le dio una sorpresa y vino a visitarla unos días (sí, ¡el buena onda de Andrew desde Nueva York!); una tarde fue con papá al centro comercial a comprar tres *pretzels* deliciosos y calientitos (aunque le dio la sensación de que llamaba la atención, ya que su siempre presente tanque de oxígeno atrajo muchas miradas); le pintó la cara a Abe dos veces (en ambas ocasiones como un superalgo supertemible); tocó el piano en el piso de abajo (nos encanta escucharla); vio *American Idol* con mamá (les encanta, ¡ánimo, Danny!); pasó un rato con su hermana mayor (¡es difícil sacar a Abby de sus queridos libros de química durante más tiempo!); disfrutó de dos comidas deliciosas y caseras (¡ejem!) en la mesa, como una más; y también ha rezado con regularidad. Esperamos que todo eso los anime. Desde donde nos encontramos hoy, estamos muy agradecidos por éstos y muchos otros regalos que recibimos a diario.

WAYNE

Domingo, 15 de marzo de 2009; las 10:39

Queridos amigos:

Últimamente he desatendido el diario, lo cual, después de todo, ¡es una buena señal! A menudo, el que no haya noticias significa que no hay malas noticias. Uno de los retos más difíciles que nos plantea el cáncer de Esther es encontrar el equilibrio adecuado en nuestra actitud ante la vida. A veces nos sentimos como si estuviéramos esperando, pero queremos sentirnos como si estuviéramos VIVIENDO. Y es que gran parte de la vida cristiana consiste en encontrar el modo de vivir la vida con la perspectiva apropiada, ¿verdad?

Bueno, ¡aquí van los detalles prácticos para los que están interesados! Las visitas semanales de Esther a la clínica Jimmy Fund (la rama de pacientes externos con cáncer pediátrico del Dana-Farber y del Hospital Infantil de Boston) han sido positivas: han mejorado levemente varios resultados de los análisis de sangre, los niveles de oxígeno y su salud en general. Debemos ajustarle la medicación muy a menudo, ya que surgen y desaparecen nuevas preocupaciones constantemente. Esta semana ha tomado un fármaco por vía oral para curar el afta que le salió tras el tratamiento de esteroides dirigido a detener aquella migraña que tuvo durante toda una semana. Por otra parte, ha contraído la bacteria *Clostridium difficile*, de modo que ayer empezó con otro antibiótico para eso. Sus niveles de calcio habían caído, así que tiene que volver a tomar un suplemento de calcio. También nos preocupa que hayan detectado un poco de sangre en su orina, y estamos esperando a saber cuál es la magnitud del problema. Como pueden ver, el statu quo no es realmente el statu quo: es una preocupación llevadera o insoportable.

En el plano social, ¡nuestra Esther ha sido una mariposa! La semana pasada fue al cine con sus dos hermanas, puesto que Abby vino de la Gordon College a pasar la semana en casa. El jueves por la noche toda la familia fuimos a escuchar el (maravilloso) recital del coro de Angie en el instituto de North Quincy. Y Esther pasa casi todas las tardes jugando a la Game Cube con sus hermanos; cuando Graham y Abe llegan a casa de la escuela, no hay nada que les guste más que encontrarla despierta y lista para jugar. Algún día nos cambiaremos a la Wii, pero a los chicos les sigue gustando la antigua videoconsola, y como los juegos de segunda mano son baratos, podemos seguir comprándolos.

Hace diez días, Graham cumplió trece años, y me habría encantado que hubieran oído la oración que dijo cuando nos reunimos alrededor de la mesa para su cena de celebración. Un rato antes habíamos estado viendo antiguos videos familiares, y en su sentida oración pedía que Esther caminara y corriera como antes... ¡A todos se nos llenaron los ojos de lágrimas!

Gracias por rezar. ¡Los mantendremos informados!

¡Sigue a todo gas, Esther!

El sábado Esther anduvo de aquí para allá. Primero estuvo pintando rostros en una conferencia sobre educación especial que mamá había ayudado a organizar, y luego fue a merendar con su hermana Angie y con mamá. Después las chicas se dirigieron al supermercado, y aquél fue un gran acontecimiento porque, según nuestros cálculos, hacía casi un año que Esther no iba a hacer una compra tan grande. Mientras que las otras caminaban, ella se desplazaba a toda prisa en uno de esos carritos a motor. No hubo ningún incidente hasta que dio una curva muy cerrada y chocó contra una pila de algo. Aparte de eso, ¡no estuvo nada mal para alguien que no ha pisado la escuela de manejo!

A partir de esta semana, además de acudir a las habituales visitas para ver cuál es su estado de salud general, Esther irá dos veces por semana a la consulta de un fisioterapeuta. Ahora tiene al menos tres citas distintas por semana en Boston (aunque, afortunadamente, suponen dos viajes en total). Por otra parte, su cada vez mayor equipo médico (oncología, endocrinología, etcétera) se reunirá dentro de una semana o dos para discutir cuál será el siguiente paso. Existen algunas discrepancias respecto al modo de continuar el tratamiento, así que tanto ellos como nosotros necesitamos sabiduría. La buena noticia es que nos han pedido que pensemos en un plan de cuidados «a largo plazo». No sabemos muy bien qué es lo que significa, ¡pero suena bastante bien! Nos lo presentaron como una noticia fantástica, y así es como lo tomaremos.

Martes, 31 de marzo de 2009; hacia las 16:00

Anoche tuve un sueño muy extraño. Fue espectacular. ¿Recuerdas cómo me quejaba de querer besar a un chico? Parece una tontería, pero quiero que me guste alguien y gustarle yo a alguien. ¡Ay, parezco una niñita de segundo! Bueno, da igual.

En ese sueño estaba viendo la tele o algo así, y el chico que tenía al lado me besaba en la mejilla y yo sentía un cosquilleo maravilloso (¡ja, ja, ja! No como si me pusiera cachonda; ay, eso ha sonado muy mal). Luego él me acariciaba el cuello y me besaba en la nuca. Oh, Dios mío, era una sensación fantástica. Pero creo que la gente nos veía, de modo que íbamos a otra habitación. Jugábamos a la Game Cube y veíamos la tele, y en un momento dado yo acercaba los labios a su rostro (?). Pero al final no pasaba nada.

Entonces me desperté y me puse triste porque no era real. Más tarde estuve pensando en ello y me pregunté quién sería ese chico, ¡ja, ja, ja!

Otra noche soñé con los B-s boys. Ellos venían y yo abrazaba a Bruce, y creo que él me levantaba muy alto. Luego iba a abrazar a JT, pero él me hacía adiós con la mano. Y por último saludaba a Ryan. Todos tenían el ceño fruncido.

Un rato después les preguntaba por qué parecían tan encabronados, y me contestaban que porque Graham estaba enfermo. Pero no lo estaba... ¡Qué cosas más raras!

Pues bueno, pensé que el chico del beso podría ser Ryan, aunque después recordé que también había soñado con Jake S (cohenismo), un tipo muy guapo, por lo que podría ser él...

O quizás algún chico inventado, igual que los besos.

Ah, no sé si lo he dicho antes, pero ahora mismo no puedo besar a ningún chico, porque la quimio de mi saliva podría perjudicarlo. Es muy deprimente que ni siquiera exista la posibilidad de que suceda algo que deseas.

Hummm… Hablando de deseos: la LeakyCon 2009 se celebrará del 21 al 24 de mayo. EN BOSTON.

¿Qué carajo es eso?, te preguntarás. Es un evento que se organiza cada dos años, en el que fans de Harry Potter de todo el mundo se reúnen para platicar y escuchar *wrock* (música basada en los libros). Además, ¡¡¡HANK Y JOHN GREEN ESTARÁN ALLÍ; EN BOSTON; EN BOSTON, EN LA LEAKYCON!!!

Me encantaría ir. Me ENCANTARÍA, pero la entrada cuesta 195 dólares, y otros 30 reunirse con los Green. Además, no conozco a nadie que tenga planeado ir. Pero mamá, Abby o Angie podrían acompañarme. Desafortunadamente, no tenemos dinero para eso. Podría pedírselo a los de Make A Wish…

Ay, bueno, me gustaría ir y me gustaría besar a alguien y me gustaría hacerme amiga de alguien que irá al mágico LC09. Ay…

Ésta ha sido una entrada de lo más inmadura y frívola. Pienso más en eso que en mi salud.

Ah, también me ha pasado algo bueno: hice un «colega» en OMGPOP.com/#/balloono (¡ja, ja, ja!). Creamos diseños con globos y nos matamos con ellos; por ejemplo, señales de stop, triángulos… Es divertido y consigue que me ponga contenta :).

Bueno, adiós.

El equipo médico de Esther en el Hospital Infantil, en el Dana-Farber y en el Hospital General de Massachusetts está muy contento por los progresos logrados hasta ahora. Tras debatir largo y tendido, y revisar el caso detenidamente, su recomendación en este momento es continuar con el tratamiento quimioterapéutico con Sorafenib (un fármaco «inteligente» que Esther toma dos veces al día en casa) y NO tratarla con el yodo radiactivo I-131. Afortunadamente, los efectos secundarios de la quimio han sido muy leves en comparación con los que sufren algunos enfermos (Esther tiene un pequeño sarpullido, ha perdido cabello y tiene molestias en el estómago). Debo admitir que me alegra que le hayan quitado la radiación, puesto que, tras la última sesión que recibió el octubre pasado, se puso tan mal que creímos que íbamos a perderla. Los médicos también están esperando a ver los resultados de la TAC y de la PET que le harán la semana que viene, el día 23. Si los escáneres muestran que los tumores pulmonares siguen encogiéndose o no han ido a peor, continuaremos con el tratamiento que tiene ahora.

Por otra parte, esta semana Esther ha recibido una Wii. Acaba de empezar las sesiones de fisioterapia los jueves en la clínica Jimmy Fund, ¡por lo que es un regalo de lo más oportuno! Podrá hacer la terapia mientras juega a los bolos, al tenis o al golf. Además, algunos juegos de la vieja Game Cube también valen para la Wii. Pudimos comprar la videoconsola gracias a dos personas muy generosas. ¡Gracias, Lee y Freeda! Esther, los chicos, por supuesto, están muy emocionados.

El Viernes Santo también fue un gran día, ya que a Esther le reemplazaron el tubo-G que llevaba desde hacía un año por un tubo

PEG (también llamado MICKEY). Yo le digo que parece el cierre de una pelota de playa. Debido a los débiles pulmones de Esther, los médicos hicieron el procedimiento sin administrarle medicamentos. Creo que el tubo estaba muy deteriorado por toda la quimio y la radiación, y les costó sacarlo mucho más de lo que habían previsto. Pero al final lo consiguieron, aunque Abby después comentó que no tenía ni idea de que Esther tuviera la fuerza para apretarle tanto la mano.

El Domingo de Resurrección acudimos todos a nuestra «antigua» iglesia en Quincy. Fue maravilloso que Esther nos acompañara durante toda la mañana, y la familia de la iglesia se alegró mucho de verla. Por la noche, tuvimos una cena mexicana y vegetariana de Resurrección con dos amigos de Abby, de la universidad. Fue un día lleno de satisfacciones. A Abe le encanta buscar los huevos de colores escondidos y contarlos, y de igual manera, nosotros celebramos las bendiciones ocultas y atesoramos cada una de ellas…

LORI

21 de abril de 2009

Los sueños son extraños

Siempre tengo sueños muy, muy raros. En serio, a menudo son realmente extraños. Anoche soñé que perseguía un coche, un coche de color rojo. Se detenía en una señal de alto, y yo me acercaba corriendo y golpeaba la ventanilla. Al abrirse, una persona con los ojos enormes y de estilo manga se quedaba mirándome, y luego esos ojos llenaban toda la pantalla, como en una película. Yo estaba en medio de un charco, y del agua salían criaturas parecidas a delfines y empezaban a cantar algo sobre alienígenas. Después, uno de los delfines caminaba (?) hacia mí, sonreía y me besaba en la mejilla.

En ese momento me desperté, y mi gato Pancake estaba lamiéndome la cara. Es uno de los sueños más raros que he tenido en toda mi vida, y creo que el culpable de ello es la serie *Doctor Who*. Es lo único que he visto últimamente, de verdad. Esta semana estoy de vacaciones, por lo que no tengo nada que hacer. Me despierto hacia las tres del mediodía, desayuno algo, hablo con gente por Skype y luego veo *Doctor Who*. Estoy en el último episodio de la primera temporada, por fin :O.

Esta tarde fui al centro comercial, ¡y compré la segunda y la tercera temporadas! En la maldita portada de la tercera temporada se ve una cosa que le pasa a un personaje, pero no sé si debería decirlo, porque odio develar secretos. Pero sí, esa portada me ha encabronado T__T. También he comprado *pretzels* en una tienda llamada Auntie Anne's y ¡GUAU, están buenísimos! Son como dulces (pero no como la canela), tienen sal (pero no como para quitarte las ganas de volver a comer sodio) y están superblandos. Oh, amigo, me gustaría comer más...

Bueno... tengo el cerebro cansado. Hoy hice demasiadas tareas. ¡Ahora me toca dormir! Ah, colgué un video en mi canal de Failboat. Deberías verlo :D.

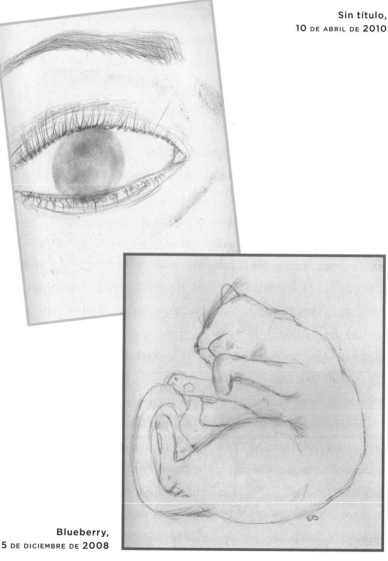

Sin título,
10 DE ABRIL DE 2010

Blueberry,
5 DE DICIEMBRE DE 2008

Lunes, 4 de mayo de 2009; las 6:29

Bien, si sólo les gusta leer malas noticias, ¡rápido, cierren la página! Y es que hoy sólo tenemos buenas noticias que contarles sobre Esther. Los resultados de la PET indican que ha habido «pocos cambios». Sin embargo, la TAC —que puede mostrar diferencias más pequeñas— ha registrado una reducción constante de hasta 15 % en el tamaño de algunos de sus numerosos nódulos pulmonares. Su médico nos dijo que, de todos los posibles panoramas, éste era el mejor que cabría esperar. Estudios recientes demuestran que esta nueva quimio beneficia a los pacientes durante veinticuatro meses, hasta que el cáncer se hace más listo que el fármaco inteligente. De modo que nos sentimos un poco como Cristiano en *El progreso del peregrino*, ya que vemos ante nosotros un camino llano y recto, ¡y lo tomaremos!

Ahora mismo nos dedicamos a la tarea de VIVIR. Esther comenzó el curso de álgebra, y en colaboración con su escuela estamos intentando que le concedan el aprobado oficial de octavo curso. El año que viene irá al instituto, pero probablemente tenga que hacerlo por internet, o tal vez pueda combinarlo con clases presenciales. Lo decidiremos después de ver cómo pasa el verano.

Seguiremos escribiendo en este diario de vez en cuando, ya que, evidentemente, el viaje no ha llegado a su fin. Esther continúa conectada al oxígeno veinticuatro horas al día los siete días de la semana, pero los médicos la animan a que pruebe a respirar sin él durante algunos espacios de tiempo. Nosotros también sufrimos nuestra parte de efectos secundarios de los muchos medicamentos que ella toma, pero hasta el momento no hemos tenido ningún problema para controlarlos. Seguimos intentando mejorar los hábitos de sueño de Esther, porque le cuesta mucho dormirse y se despierta muy tarde (¿¡o quizá se deba a que está en plena adolescencia!?). ¡Gracias por rezar, por preocuparse y por alegrarse con nosotros!

LORI (¡de parte de toda la familia!)

Con Alex Day en la LeakyCon,
BOSTON, MASSACHUSETTS, 2009

Con Paul DeGeorge de Harry and the Potters,
BOSTON, MASSACHUSETTS, 2009

Sábado, 23 de mayo de 2009; las 8:30

Hola a todos:

Este fin de semana Esther está pasándoselo en grande, ya que ha acudido a la conferencia LeakyCon que se celebra aquí en Boston. Comenzó el jueves y terminará el domingo. Ella estaba encantadísima de poder ir y conocer en persona a muchos de sus amigos y héroes de internet, como por ejemplo al escritor John Green. La ha acompañado su hermana mayor Abby, quien ha encajado bien en el ambiente gracias a las clases impartidas por Estee previamente: «Es Griffendorf, no Huff in Puff» (no, papá, no: es Hufflepuff, no Huffinpuff; y es Gryffindor, no Griffendorf, ¡ja, ja, ja!); «Debes decir que Ministry of Magic es tu grupo favorito». De todas maneras, Abby probablemente ya sea una *nerdfighter* encubierta, si lo mucho que está divirtiéndose puede considerarse una prueba. Hoy será Angie la encargada de ayudarla a llevar el tanque de oxígeno, y seguro que ella también encajará bien, ya que al menos sabe qué lenguaje debe utilizar. Mamá y papá no entienden muy bien cuál es el atractivo de todo eso, pero Estee está en el paraíso y con eso nos basta. Entren en www.leakycon.com para entenderlo todo mejor. Además, en el Facebook de Esther encontrarán fotografías.

Otra muy buena noticia es que, tras casi un año yendo a la clínica de Boston una vez por semana, hace poco han subido a Esther de categoría y sólo tendrá que acudir ¡una vez cada dos semanas! Es estupendo que te cambien de tercera clase a primera: hay más espacio para estirar las piernas y te dan cacahuates gratis.

Eso es todo por ahora.

WAYNE

Holaaa a todos:

Soy Esther, y pensé en actualizar y esas cosas, porque ha pasado bastante tiempo desde la última vez que lo hice.

En junio no sucedió nada muy importante, lo que supongo que es una noticia tan buena como aburrida. Empecé con un mejor horario de fisioterapia en casa (todos los lunes), y sigo yendo a la clínica Jimmy Fund un jueves sí y otro no. No me han cambiado la medicación y me harán los siguientes escáneres el lunes, 6 de julio, así que ya les contaremos qué tal han ido.

Hace un par de semanas fui con mi hermana Angie a un concierto que habían organizado muy cerca de casa. Lo pasamos genial bailando y al día siguiente estaba agotada, pero mereció muuucho la pena. Tengo dos tanques de oxígeno «líquido» y cada uno me sirve para unas cuatro horas, así que me los llevo siempre que salgo. Si alguna vez vamos a algún lugar y necesito más de ocho horas de oxígeno, también tenemos varios tanques grandes de tres horas.

Ah, la semana pasada papá y mamá (también conocidos como Wayne y Lori) hicieron una excursión a una isla para celebrar, aunque con retraso, su aniversario. Abby y Angie se encargaron de darme los medicamentos y de mantener a Abe y a Graham entretenidos, y debo admitir que hicieron un trabajo estupendo. La verdad es que no hicimos gran cosa, pero preparamos un pastel de café y más cosas :).

¡Ja, ja, ja! Y ayer Abe, Graham y yo vaciamos todo un bote de espuma de afeitar y jugamos con ella. Puede parecer aburrido, pero lo pasamos genial. De verdad, apretar espuma de afeitar con las manos es una sensación MARAVILLOSA.

Hum, no se me ocurre nada más que contarles. ¡AH! Para el próximo año escolar me inscribí en el mismo instituto que Angie: yo empezaré el primer curso y ella el último. Creo que iré tres veces por semana, y dos o tres o cuatro clases todos los días... Bueno, la verdad es que todavía no me he organizado muy bien, pero ésa es la idea principal. Elegí la asignatura de fotografía y da la casualidad de que Angie también, así que será fantástico ir juntas a clase.

Mañana es 4 de julio y aún no sé qué vamos a hacer O_o. A lo mejor iremos a algún lugar cercano a ver los fuegos artificiales o algo por el estilo. ¡Ja, ja, ja!

Tengo una bolsa enorme en la que guardo las cartas que he recibido, y ayer, mientras arreglaba la habitación, las leí todas: fue genial. Muchas gracias por todos los buenos deseos, los regalos, las oraciones, los pensamientos, los correos electrónicos y todo lo que nos han dado en estos últimos tres años. Aunque solemos olvidarnos de responder a la mayoría (hola, somos los Earl), significan MUCHO para nosotros, y estoy muy agradecida de que tantas personas nos apoyen a mí y a mi familia. Que pasen un buen 4 de julio.

ESTHER

Sábado, 31 de enero de 2009

Obviamente soy una persona bastante... «especial». Lo digo porque no me gusta estar con gente que no sea de mi familia, e incluso en ese caso prefiero las visitas cortas. No es que no me GUSTE la gente o que no QUIERA a mi familia; simplemente, llega un momento en que me molestan.

Tampoco me gusta el deporte, y eso me deja fuera del grupo de los deportistas; no me las doy de artista, no soy muy *nerd* ni muy cool, no soy muy divertida ni tampoco la payasa de la clase. No soy muy rebelde. No encajo en ningún grupo.

Sin embargo, últimamente he navegado mucho por YouTube, y éstos son mis canales favoritos:

Fiveawesomegirls: Cinco chicas que hacen turnos para colgar videos entre semana. Los temas principales son Harry Potter, el wrock (grupos de música basados en Harry Potter), el teatro y la *nerdfighteria* (más información abajo/-->).

Hayleyghoover: Una de los 5AG; es la más divertida y la que más me hace reír.

Italktosnakes: Otra de los 5AG; se llama Kristina y me gusta su personalidad :).

Rhymingwithoranges: Jazza es genial, divertido y canta :).

Vlogbrothers: Dos hermanos que abrieron un videoblog y dejaron de comunicarse por mensaje de texto durante un año. ¡¡¡Son estupendos!!!

Bueno, pues los creadores de Vlogbrothers, John y Hank Green, empezaron a llamar *nerdfighters* a sus seguidores, que son básicamente unos *nerds* geniales. Tal y como he dicho antes, no soy una *nerd* total, pero me gusta pensar que soy una *nerdfighter* por todas las cosas *nerd* que me gustan: YouTube, iilwy.com, Harry Potter, el wrock y... hummm... creo que eso es todo.

No obstante, para convertirme en una *nerdfighter* oficial, se me tiene que ocurrir un verso para una canción sobre las cosas *nerd* que me gustan :). Más vale que me ponga manos a la obra.

No olvides ser genial,* :) 8) :D 8D.

---

* En inglés, Don't Forget To Be Awesome (DFTBA); se trata de una frase popularizada por los hermanos Green. *(N. de la T.)*

Jueves, 12 de febrero de 2009; la 1:00

Cincuenta páginas. Hace tiempo que no las releo, pero me sorprende que sean cincuenta, 50, las páginas que he llenado de tonterías, porque esperaba haber escrito muchas más. Han pasado dos meses desde que me regalaron el señor Diario, y la verdad es que creía que ya habría ocupado las doscientas treinta y pico páginas. Eso es mucho escribir, pero pensaba que lo habría hecho. Ah, bueno, no me quejo, simplemente desearía haber escrito más :|.

Ahora te pondré al corriente de los detalles y luego, si no me duele la mano ⤳ , te contaré cosas un poco más «personales»...

Hacia el 1^0 de febrero tuve una de esas migrañas durante el día y no se me pasó hasta haber descansado un rato. Para que quede claro: las migrañas empiezan con unas luces muy fuertes que se me clavan en el campo de visión; es como si saltara el flash de una cámara y ese destello no se fuera de mis ojos. Tras diez o veinte minutos con las lucecitas —o el aura— me viene dolor de cabeza. Una hora después suele desaparecer el aura y me duele la cabeza durante el resto del día.

Bueno, pues el domingo :), 1^0 de febrero (creo), tuve migraña y más tarde se me pasó. Al día siguiente volví a tenerla, dormí una siesta, se me pasó y ese mismo día tuve OTRA migraña. Y al día siguiente tuve dos migrañas de nuevo.

Al día siguiente, el miércoles, tuve otra migraña, pero me dolió más de lo normal. Creo que dormí un poco, para tratar de que la migraña también se quedara dormida. El día siguiente al miércoles fue *suspiro* el jueves, que es cuando suelo ir al médico.

Llegamos hacia las once. Papá tuvo que llevar a Graham y a Abe al Hospital Infantil y yo me quedé con Annette. Le hablé de los dolores de cabeza y de todo lo demás, y entonces entró en la habitación una «señorita de actividades». Hicimos un collage (ella y yo, no Annette, ¡ja, ja, ja!) y empecé a sentir un leve dolor de cabeza.

Para cuando regresó papá acompañado del psiquiatra (:D) me dolía mucho la cabeza. De modo que, aunque papá quería que nos marcháramos, esperé a que Annette me diera un calmante para el dolor, compuesto sólo por oxicodona y tylenol.

Creo que eso ayudó. Y nos fuimos. En casa dormí, pero tuve otro dolor de cabeza horrible... y seguí durmiendo a intervalos y tomando un montón de calmantes. Al día siguiente, también conocido como «viernes» en algunos lugares, estaba igual de mal, si no peor. Me pasé dormida todo el día, con la cabeza a punto de reventar y el cuello adolorido, y cualquier cosa que hiciera me daba náuseas o algo peor. Tomaba calmantes <u>cada</u> cuatro horas; una mezcla de oxicodona y tylenol. El día siguiente fue igual de malo: no comí nada, vomité un poco al menos dos veces por la mañana, y literalmente cualquier cosa, excepto estar tumbada y muy quieta, aumentaba el dolor.

Me parece que fue el domingo cuando en la farmacia me dieron un medicamento que había tomado en el hospital para los fuertes dolores de cabeza. Sin embargo, sólo me dieron dos pastillas: una para tomar en el momento y la otra para dos o tres horas después. Y es que son muy caras... Pero hicieron que me sintiera mucho mejor. Por fin me mantuve despierta y la cabeza <u>casi</u> dejó de dolerme. Fui capaz de levantarme y estar un rato en la computadora.

El lunes nos dijeron que fuéramos al hospital para que me hicieran un escáner y así asegurarnos de que no era nada grave lo que estaba provocándome el dolor. Una vez allí, cada sonido y movimiento enviaba una leve ráfaga de dolor a mi cabeza. Lo curioso es que aquel día me encontraba mucho mejor que en toda la semana. Aún tenía mucho dolor, pero se cercioraron de que siguiera tomando el calmante. Y eso fue de gran ayuda.

Primero se dispusieron a ponerme una vía y, ¡oh, fallaron! >:[. En el segundo intento la aguja zigzagueó hasta entrar en la vena. ¡Uf! Luego fui a que me hicieran una resonancia magnética. Al principio me asusté un poco porque la máquina hacía mucho ruido, pero aguanté bien. Los primeros tres cuartos de hora fueron incluso relajantes, puesto que la máquina vibraba mucho y hacía un ruido sordo; la siguiente media hora se me hizo muy larga, pero no lo pasé tan mal. Me alegraba que el dolor de cabeza casi hubiese desaparecido. Después me hicieron una TAC en diez minutos, y tampoco hubo ningún sobresalto. A continuación regresamos a la clínica Jimmy Fund... y esperamos.

Los médicos vinieron con los resultados y nos informaron de que todo parecía estar bien. Fue una noticia fantástica, porque estaban preocupados por los tumores o las hemorragias. ¡Menudo alivio! ':D ← (persona sudando por los nervios). Nos explicaron que lo más probable es que los dolores de cabeza se deban a una combinación de falta de sueño y deshidratación, de modo que voy a tener que acostarme hacia la misma hora todas las noches.

Los dolores de cabeza han sido mucho menos intensos desde el martes, pero no han desaparecido por completo. Suelo estar quieta como una estatua, y cuando empieza a aliviarse el dolor de cabeza empieza a molestarme el cuello. Desde ayer y hasta dentro de dos días tengo que tomar esteroides :D. Es raro, pero no parece que esté ayudándome demasiado.

Mañana debo volver para las doce y media, y tenemos la cita a la una y media. Creo que hablaremos con un neurólogo y con especialistas del sueño para ver si tienen alguna idea brillante...

Te pondré al corriente después (con emoticones). Ahora estoy demasiado cansada para eso.

De todos modos, estoy muy agradecida a los médicos y a mis padres por ayudarme constantemente; han tenido una paciencia infinita conmigo. También le doy las gracias a Dios por hacer que el dolor nunca dure demasiado. El dolor es una mierda, pero siempre se pasa.

¡Mua :*!

«Las cuatro esquinas de mi vida», QUINCY, MASSACHUSETTS, 2009

«You Are the Moon», QUINCY, MASSACHUSETTS, 2009

CATITUDE:
Encontrar amistad y comunidad en la red y en la vida real

Por Lindsay Ballantyne

Cuando la gente me pregunta por la historia de Catitude, me resulta difícil decidir qué es importante explicar, e incluso más complicado establecer una cronología de los hechos. Nuestros caminos se cruzaron de muchos modos distintos antes de que nos reuniéramos. Algunos se conocieron en chats que tenían lugar durante los shows en directo de los Vlogbrothers o de la Harry Potter Alliance en una página web llamada BlogTV. Además, el chat de los Vlogbrothers también se utilizaba en otros momentos como un lugar de encuentro para los fanáticos de *This is Not Tom*, una serie de adivinanzas online relacionada con una historia de misterio escrita por John Green.

En abril de 2009, algunos de nosotros participamos en «Blog Every Day in April» (BEDA),* un proyecto encabezado por la escritora Maureen Johnson. Ella misma nos dividió en grupos y de esa manera nos brindó un sistema de apoyo con el que pasar el mes. En mayo, otros futuros miembros de Catitude se reunieron para ver el Concurso Nacional de Ortografía, y el entusiasmo provocado por aquel acontecimiento hizo que a partir de entonces todos los años se organice una fiesta para verlo juntos. Todos nosotros éramos bastante prolíficos en Twitter y teníamos conversaciones de muchísimas páginas con mensajes de 140 caracteres o menos.

BEDA fue el lugar donde todo empezó para mí. Habíamos creado un chat de Skype en el cual proponer ideas para el blog, pero acabó siendo un espacio en el cual dejábamos fluir todos nuestros pensamientos y sentimientos. Cuando BEDA llegó a su fin y el ritmo del chat decayó un

* En inglés, «bloguea todos los días de abril». *(N. de la T.)*

poco, Arka comentó que había conocido a otra chica y pensaba que nos caería bien: era Esther. Formamos un nuevo chat para poder hablar con ella, y a partir de entonces todo marchó sobre ruedas.

Al principio de nuestra relación, Esther me pareció educada, atenta y amable. Pensé que era demasiado sensata para ser una chica de mi misma edad, así que imaginen cuál fue mi sorpresa cuando descubrí que tenía catorce años («¡casi quince!»); es decir, cinco menos que yo. Cuando conocí al resto de los miembros de Catitude sucedió exactamente lo mismo. Enseguida me di cuenta de que mi calculadora de edad nunca sería precisa cuando se tratara de este extraordinario grupo de gente. Al poco tiempo de surgir nuestra pandilla de amigos, Esther dijo lo siguiente: «Tengo la sensación de que todos somos de la misma edad, aunque no sé qué edad es ésa». Tenía toda la razón. Discutíamos sobre qué estaría más rico, si la caca con sabor a chocolate o el chocolate con sabor a caca, en el caso de vernos en la tesitura de tener que elegir uno de los dos (ese debate ha durado años y ha resultado ser una de nuestras disputas más polémicas), pero también hablábamos de nuestros pensamientos y deseos más profundos sin dudarlo ni un instante.

Poco tiempo después supimos que Valerie era una virgen de Harry Potter. Como muchos de nosotros nos habíamos conocido por haber participado en la comunidad de fans de Harry Potter, consideramos que era nuestro deber como ciudadanos ponerle solución al problema. Aquélla fue la primera vez que muchos de nosotros hablamos y, como desconocidos virtuales que éramos, organizamos la «Operación HP Valerie». Nuestra misión: conseguir que Valerie leyera Harry Potter. Para ello, anotaríamos los libros y los enviaríamos por todo el país. A cada grupo formado por dos o tres personas se le asignó un libro, e hicimos el seguimiento de todo ello en una hoja de cálculo muy compleja (ésa es una larga tradición de Catitude).

Hubo infinidad de chats a principios y mediados de 2009, que fueron evolucionando para adaptarse a la necesidad que teníamos en cada momento. Sin embargo, todos estamos de acuerdo en que el cumpleaños de Catitude, tal y como lo conocemos ahora, coincide con el de Esther. El mismo día que ella cumplió quince años regresó de una semana de vacaciones en la que había estado sin internet, de modo que nos reunimos tantos amigos como pudimos —incluyendo a cualquiera que pudiera conocer a Esther, incluso de refilón— en un chat masivo de celebración en Skype.

> Esther, recuerdo que te conocí el día de tu cumpleaños, que fue básicamente el inicio de lo que hoy en día es Catitude. Celebramos una fiesta en tu honor en Skype, y la primera impresión que tuve de ti fue que quería ser tu amigo. Me alegro mucho de que nos hiciéramos buenos amigos.
>
> JULIAN GÓMEZ

Fragmento del chat de cumpleaños
4 de agosto de 2009

[23.12.20] JULIAN GÓMEZ: Por qué nadie me ha hablado de este chat en grupo?
[23.12.27] ARIELLE LINDSEY ROBERTS: *por fin jugando a truth or fail*
[23.12.28] LINDSAY: Teryn lo organizó
[23.12.30] ARIELLE LINDSEY ROBERTS: Teryn lo organizó
[23.12.36] ESTHER: BIS BIS!
[23.12.37] KATIE TWYMAN: FALLO DE TERYN D:<
[23.12.38] LINDSAY: dijo que envió un mensaje directo a todos los del chat
[23.12.39] BLAZE MITTEFF: #culpadeteryn
[23.12.44] JULIAN GÓMEZ: Oh, por lo visto Teryn me odia
[23.12.44] ESTHER: jajajajaja
[23.13.00] LINDSAY: D:
[23.13.05] [MORBLES.]: Chicos, me parece que no les he hecho ni caso >.<

[23.13.08] JULIAN GÓMEZ: El último mensaje directo que tengo es de ncacensorship
[23.13.10] ARIELLE LINDSEY ROBERTS: Julian, has visto mi tuit a searchlight?
[23.13.15] JULIAN GÓMEZ: SÍ
[23.13.21] ARIELLE LINDSEY ROBERTS: A que estaría bien?
[23.13.35] JULIAN GÓMEZ: Muy bien, jajaja
[23.13.37] ARKA: Joder, cuánta gente hay en este chat?
[23.13.45] VALERIE: 21?!
[23.13.46] JULIAN GÓMEZ: Hemos tuiteado a la vez
[23.13.49] ESTHER: MUCHA GENTE GENIAL
[23.13.54] [MORBLES.]: 21?!?!
[23.13.54] BLAZE MITTEFF: más de 9000
[23.13.59] JULIAN GÓMEZ: 1337
[23.14.00] [MORBLES.]: Me siento especial
[23.14.03] ARIELLE LINDSEY ROBERTS: nadie viene a Florida =(
[23.14.04] [MORBLES.]: pero patético al mismo tiempo <3
[23.14.09] ESTHER: PATÉTICO?
[23.14.12] BLAZE MITTEFF: Yo fui a Florida >:(
[23.14.16] JULIAN GÓMEZ: No nos cuentes tu vida, Morgan
[23.14.19] [MORBLES.]: jajajajaja
[23.14.22] [MORBLES.]: gracias, Julian
[23.14.24] ROY DUKE: acabo de recibir el CD de searchlight, es GENIAL
[23.14.28] KATIE TWYMAN: LEAKYCON. FLORIDA. BIENNN.
[23.14.28] JULIAN GÓMEZ: de nada <∞
[23.14.30] ARIELLE LINDSEY ROBERTS: perdón, me he equivocado, no viene ningún grupo a Florida

Como suele pasar en todos los grupos grandes, varias personas decidieron marcharse del rinconcito que nos habíamos hecho en internet. Los aproximadamente veinticinco que nos quedamos llegaríamos a ser conocidos como Catitude. El nombre de un chat de Skype puede cambiarlo cualquier participante, y a menudo abusábamos de esa posibilidad para demostrar nuestras dotes cómicas. A altas horas de la noche (que es cuando más hacemos el tonto) alguien puso el título «Cat-I-Tude»,* y a los

---

* Se trata de un juego de palabras compuesto por *cat* («gato») y *attitude* («actitud»). Podría traducirse como «actitud felina». *(N. de la T.)*

pocos que estábamos conectados nos dio un ataque de risa. Cada vez que alguien escribía otra cosa, nosotros lo reemplazábamos por Catitude. Al final, una vez que John Green y Andrew Slack comenzaron a referirse a nosotros colectivamente como Catitude, se nos quedó ese nombre.

Cualquiera que fuera la hora a la que te conectaras a Skype, siempre había alguien que te daba la bienvenida. A muchos de nosotros nos costaba dormir, por lo que nos hacíamos compañía en llamadas grupales o videoconferencias y nos entreteníamos con juegos online de varios jugadores hasta el amanecer.

En una ocasión, Katy dijo lo siguiente: «Estábamos unidos por varias características comunes: una leve adicción a internet, el amor por John y Hank Green y por la *nerdfighteria*, y que todos conocíamos a Esther. Ella era el verdadero puntal de Catitude. Ella creó el ambiente distendido; tenía una maravillosa forma de hacer que participaras y que te sintieras como si fueras la única persona que importaba».

Platicábamos largo y tendido de nuestras obsesiones, hacíamos bromas tontas que sólo a nosotros nos resultaban graciosas, sacábamos citas de su contexto y las colgábamos en Twitter. Éramos muy conscientes de qué consideración tienen en general las amistades de internet y siempre nos mofábamos de esa connotación. Nos llamábamos mutuamente «acosadores»; incluso algunos llegaron a escribir detalles sobre el grupo en sus propios cuadernos de acosadores, y solíamos bromear con que uno de nosotros era en realidad un hombre de cuarenta y siete años.

Vimos juntos *A Very Potter Musical*, no sin antes hacer la cuenta atrás para intentar darle al play todos a la vez. Después a cada uno de nosotros se le asignó un papel del musical; Esther y yo fuimos Voldermort y Quirrell respectivamente, sobre todo porque los personajes comparten una toga espalda contra espalda la mayor parte de la obra, y pensamos que nuestra diferencia de altura haría que fuera aún más gracioso. Poco tiempo después, me envió esta carta con un poema ilustrado:

Lindsay, Lindsay, Lindsay:
oh, querida Quirrell mía,
en un torbellino de emociones
conviertes mi día a día;
similar a Twhirl es
pero tuits no tendría.
Oh, compañera de espaldas,
acércate a mí sin temor,
y muéstrame que te interesas;
que no se marchite nuestro amor
igual que las flores que plantas.

Durante algunos meses no supimos que Esther estaba enferma. En algunas fotografías suyas habíamos visto los tubos de oxígeno, pero cada vez que alguno de nosotros reunía la valentía para preguntarle qué le pasaba, ella contestaba que tenía «problemas para respirar». Recuerdo que una noche, mientras hacíamos una videoconferencia, pensé: «¿Cómo es posible que Esther siempre esté tan bien peinada, incluso a las tres de la madrugada?» Evidentemente, llevaba peluca.

Internet era uno de los pocos lugares en los que Esther podía entrar y no ser tratada como la chica del cáncer. Volviendo la vista atrás, debo decir que estoy muy agradecida por haber tenido la ocasión de conocer a Esther, a la verdadera Esther, sin las restricciones a las que inevitablemente se ve sometida una amistad cuando interviene algo como el cáncer.

Una noche comentamos que no conocíamos muchos detalles personales de los demás, y decidimos hacer turnos para lanzar y responder preguntas. Este fragmento de chat comienza con la contestación que dio Esther a la pregunta «¿Qué quieres hacer con tu vida?»:

12 de septiembre de 2009

[22.01.19] ESTHER: Siempre me ha interesado mucho el campo de la medicina. Mis problemas de salud me han obligado a pasar mucho tiempo en hospitales, y curar a la gente es algo maravilloso. Pero no sé si sería capaz de enfrentarme a la otra cara de la medicina, como la muerte y demás. Sé que hay trabajos en los que no tienes que ocuparte de esas cosas siempre, pero bueno. No estoy segura de qué voy a hacer en mi futuro más cercano

[22.01.45] KATY: Qué problemas de salud has tenido, Esther? :/

[22.01.54] KATY: barra tienes

[22.02.02] TERYN: :/

[22.02.02] TERYN: Yo también me lo he preguntado

[22.02.08] ESTHER: Jaja. Tienen tiempo para una historia muy larga? Probablemente me pasaré un buen rato escribiendo

[22.02.13] TERYN: Sí, lo que ha dicho Katy

[22.02.15] KATY: Estamos aquí para escucharte, señorita

[22.02.25] TERYN: Tranquila, tómate tu tiempo

[22.02.26] LINDSAY: Sí, yo sé un poco pero no mucho

[22.02.27] TERYN: Estamos aquí <3

[22.05.49] ESTHER: Nunca he hablado de este tema con gente de internet, así que contárselos por escrito es un poco raro. Hummm, en noviembre de 2006 me diagnosticaron un cáncer de tiroides, que es algo que casi nunca se ve en niños. Se había extendido a los pulmones, pero tampoco era demasiado grave. Entonces me quitaron el tumor, pero todavía tenía un montón de mierda en los pulmones, en sitios de los que no puedes quitar cosas. Pasé por varios tratamientos y funcionaron un poco. En aquella época vivía en Francia, y en 2008 nos mudamos a Estados Unidos y me dieron otros tratamientos que funcionaron mejor. La pasada Navidad pasé una racha muy mala y estuve muy enferma, pero he mejorado un montón. Así que, hummm, mi diagnóstico es cáncer de tiroides, y eso ha traído consigo muchos problemas, que a su vez traen otros problemas. Hummm… No sé qué más decirles, aunque probablemente no les haya dado ninguna información sobre ello. Bueeeno…

[22.05.54] VALERIE: Oh, amiga
[22.05.57] VALERIE: Los quiero, chicos
[22.05.58] ESTHER: Jaja, me he pasado
[22.06.01] TERYN: *leyendo*
[22.06.26] KATY: Oh, Esther <33333
[22.06.28] LINDSAY: *leyendo a esther*
[22.07.04] DESTINY: esther <33333333
[22.07.09] VALERIE: Carajo, ahora no quiero irme a la cama, quiero hablar con
ustedes
[22.07.13] VALERIE: Y esther <3
[22.07.18] TERYN: Oh, Esther <33333333333333 *te queremos*

[22.07.20] ARIELLE: esther <3
[22.07.25] DESTINY: en cuanto he tecleado Esther, ha empezado a sonar I want candy
de Aaron Carter
[22.07.31] LINDSAY: esther <33
[22.07.34] ARIELLE: jajaja destiny
[22.07.34] ESTHER: *es candy*
[22.07.41] LINDSAY: oh, guapa
[22.08.01] ESTHER: no tengo ningún problema para hablar de esas cosas, pero no sé
cómo sacar el tema o qué decir sobre ello
[22.08.03] KATY: Los quiero, chicos!
[22.08.11] DESTINY: Lo mismo digo, Esther
[22.08.14] TERYN: De acuerdo, Esther
[22.08.15] LINDSAY: Y estás en remisión o qué exactamente?
[22.08.17] KATY: Pero te vas a recuperar, Esther?
[22.08.19] LINDSAY: YO TAMBIÉN LOS QUIERO
[22.08.21] LINDSAY: MUCHO
[22.08.23] LINDSAY: Chicos
[22.08.24] VALERIE: Ay, es que tengo que irme ya, los quiero MUCHO y espero que
tengamos más conversaciones de este tipo

[22.08.32] KATY: LAS TENDREMOS <3
[22.08.32] DESTINY: Adiós, Valerie!
[22.08.36] VALERIE: <333333
[22.09.08] ESTHER: Buenas noches, valerie <3
[22.09.11] ESTHER: Te quiero mucho <3
[22.09.35] ESTHER: Ah, y no: todavía tengo cáncer y lo más seguro es que nunca me cure oficialmente. Supongo que por ahora pinta bien, pero sigo teniendo un montón de otras cosas. No sé qué me espera en el futuro, así que intento no adelantarme a los acontecimientos :\
[22.09.46] KATY: Oooh, Esther </3
[22.10.03] TERYN: Oooh, Esther
[22.10.06] LINDSAY: Esther <333
[22.10.06] TERYN: *te quiero*
[22.10.11] ESTHER: *yo también*
[22.10.11] TERYN: <3
[22.10.21] LINDSAY: No sé si debería decirlo, pero ahora mismo estoy llorando
[22.10.22] LINDSAY: </3
[22.10.23] TERYN: Esther, eres maravillosa
[22.10.32] ESTHER: Los quiero mucho a todos
[22.10.33] LINDSAY: ERES MARAVILLOSA
[22.10.35] LINDSAY: TE QUIERO
[22.10.35] ARIELLE: Sí, esther, eres maravillosa!
[22.10.36] KATY: Lindsay, yo estoy a punto
[22.10.37] KATY: </3
[22.10.44] ESTHER: Yo también estoy a punto de llorar
[22.10.45] TERYN: Tengo lágrimas en los ojos
[22.10.52] KATY: #cosasdechicas
[22.10.52] ARIELLE: Yo también
[22.10.52] ESTHER: Estoy como temblando
[22.12.23] TERYN: Dios, Esther, es que… eres genial. Que seas capaz de seguir adelante… Sé que puede sonar un poco raro, porque no has tenido otra alternativa, pero te lo digo en serio. Hace que seas fantástica. Y sigue adelante. Y te quiero
[22.12.39] ESTHER: <33
[22.12.40] LINDSAY: Sí
[22.12.42] TERYN: <3
[22.12.55] LINDSAY: Esther siempre ha sido fantástica
[22.12.58] LINDSAY: Esto es un plus
[22.13.04] ESTHER: Jajaja <3
[22.29.27] ARIELLE: Bueno, pues yo tengo una pregunta: aparte del nerdfighting y de harry potter, qué es lo que realmente te apasiona?
[22.30.18] ESTHER: Aún no he descubierto esa cosa que me apasione de verdad, pero

el cáncer infantil es una mierda. Y sé que hay muchas buenas causas que hacen una gran labor, pero el tener que pasar por ello cambia de algún modo mi manera de ver las cosas y... no sé. No digo que quiera encontrar la cura, porque no tengo los medios para ello. Pero me gustaría ayudar a la gente que tiene que pasar por esto

[23.00.45] ARIELLE: Los quiero

[23.00.50] KATIE: Dios, en serio

[23.00.56] ESTHER: Sí, me alegra mucho que TODOS USTEDES estén aquí, ahora mismo, charlando conmigo. Nunca he hablado de ningún tema serio con gente de internet, pero estoy muy contenta de haberlos encontrado <3

[23.00.58] LINDSAY: No sé cómo decirles que estoy aquí para todo lo que necesiten

[23.01.08] LINDSAY: De verdad

[23.01.10] ARKA: Chicos, hablen sobre alguna tontería durante 5 minutos, tengo que pasarme a la lap top

La conversación de aquella noche nos sirvió para acercarnos más. La gente habló de sus inseguridades, de sus problemas con la ansiedad y la depresión, y de las mayores pruebas que habían tenido que superar en la vida. Nuestro pequeño chat de Skype se convirtió en algo más que un simple lugar en el que divertirnos; se llenó de amor y de apoyo incondicionales.

Saber que Esther tenía cáncer no afectó a la dinámica del grupo tanto como cabría esperar. Siempre teníamos esa preocupación en mente, pero ella conseguía quitarle hierro al asunto y nosotros la conocíamos lo suficiente como para pensar en ella aparte de su enfermedad. Catitude siguió adelante a paso acelerado, e incluso se volvió más activo en nuestra comunidad, ya que empezamos un tumblog juntos dedicado a exhibir la creatividad y la genialidad de la *nerdfighteria*.

A veces me quedo observando el chat y me doy cuenta de que todos son muy divertidos, inteligentes y se preocupan por los demás. Es la forma más sincera, pura y maravillosa de amor y amistad. No sé. Simplemente es lo mejor. Y Esther era parte de ello. Eso es lo que era Esther: la mejor.

ALYSIA KOZBIAL

C reo que hubo varios motivos por los que todos nosotros nos enamoramos enseguida de aquel chat. Obviamente, gran parte de su atractivo consistía en que teníamos intereses parecidos: todos nos habíamos conocido en algunas comunidades online —como la *nerdfighteria* o la Harry Potter Alliance— y en foros de fans de grupos musicales como The Mountain Goats y They Might Be Giants. Eso ayudó a que las presentaciones iniciales fuesen simples y cómodas. De todos modos, en cuestión de unos pocos meses nos hicimos inseparables, y creo que aquello se debió a algo más que a una historia común.

A mi parecer, cada uno de nosotros se encontraba en una encrucijada; todos nos cuestionábamos algunos aspectos de nuestra vida que previamente habíamos dado por hecho. Muchos lidiaban con la ansiedad, la depresión y otros problemas relacionados con la salud mental. Otros tantos hacían planes para ir a la facultad o ponerse a trabajar, y empezaban a explorar lo que podía ser hacerse adulto. Crecer trae consigo muchas inseguridades e incertidumbres, y Catitude ayudó a que nos tranquilizáramos.

Catitude fue importante porque era exactamente lo que necesitábamos que fuera en cada momento. Pasábamos una cantidad ingente de horas riéndonos de nosotros mismos, así como noches enteras hablando por Skype y jugando a juegos online en grupo. Recuerdo que hacíamos muchas bromas sobre la caca sin hacer que nadie se sintiera incómodo y que nos reíamos de tonterías como un grupo de niños de seis años con sobredosis de azúcar. Sin embargo, también había otras noches en las que alguien entraba en el chat muy dolido o encabronado. Todos dejábamos lo que estábamos haciendo y prestábamos toda nuestra atención a quien lo necesitara. No importaba nada más hasta que esa persona estuviera bien atendida. Era imposible no confiar en todos los del chat con las partes más vulnerables de uno mismo.

KATIE TWYMAN

Los brazos de Catitude,
LeakyCon, Orlando, Florida, 2011

He tenido muchos amigos en internet a lo largo de los años, y en general he visto que es mucho más difícil mantener conversaciones personales e íntimas en la red que en persona. Quizá se deba a las abrumadoras posibilidades de entretenimiento y a la cultura de absorber mecánicamente, o quizá simplemente a las extrañas barreras de los teclados anticuados y a los cientos de kilómetros de distancia. A lo mejor es un resquicio de las advertencias que nos hacen nuestros padres para que no hablemos con desconocidos en chats. Con eso no quiero decir que sea imposible platicar sobre temas serios en internet (ya que es fácil expresarse de un modo abstracto e impersonal), sino que resulta difícil hablar con seriedad, arriesgándose, sobre detalles simples, personales e íntimos. De hecho, algunos de esos detalles pueden ser tan triviales y obvios que ni siquiera se nos pasa por la cabeza que estemos ocultándolos.

La primera vez que hablé con Esther por internet no fue una excepción. Charlamos sobre juegos online, sobre Harry Potter y sobre lo raras que eran algunas comunidades de la red. Al pensar en los primeros meses de nuestra relación, lo primero que me viene a la cabeza es que me reía mucho y que la consideraba una persona divertida e ingeniosa. Resulta extraño, pero después de haber sido amigo de Esther durante poco tiempo, ya me parecía mi hermana pequeña, aunque estuviera al otro lado del país y sólo la hubiera visto en videos borrosos de YouTube. Bromeábamos sobre las faltas de ortografía del otro; por la noche teníamos discusiones acaloradas sobre Harry Potter, sobre la última película de la serie, sobre cómo habían plasmado cierta escena a la perfección; teníamos chats de lo más absurdos con el resto de nuestros amigos, con las típicas tonterías de jóvenes y adolescentes. Ser amigo de Esther era divertido, y en un momento creí que eso sería todo lo que ella iba a aportarme.

Al poco tiempo de hacernos amigos me di cuenta de que Esther tenía algo que provocaba un gran impacto en sus amigos más cercanos. Es difícil describir esa característica, pero creo que a fin de cuentas se trataba de una enorme capacidad para la compasión. De vez en cuando, ella desviaba nuestra atención de las bromas sobre pedos y caca y transformaba nuestro chat en un espacio íntimo en el que la gente podía dar a conocer partes de sí mismo que no suelen mostrarse a casi nadie. Ella conseguía que fuera una transición natural, y creo que todos deseábamos tener momentos de ese tipo. En la vida real resulta muy duro dejar que otras personas vean nuestro interior poco atractivo, incómodo y oscuro; en la red es fácil tener conocidos con los que hablas a menudo a través de muchas plataformas, pero nunca te abres a ellos. Internet no exige las mismas expectativas de las relaciones sociales, y la mayoría de los medios sociales no tienen el mismo carácter directo que las interacciones cara a cara.

Desde mi punto de vista, hay que ser muy valiente para alejarse de las chácharas superficiales y ligeras y pedir a tus amigos que ahonden en los lugares más recónditos de sus vidas. Esther era capaz de interrumpir aquellas conversaciones llenas de ironía y actitud distante y de ponernos a todos a hablar sobre nuestras familias, nuestros pasados, miedos, ansiedades y fallos. Ella hacía que nuestros chats fuesen atractivos y que no se juzgara a nadie. Daba la impresión de que realmente se preocupaba por ti, de que le interesaba más de ti que tu habilidad para bromear. Principalmente gracias a ella, nuestro grupo de amigos pasó de ser un espacio para hacer bromas y mostrar nuestro entusiasmo *nerd* (que no tiene nada de malo), a ser un espacio online seguro, reconfortante, lleno de amor y compasión. Antes de conocer a Esther, no pensaba en internet como en el tipo de medio en el que los amigos pueden mostrar sus almas a los demás. No podría haber imaginado que llegaría a conocer a mis amigos de internet tanto como a los que veo todos los días. Esto es lo que Esther significa para mí: el ser capaz de preocuparse profunda y abiertamente por los amigos y de mostrarse completamente accesible y vulnerable en su presencia.

No obstante, a veces olvido una parte igual de importante de Esther. Sería incompleto describirla como una persona que ha sido totalmente abierta y vulnerable. Olvido (aunque constantemente me lo recuerdo) a la Esther joven, asustada, enferma, solitaria e imperfecta. La olvido, porque tardé varios meses en descubrir que tenía cáncer. La olvido, porque tuvimos muchas menos conversaciones cuando me contó lo triste y deprimida que estuvo cuando falleció su amiga, o lo inútil que parecía despertarse cuando sólo quería dormir, o lo aislada que se sentía a pesar de tener toda la atención de sus queridos amigos y familiares. La olvido, porque, a pesar de que ella era varios años más joven que yo, a veces parecía que tuviera la madurez y la sensatez de un viejo sabio. La olvido, porque no tengo que pensar en la muerte a diario excepto en las clases de filosofía. La olvido, porque es difícil darse cuenta de que la persona que te da tanto amor y a quien quieres devolverle todo ese cariño tiene que padecer todo tipo de dolores y sufrimientos y que nada de lo que tú hagas podrá aliviarla.

Quizás ése sea el motivo por el que es tan doloroso recordar a Esther. Habría sido fácil recordar su risa, su manera de escribir idiosincrásica, su sentido de la diversión, incluso su amor infinito; pero es más fiel a su propia manera de querer que recordemos todas las pequeñas grietas en su imagen, esa imagen por la que nos dejaba acceder de vez en cuando a sus mayores preocupaciones y miedos. A ella le gustaría que recordáramos su verdadera personalidad, incluyendo todas las imperfecciones. ¿Qué sentido tiene abrirte a tus amigos si no ven tu situación de vulnerabilidad? El sentido de todo ello es querer a los amigos completa y profundamente, en lo bueno y en lo malo, y apreciar más allá de las cosas positivas. Se trata de mostrar que quieres aceptarlos por lo que son, que no deben sentirse inseguros o avergonzados en tu presencia, aunque ésa pueda ser una tarea difícil de alcanzar. Esther conseguía que constantemente sintieras que se preocupaba mucho por ti; demostraba, con palabras o sin ellas, que te quería.

ARKA PAIN

Catitude es algo muy difícil de describir; incluso me cuesta explicar cómo era la extraña y maravillosa relación que existía entre todos nosotros. Tengo otros amigos que han admitido sentir envidia de la total franqueza y del amor desbordante que hay entre los integrantes de Catitude. Supongo que es fantástico formar parte de algo así. No ha habido ningún momento en el que haya sentido que no podía contarle cualquier cosa a alguien del chat. No estoy segura de si ese aspecto tan especial es el resultado de haber forjado nuestra amistad online, pero estoy convencida de que está estrechamente relacionado con que nos reuniéramos gracias a Esther.

Ella se abrió a nosotros en el chat, y nosotros, por nuestra parte, hicimos lo mismo. Se convirtió no sólo en una plataforma abierta para hablar sobre todo tipo de problemas y obstáculos de la vida, sino también en un lugar donde competíamos para ver quién era el más rápido en contestar a las preguntas del trivial de Harry Potter (Esther y yo siempre nos disputábamos el primer puesto). Aceptamos a los demás y confiamos en ellos, de un modo que no siempre podemos aplicarnos a nosotros mismos: apreciando los fallos de los demás, conseguimos aceptar los nuestros.

TERYN GRAY

La presentación del libro *Will Grayson, Will Grayson* fue la ocasión que elegí para reunirme por primera vez en persona con mis amigos de internet. Y Esther también.

Yo, por mi parte, estaba muy asustada. Tuve que conducir varias horas para llegar allí. Lo teníamos todo planeado. Por decirlo de alguna manera, aquel día lo solidificó todo. Amigos que habíamos sido amigos antes de un verdadero encuentro íbamos a vernos por primera vez en persona. Me preocupaba reírme demasiado, hablar demasiado, abrazar demasiado, decir algo inadecuado. Lo único que deseaba era quedarme mirándolos para asegurarme de que eran reales y de que no huirían de mí. Aquél fue uno de los días más terroríficos/gratificantes de mi vida.

SIERRA SLAUGHTER

¡Make A Wish! Esther, Teryn Gray,
Lindsay Ballantyne, Katie Twyman,
Madeline Riley y Abby Drumm,
BOSTON, MASSACHUSETTS, 2010

Presentación
de *Will Grayson,
Will Grayson,*
CONNECTICUT, 2009

Los siguientes textos pertenecen a uno de los primeros proyectos de Catitude que no cuajó. En la época en que los miembros de la comunidad intercambiábamos correo postal, alguien propuso que escribiésemos un diario conjunto. Esther fue la segunda y la última en recibir ese cuaderno, aunque en un primer momento habíamos planeado que pasara varias veces por las manos de todos los integrantes de Catitude. Éste es el paradigma de nosotros como grupo: meternos de lleno y con entusiasmo en una tarea y continuar con ella hasta conseguir la mitad de lo que nos habíamos propuesto en principio. Es una fotografía de Catitude tal y como éramos en 2009, incluyendo un montón de bromas de la época. Esther se refiere a Valerie como a un perro, se describe a sí misma como «poco viril» cuando está cansada y de vez en cuando escribe alguna cita de *A Very Potter Musical*.

LINDSAY BALLANTYNE

Viril, Esther con un amigo,
2009

HOLA A TODOS: SOY <u>ESTHER</u> Y ME ENCANTA ESTE CUADERNO. Estoy hablando por teléfono con Lindsay Ballantyne, esa fantástica persona. Acaba de dejar el auricular para recogerse el pelo y la oigo hacer ruidos como «nghnggg». ¡Je, je, je!

Intento hacer nuestro maravilloso juego de apóstrofe/carácter/apóstrofe en una hoja, y Lindsay quiere que trate de dibujar una D con ojos pero que se parezca a una pipa. Bueno, Lindsay, allá voy... 'D' mierda 'D' mierda 'D'. Lindsay, ¿qué se supone que tengo que hacer? No lo agarro :/ (<3).

Y ahora está hablándome sobre la convivencia con Geri y el resto de sus compañeros de apartamento. Se enviaban videos por Facebook. ¡Ha cambiado el color del bolígrafo :O!

Lindsay y yo seguimos charlando, y ya llevamos más de cuatro horas :). Hemos llamado a Arka y después a Abby, porque le daba envidia que estuviéramos hablando. Luego hemos llamado a Teryn para saludarla. También queríamos saludar a Katie, pero no ha contestado el teléfono, así que le dejamos un mensaje *fantavilloso* en el contestador; no sabíamos cómo colgar, de modo que ha seguido y seguido grabando. A continuación (y nerimon) hablamos con Valerie cinco minutos. Ah, y también con Abby media hora o así, porque luego ha ido a echarse la siesta. Lindsay y yo estamos en el armario; en armarios separados, por desgracia, pero más tarde... más tarde estaré en el suyo >:).

Lindsay acaba de preguntarme «Cuando buscaste mi casa en Google Maps, ¿aparecía pintada de blanco o de azul?», así como si nada. ¡Ja, ja, ja! Me encanta el misterio.

SON LAS 22:25 Y ESTOY MUY POCO VIRIL. La escuela está convirtiéndome en un monstruo, ¡en un monstruo frívolo que huele a flores y caza con arco y flecha! Espero que mañana (viernes)... HUMMM... Me acosté y ahora son las 11:32 del 18 de septiembre de 2009. No sé cómo iba a terminar la frase. SUSPENSO.

Hoy tuve clase de francés, pero el profesor no vino, así que me dediqué a dibujar puntitos en el cuaderno mientras el sustituto nos echaba la bronca por hablar, aunque no estábamos haciéndolo. Es un profe bastante raro... Bueno, dibujé puntitos y escribí citas de *A Very Potter Musical*, como por ejemplo:

¡Ooooooh, es una nueva página DE VERDAD! ¡Eeeeeeeee! (Hago esto porque quiero imitar el característico «humm» de Abby). Aquí va: ¡Me encanta escribir! ¡Hummmmmmmmm!

¡OOOH, qué DIVERTIDO! #manerasgenialesdeentretenerse

«Cuando gobierne el mundo, ¡plantaré flores!».

«Cuando gobierne el mundo, tendré... ¡serpientes!» >:).

Fotografía de Photo Booth con Katie Twyman
y Lindsay Ballantyne,
QUINCY, MASSACHUSETTS, 2010

Domingo, 20 de septiembre; las 11:41

¡Holaholaholaholaholahola! No me he olvidado de ti, señor Cuaderno. De hecho, he pensado en ti muchas veces, pero simplemente no te he escrito. NO SÉ POR QUÉ, pero no lo he hecho.

La noche de ayer fue superdivertida. Estuvimos hablando por videoconferencia y hummm... ¿Qué más hicimos? (Bueno, ustedes ya lo saben ;)). Hummm... Sólo quedábamos unos pocos #viriles (obviamente, Lindsay, Arka, Geri y yo). Chicos, me encanta hablar por videoconferencia/teléfono/chat con ustedes :D.

A veces intento escribir bien y utilizar correctamente la sintaxis, la puntuación y las mayúsculas, pero en otras ocasiones las descuido. ¡Esa noche hicimos un maravillooooso VIDEO SUPERGRACIOSO! Quería decir frase. Bah, oh, chico #nerd.

Bueeeeeeeeeeeeeno, ¿y ahora qué? De qué hablo, qué les cuento, qué pienso de la vida y de todos sus grandes misterios, QUIÉN SABE, ¡¡¡yo no!!! #wtpuff.

Mierda, se me cayó la batería del teléfono al suelo. No quiero agarrarlo :/. Ok, ya lo agarré CHICO. CHICO. Voy a llevarme este cuaderno... Oh, espera, oh, chico, tengo ganas de, oh, chico, no voy a contarles esto, será una sorpresa que a algunos de ustedes no les importará, ¡JA! </chiflada>.

22 de septiembre; las 16:22

Me siento rara. Tuve un día malísimo. Bueno, la verdad es que
fue bueno, no me pasó nada horrible, sólo que me sentí un poco uf.
Cuando llegué a casa estaba superuf. En mi casa el ambiente está
muy cargado, pero no puedo irme a ningún otro sitio. Así que me
dormí. Luego fui al dentista y, lalalá, me hicieron un empaste
y me dieron ese medicamento para la ansiedad o como se llame esa
mierda maravillosa. También me dieron dos chutes de anestesia
en la mejilla/encía o donde sea, porque tengo mal las muelas. ¡Yuju!
Pero entonces empezamos a hablar de John Green y el dentista me
contó que su hijo es un *nerdfighter* que va a segundo curso en mi
escuela. La hija también es una *seminerdfighter* y va a tercero :D.
Me encanta saber que viven *nerdfighters* cerca de mí. MAÑANA voy
a verlos en la ESCUELA.

Bueeeno, intentaré que se me ocurran mejores ideas para escribir
aquí y enviaré el cuaderno muy pronto, LO JURO. Me voy a la cama,
o no sé, a hacer algo, ADIÓS.

Hummm, hola. ¿Qué tal estás, querido cuaderno? Cuéntame. Ah, yo estoy bien. Acabo de despertarme. Estoy un poco agotada. Anoche no me acosté tan tarde. Me dormí hacia las cinco de la madrugada. La mayor parte del tiempo hablamos sólo Lindsay y yo, y Destiny apareció a ratos. Las dos estuvimos escribiéndonos (no podía hablar: familia) y riéndonos, y oh, mi correo electrónico sobre Rowling fue lo mejor.

LOL. La chica de Valerie tiene que ser fácil de copiar, para que yo TAMBIÉN pueda dibujar unas monerías tan monas.

come plátano *se siente rara* *mira el plátano* *tira el plátano*. Esto sucede siempre.

He pensado una cosa: cuando el cuaderno haya pasado por todas las manos, deberíamos enviarlo (y quizás otro cuaderno más) de nuevo, para que podamos leer lo que han escrito los demás. Podría ser un ciclo interminable, ¿no?

No sé, yo creo que es una buena idea, ¿qué opinan ustedes?

P. D.: Me parece muy bien que violen mi espacio personal escribiendo/dibujando cosas en mi... espacio personal :D.

P. D. P. D.: Me encanta mezclar textos y dibujos.

OK. Antes de empezar a disculparme por no escribir, dejen que aclare un par de cosas. Estoy resfriada, y la de anoche fue una sensación épica, fantástica, maravillosa e increíble. Sí, fui al concierto de Draco and the Malfoys, Harry and the Potters, Whomping Willows y JFF & the Sugar Quills. En una palabra, fue AH.

No suelo ir muy A MENUDO a conciertos de wizard rock, pero en todos los que he estado siempre veo a la misma gente de Massachusetts y al final conocí a algunos de ellos, lo que es GENIAL :D.

Al grano: me compré una camiseta, chapas y una bolsa de JFF y... y... y... Qué buena onda, me encanta el wizard rock. Aaah.

Ah, y MEREDITH, la novia de Paul DeGeorge, que es una chica muy linda que se ocupa del merchandising, me ha agregado en Facebook. Bueno, ya dejo de chillar como una fan loca. Dios, me siento genial.

Hummm... Ok, antes del concierto... ¡Oh, oh! Juro que no lo hice a propósito. Pensaba llevarme este cuaderno al concierto, pero se me OLVIDÓ, así que en su lugar les he traído una cosa (porque también les gusta el wizard rock).

Bueno, chicos, enviaré esto muy pronto. No creo que escriba más, pero no lo sé.

Los quiero mucho. Mi vida es muy estresante, y antes de encontrar a los Vlogbrothers, a la *nerdfighteria* y a ustedes, no estaba muerta, pero de verdad siento que ahora tengo muchas más cosas en mi vida. Claro que todavía no está completa, pero simplemente escucharlos hace que el día a día sea un poco más llevadero. Son los mejores, todos ustedes. Se los digo en serio. DE VERDAD que los quiero un poquito. Sólo un poquito :D (a veces los emoticones dibujados a mano dan un poco de miedo). (Al final voy a enviar el cuaderno el 26 de diciembre de 2009 :))

ADIÓSSS <3333

(No es lo máximo, pero tiene los autógrafos de Harry and the Potters, y seguramente no los van a poder ver hasta la LeakyCon de 2011 porque todos son de Massachusetts. A mí me encanta >:))

Se desconoce la fecha exacta

Las preguntas temibles

La idea de Valerie: si quieres, puedes responder a esta(s) pregunta(s), quienquiera que seas. Y después puedes hacer tú más preguntas. Pues eso. Los hombres perro tenemos buenas ideas, ¡hay que prestarnos ATENCIÓN!

1. ¿Te gusta la mostaza? ¿Hay algún motivo por el que (no) te guste? ¿Y la catsup? ¿La mayonesa? ¿Hay alguna otra cosa, probablemente asquerosa, que te guste/odies? ¡¡¡Cuéntalo!!!

2. ¿TE TRUENAS LOS DEDOS / cualquier otra cosa (ya sabes, por ejemplo el cuello :S)? Qué gente más rara...

3. Si fueras una jirafa y tuvieras muchas ganas de comer chocolate pero estuvieras encerrada en una jaula/en un zoo/en una zona vallada, ¿cómo escaparías/huirías/matarías a todos los guardias? ¿Y qué arma elegirías para ello? Sólo puedes escoger una, lo siento. Después de todo, eres una jirafa. No es que las jirafas no sean especiales, pero no puedes llevar más cosas.

4. ¿Cuál es tu objetivo para el año que viene (aparecer en una caja de cereales/acabar el instituto/la universidad/otro sitio de mierda, estar vivo o lo que sea)?

5. ¿Cómo era tu vida antes de que te convirtieras en un *nerdfighter*? ¿Cómo *encontraste* a los *nerdfighters*? ¿Recuerdas cuál fue tu primera reacción?

Ahora me despido de verdad <3 (esto es como Skype; nunca puedo decir adiós).

ESTHER

VIDEO DE AGRADECIMIENTO

25 de noviembre de 2009

He intentado escribirlo en el blog, he intentado grabarlo en video...
La verdad es que no estoy preparada para hacer esto, pero lo haré de
todos modos, porque quiero tenerlo hecho. Y es que tengo muchas
cosas que decir, y más adelante quiero ver que las he dicho. No está
dirigido a ti, quienquiera que seas. Me parece bien que lo veas, pero
esto es... no lo sé. No sé ni lo que digo.

El día de Acción de Gracias es la ocasión para dar las gracias por
lo que tenemos, aunque hoy en día la mayoría de la gente sólo piensa
en que cenará pavo. He estado reflexionando y he caído en la cuenta
de que hace tres años, en 2006, unos días antes de Acción de Gracias,
me diagnosticaron cáncer de tiroides. Esto ha hecho que piense en
aquel momento. Sí, aquel año pasé el día de Acción de Gracias
en el hospital. Me pusieron una especie de tubo en el costado y no
teníamos ni idea de qué iba a sucederme. Llevaba una temporada
enferma y mis padres creían que lo peor que podía pasarme era
que tuviera neumonía. Pensándolo ahora, aquello no habría sido
tan malo.

El siguiente día de Acción de Gracias... Bueno, ese año sucedieron
un montón de cosas, pero ésa es otra historia. El siguiente día de
Acción de Gracias lo pasé en casa. En aquella época, en 2006 y 2007,
vivíamos en Francia, pero ¡ésa también es otra historia! Lo que estaba
diciendo: pasé el día en casa, respirando mediante un tubo parecido
a éste [señala la cánula], que estaba conectado a una máquina que
generaba oxígeno. La máquina en cuestión se encontraba en la planta
baja y mi habitación en la primera, por lo que el tubo recorría toda la
casa y mis padres solían pisarlo; era muy divertido. Al año siguiente

pasé el día de Acción de Gracias en Estados Unidos. Regresamos aquí para que pudieran llevarme a un hospital donde tuvieran más experiencia con el cáncer infantil. Sí, creo que ese año lo celebramos en la casa de aquella persona en la que nos instalamos. No lo recuerdo muy bien. El siguiente día de Acción de Gracias es éste, o sea hoy, así que ¡feliz día de Acción de Gracias!

Lo que quería decir es que, al haberme diagnosticado cáncer, no he tenido... He estado a punto de morir varias veces; sí, a punto de morir. Pensé que iba a... La pasada Navidad... el pasado diciembre o noviembre... Uau, ¿en serio? El pasado diciembre o noviembre... Bueno, más o menos el pasado invierno estuve a punto de morir. Y eso hace que dé las gracias por seguir viva, fundamentalmente. No habría gustado nada que me hubiera muerto. Oh, me tiembla la voz. Sí, estoy contenta de seguir viva y muy agradecida a los médicos, a los medicamentos, al oxígeno y, en definitiva, a todo lo que evita que me muera; las pastillas y demás.

Este día de Acción de Gracias es bastante bueno, porque me encuentro un poco mejor aunque siga enferma. Siempre estaré enferma, pero bueno, me alegra que ahora esté sana... un poco sana. Estoy en casa y tengo una vida, una familia, los *nerdfighters*, internet y unos amigos fantásticos a los que he conocido en la red. Sinceramente, no sé qué sería de mí si no hubiese tenido lugar aquel horrible día de Acción de Gracias en el que me diagnosticaron cáncer de tiroides. No sé ni siquiera si... Bueno... ¡podría haberme muerto de otra manera! ¡Ja, ja, ja! Dios mío, ése ha sido un comentario muy positivo.

No suele gustarme pensar demasiado en por qué doy las gracias, aunque a veces me vienen algunas cosas a la cabeza. Pero sí que doy mucho las gracias por seguir viva. Y también por mi familia, que es maravillosa. Y también estoy muy agradecida por mis amigos, porque son geniales, aunque la mayoría de ellos no estén físicamente presentes en este mundo. Quiero decir en mi mundo, en mi ciudad; la mayoría están en la computadora. O sea, la mayoría de ellos están en este mundo, en el mundo. Oh, bueno, esto es lo que sucede cuando hablas sin saber qué quieres decir y estás absorto en tus pensamientos.

En fin: espero que pasen un buen día de Acción de Gracias, porque es una fiesta muy linda. Recuerden que tienen mucha suerte, aunque crean que no. Siempre hay algo por lo que pueden dar las gracias. Bueno, pues eso.

¡Feliz día de Acción de Gracias!

El mejor regalo fue celebrar el día en familia y disfrutar juntos del pavo, el relleno, las papas (¡no las pelamos!), las verduras asadas y las salsas. Nos reunimos alrededor de la mesa y cada uno agradeció todo tipo de cosas: la familia, el trabajo, la comida, ¡e incluso la Wii!

Esther sigue luchando. Hace poco tuvimos un susto, ya que los enfermeros vieron que su corazón se saltaba entre cinco y nueve latidos por minuto. Los servicios de cardiología y electrofisiología le hicieron un reconocimiento completo y nos dijeron que no nos preocupáramos. Por otra parte, los equipos médicos de los distintos hospitales se reunirán dentro de dos semanas para hablar de cómo seguir con el tratamiento. Esther se ha quejado de que le duelen los pies, un efecto secundario de la quimio experimental. Ha empezado a tomar otro medicamento para los nervios, que en principio le ayudará a lidiar con las molestias.

Hace justo tres años supimos que Esther tenía cáncer. Al año siguiente, el día de Acción de Gracias de 2007, los doctores del Hospital Infantil acabaron de redactar el análisis de su historial médico, en el que explicaban que debía buscarse el modo de frenar el cáncer, no de curarlo. Ese mismo día del año 2008, Esther salió de pasar un mes internada en la UCI, donde nuestra familia se reunió a petición de los médicos para despedirnos de ella, por si acaso. Para los siete, sentarnos juntos a la mesa para celebrar el día de Acción de Gracias de 2009 ha sido una gran celebración de la vida. De modo que, si no lo han hecho todavía, den las gracias a Dios por su familia y amigos, y miren a alguien a los ojos y díganle que lo quieren.

Desde nuestro hogar al suyo,

LORI

Esther lleva una buena racha y ha podido ir al instituto unos tres días a la semana. Le encantan las clases de fotografía y de francés, y se le da muy bien la asignatura de inglés. Tiene un profesor particular de álgebra que viene a casa, y está haciendo el curso de historia online. ¡El semestre pasado fue una de las mejores estudiantes de todo el instituto!

Su estado de salud también ha sido bueno, hasta que esta semana ha tenido un problema con el BiPAP. Le volvió a crecer el pelo, por lo que después de las vacaciones de Navidad regresó a la escuela con el peinado al natural, sin la peluca. No obstante, ha tenido mucho dolor en los pies, de manera que el equipo médico decidió darle un descanso de dos o tres semanas sin medicamentos para ver si la lesión del nervio disminuye.

Como les decía, Esther ha tenido una semana muy dura. Por la noche se conecta al BiPAP para que le ayude a respirar, pero el lunes el aparato se estropeó. El terapeuta vino a arreglarlo el martes, pero, cuando Esther llevaba apenas media hora acostada, la máquina dejó de funcionar. Pensé que podría aguantar una noche sin el BiPAP (desde que empezó a utilizarlo en noviembre, esto no nos había sucedido nunca), así que esperé antes de volver a llamar a los técnicos el miércoles por la mañana. Al final vinieron a la una del mediodía. Esther no había podido dormir en toda la noche y estaba triste, cansada, sensible y le dolían los pulmones. La empresa nos dejó una máquina de repuesto y Esther se pasó conectada el resto del día. El jueves fuimos a la clínica y ella estaba tan agotada que tuvo que pedir una silla de ruedas, algo que no había hecho desde hacía un par de meses. Por increíble que parezca, hacia las seis de la madrugada del viernes la máquina de repuesto dejó de funcionar, y de nuevo la empresa no nos trajo otra hasta la una del mediodía.

Todo lo sucedido ha hecho que me dé cuenta de lo perjudicados que están los pulmones de Esther. Sabía que gracias al BiPAP respiraba con más comodidad; lo que no sabía era que NO utilizarlo ponía su salud tan en peligro. Ahora vemos que los grandes avances conseguidos por Esther este último año se pueden atribuir simple y llanamente a la asistencia que han recibido sus pulmones. Sin esa máquina a la que se conecta por las noches, no estoy segura de si la quimio o el tubo-G habrían mejorado significativamente su situación. El BiPAP le ha dado la energía para comer más, ganar peso y volver a la escuela; le ha proporcionado la sensación de gozar de mejor salud y bienestar.

Ésos han sido unos párrafos muy largos. Nuestra esperanza es que para el lunes Esther recupere el equilibrio y vuelva a sentirse mejor, justo a tiempo para los exámenes parciales de la semana que viene. Todo esto ha hecho que recuerde que debemos disfrutar de todos y cada uno de los días buenos, y esperamos que ustedes también hagan lo mismo.

Que Dios los bendiga,

LORI (de parte de la familia Earl)

17 de marzo de 2010

Un día vi un capítulo de *Perdidos* en el que decían una frase muy linda, pero no recuerdo cómo era. Espera, creo que la apunté en algún sitio, sí: «Lleva usted tanto tiempo huyendo que no es consciente en absoluto de hacia dónde huye».

Muy profundo, ¿verdad? Me gusta. *Perdidos* ha sido mi nuevo amor últimamente. Me encantan las referencias bíblicas y el toque mitológico de la serie. Es bastante buena. ¡Qué pena que esté a punto de terminarse :(!

Ahora mismo tengo mucho dolor. Bueno, no es para tanto, pero normalmente no me duele *nada*. Cometí una locura con la pierna izquierda (creo que la estiré) y ahora me molesta al hacer *cualquier* pequeño movimiento :'(. Pero no es tan grave, ya que no me he movido en toda la semana. ¿Por qué? Pues porque tengo un poquito más de líquido en los pulmones (sí, literalmente un poquito; apenas le han dado importancia. Pero como mis pulmones lo notan todo, pues yo lo siento). Es como si algo me presionara el pecho. Ay... y cuando me levanto es peor.

¡Me siento como el culo por quejarme! Hay niños que sufren más que yo y sin embargo hacen mucho *bien* al mundo :|.

Bueno, voy a escuchar música o a dibujar un rato.

Adiós.

Queridos amigos:

Esther no se encuentra bien. La semana que viene los médicos le pondrán uno o varios tubos de drenaje en el costado derecho. Vuelve a tener todo el líquido que le extrajeron la semana pasada, e incluso más. Es muy probable que sea un síntoma de que los tumores están creciendo. Nuestra hija tiene muchas molestias y está cansada, por lo que ha pedido una cama en el hospital para poder dormir más tiempo. El equipo médico está buscando otra quimio experimental y quizás algo más. Tanto nosotros como Esther estamos dispuestos a seguir luchando, de modo que ¡no perdemos la esperanza!

De todas maneras, parece que todo este sufrimiento no sirve para nada. No considero que el dolor de mi hija valga para algo. Ya sé cuáles son las típicas respuestas («redentor», «resultado del pecado», «un ataque malvado», «un propósito mayor»), pero la única realidad es el misterio, y eso es una mierda. Nuestra fe perdura, pero ha cambiado; hemos acabado «con las cosas de niño». Hablamos de la muerte, de morir, vivir y amar, y esperamos, e intentamos soñar un poco todos juntos a diario. Esther sabe más sobre estas cosas que cualquier otro adolescente de quince años. Esta profunda pena nos presiona y nos oprime el pecho, nos entristece y nos enoja, y sobre todo nos produce sensación de impotencia. No puedo hacer nada para que desaparezca el dolor de mi hija. Y para mí, ella es perfecta.

Me gustaría contarles más cosas, pero por ahora esos tesoros nos pertenecen. Gracias por esperar con nosotros.

WAYNE

2 de mayo de 2010

No creo que hagamos el viaje en el que iba a visitar a la mayoría de mis amigos, porque últimamente he estado peor de salud.

Me gustaría que mis amigos vinieran aquí.

¿Adónde? ¿A algún hotel?

Quién: Abby, Lindsay, Katie, Teryn y Maddie.

Quizá también: Blaze, Arka, Destiny, Sara, Geri y Arielle.

Qué haríamos: ver la tele (*The Office*, *Doctor Who*, *Community*, etcétera), un duelo de barras de pan...

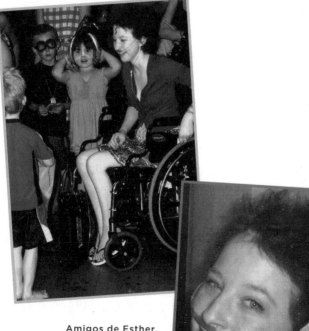

Amigos de Esther,
SQUANTUM, MASSACHUSETTS, 2010

La estrella de la *nerdfighteria*,
BOSTON, MASSACHUSETTS, 2010

Viernes, 7 de mayo de 2010; las 12:48

Amigos:

Anoche operaron a Esther para colocarle un catéter en el pecho. Todo salió bien y en estos momentos está recuperándose en la unidad de cuidados intensivos. En la hora que duró la intervención los médicos extrajeron otro litro de líquido y le pusieron un tubo permanente. A las pocas horas pudieron bajarle el oxígeno de cinco litros a tres, ya que los pulmones ahora tienen mucho más espacio libre para trabajar.

Por otra parte, la TAC que le realizaron hace unos días mostró algo sospechoso en el hombro derecho. Una vez que Esther haya pasado varios días en recuperación, le harán una resonancia magnética para ver si el cáncer se ha extendido al hueso.

Están administrándole muchos calmantes para el dolor, pero ella está estable y lúcida. Además, es muy probable que nos vayamos a casa dentro de pocos días, en cuanto le quiten la vía para los calmantes y nos enseñen a utilizar la válvula de drenaje del tubo torácico. Ahora mismo están extrayendo el líquido de nuevo para tratar de sacar el aire que se ha quedado atrapado en la cavidad pulmonar.

Anoche Esther dio las gracias por tener unos médicos que, aparte de hacer su trabajo, también se preocupan mucho por ella. Nuestro equipo en el Hospital Infantil y en la clínica Jimmy Fund del Dana Farber ¡es el mejor del mundo! Les estamos muy agradecidos. Gracias por su interés; los mantendremos informados.

LORI

Domingo, 9 de mayo de 2010; las 11:52

Esther sigue en la UCI, esforzándose por controlar el dolor y la respiración. Evidentemente, drenar el líquido ha mejorado su capacidad pulmonar, y por ello le han bajado el nivel de oxígeno a tres litros. Sin embargo, el pulmón derecho no se hincha por completo, de modo que han tenido que aumentar los niveles del BiPAP, al que ha estado conectada en lugar de a la cánula nasal todo el día excepto un par de horas.

Por otra parte, Esther ha tenido un poco de fiebre, de manera que a partir de hoy y durante cuarenta y ocho horas le darán antibióticos y esperarán a ver si los resultados de los cultivos muestran alguna infección. Además, anoche tuvo una migraña provocada por el calmante que le han administrado en vez de la morfina durante las últimas veinticuatro horas.

Por eso, más tarde vendrá el equipo de la unidad del dolor para ayudar a encontrar los medicamentos más apropiados para ella.

La situación no ha empeorado drásticamente, pero tampoco ha mejorado demasiado. Es difícil no tenerle miedo al futuro, ya que preveo para mi niña de quince años días de mucho dolor postrada en la cama y cada vez más intervenciones. A lo mejor, gracias a la nueva quimio, nos esperan meses mejores... No saberlo es muy duro, pero ver a Esther luchar contra la ansiedad y el dolor lo es aún más. Esperamos que se nos conceda una tregua y rezamos para aceptar la situación. ¿No es triste que a menudo haya que enfrentarse a la muerte para apreciar plenamente la vida y a los demás? Espero que hoy estén haciendo algo por otra persona...

LORI

Sábado, 15 de mayo de 2010; las 11:52

¡Guau! ¡Menudo poder tienen internet, Twitter y en especial los *nerdfighters*! Desde que John Green dijo que Esther estaba enferma y que necesitaba ánimos, nos hemos quedado sorprendidos con las maravillas que ha recibido. Como padres suyos que somos, les damos las gracias por iluminar sus días con sus mensajes.

El miércoles trasladaron a Esther de la UCI a la planta de oncología, ¡a la mejor habitación! Es como la suite de un hotel, con dos televisores, un sofá, una cama grande y nuestros propios horno microondas y frigorífico. Y lo que es aún mejor: parece que vamos a poder llevarnos a Esther a casa el martes de la semana que viene.

El pronóstico no ha cambiado y el cáncer está bastante avanzado. No obstante, albergamos la esperanza de que la nueva quimio experimental funcione, detenga el cáncer y nos dé un poco más de tiempo. En casa le espera una cama eléctrica que sube y baja (¡Abe ya la ha probado!), así como todos los calmantes y los aparatos para respirar que necesita para estar lo más cómoda posible.

Gracias por sus mensajes; Esther los ha leído todos.

LORI

Viernes. 21 de mayo de 2010; las 20:26

El martes Esther regresó a casa del hospital y ya se ha instalado en su recién diseñada habitación de la planta baja (¡el comedor se ha transformado en algo mejor!). Todos los días viene a verla una enfermera a domicilio de la asociación Brockton que, en aproximadamente una hora, se encarga de tomarle las constantes vitales. hacerle análisis y drenar el catéter torácico. Esther tiene unos días buenos, y otros no tan buenos. Esta tarde ha estado un rato en el porche v un poco antes ha visto dos capítulos de *Doctor Who* con su hermano Graham (Abe es demasiado pequeño todavía...).

Les da las gracias por todos los mensajes, besos y abrazos que ha recibido por internet... La hacen muy feliz.

LORI (mamá)

**Esther y Pancake
en su habitación,**
QUINCY, MASSACHUSETTS, 2010

En compañía de Graham,
QUINCY, MASSACHUSETTS, 2010

Jueves, 3 de junio de 2010; las 19:49

Esther se encuentra bien. Ha estado más cansada y ha tenido más náuseas de lo normal, probablemente por la nueva quimio que ha estado tomando. Los médicos le han dado esta semana de descanso y, con un poco de suerte, eso le ayudará. Está instalada cómodamente en la habitación de abajo, lo cual es fantástico, porque podemos entrar y salir en cualquier momento y sus hermanos pueden ir a verla. Debe caminar una distancia muy corta para jugar a la Wii, venir a la cocina o salir un rato al porche.

Ahora mismo está planeando con gran emoción el viaje «a la inversa» de Make A Wish, en el que algunos de sus mejores amigos vendrán a visitarla a un hotel de Boston. Tendrá lugar el fin de semana del Cuatro de Julio, y como nosotros también podremos acudir, ¡estamos igual de emocionados!

La semana pasada vinieron los abuelos de Dakota del Sur, y Esther estuvo muy a gusto con ellos. Pudimos ir a celebrar una cena especial en un restaurante que nos encanta, pero pasamos la mayor parte del tiempo platicando en su habitación.

Además, Evangeline regresó hace pocos días a casa desde Alemania, ¡y eso nos ha animado mucho a todos!

Pronto les daremos más noticias.

LORI

5 de junio de 2010

Es por el Adivan. Es por el maldito Adivan y lo sé, pero sigo estando sensible y... bueno... me siento como una mierda. Annette me dijo que con el Adivan se pierden las inhibiciones; es decir, que las emociones que ya tienes se amplifican.

Así que, en dos palabras, estoy triste. Me siento muy sola. No tengo a nadie con quien hablar; sólo a Lindsay, pero creo que ella no se merece esta charla mierdosa salpicada de Adivan (además, ahora está muy ocupada), ni tampoco mamá y papá. Es bastante triste.

¿Qué le digo a Angie? Está en casa, tumbada en el futón. Podría preguntarle por su «novio» Bill. O por sus amigos. O por el alcohol y la hierba. O por la angustia. Seguro que hay algún tema del que ella hablará conmigo. Podría preguntarle su opinión. Si alguna vez piensa en el momento en que me moriré. Porque, seamos realistas, acabamos de elegir mi parcela en el cementerio. Literalmente. Un sitio muy bonito, por cierto.

Angie: «Creo que ése es el motivo por el que salgo tan a menudo. Porque no me gusta pensar». Sí, ok, Angie y yo somos personas totalmente diferentes.

Oh, por Dios, no he abrazado a nadie en mucho tiempo. Estoy triste. Y un poco enojada. El motivo, no lo sé. Extraño a Angie. Quiero que la gente me pregunte si me encuentro bien, si estoy asustada, si no entiendo qué demonios siento.

¿El cáncer? Sospechan que lo tengo en el hombro.

el adivan / es un poquito / cabrón / *excuse moi francais* / aunque... / me ayuda / a dormir / y no tengo / que tomarlo / hasta la noche.

Miércoles, 9 de junio de 2010; las 13:28

Un breve apunte: pronto saldremos hacia el hospital, ya que Esther sigue teniendo altibajos. Anoche, Oma y Opa (los padres de Lori), Abby, mamá y papá fuimos a la ceremonia de graduación del instituto de Angie (¡bien por ella!). Hizo una noche espléndida aquí en Quincy y Esther estaba «radiante» (como Carlota le dijo a Wilbur). Sin embargo, hoy está teniendo dificultades para respirar, de modo que madre e hija pronto se marcharán en una ambulancia y yo me reuniré con ellas en el hospital.

El viernes por la tarde Esther fue (o mejor dicho, Angie la empujó en la silla de ruedas) al cementerio para elegir un sitio. ¿Estoy diciendo esto? ¿Qué padre ayuda a su niña a escoger una parcela? Esto no es lo que queremos. Fue surrealista la mezcla de alegría y tristeza que nos produjo ver a las dos hermanas paseando juntas por los jardines. No consigo explicarme por qué la esperanza nos sostiene incluso en presencia de la inocencia interrumpida. En nuestra cultura muy poca gente habla de la muerte y de morir, y cuando lo hacen se expresan en términos de «abrazar la luz y el sufrimiento» o de «no temas, en el cielo nos reunimos con nuestros seres queridos». La muerte no me preocupa en absoluto, pero no recibo con alegría la de Esther. No me interesan las celebraciones de júbilo allí arriba, ¡lo que deseo es entregarla en matrimonio aquí abajo!

El cielo es Esther dando volteretas de nuevo, con su brillante nube de frágil y níveo cabello, saludando a la tierra expectante.

EL PADRE DE ESTHER

UN DÍA MEJOR

Ahora mismo estoy sentado junto a Esther. Tras el espantoso día de ayer, está despertándose; la niebla de la morfina de anoche por fin va disipándose. Como mejor descansa es recostada, como una avezada adoradora del Sol. Pero no está bronceada, ya que su piel es blanca como la porcelana. Esther es más que una joven preciosa, y ahora vuelve a tener una versión adulta de aquel cabello rebelde, si bien arrasado por la quimio y de un color incierto.

Nuestra intención es llevarla a casa en cuanto ella se vea capaz. Así podrá estar en su propia habitación y ver a los gatos, a la familia y a los amigos que vengan a visitarla. Además, han salido tres nuevos capítulos de *Doctor Who* y Graham se niega a verlos si no es con ella. Está planeado que el deseo que Esther le pidió a Make A Wish se haga realidad dentro de tres semanas, por lo que ella ya tiembla de emoción. A continuación celebrará su décimo sexto cumpleaños sin que la hayan besado (y no, no deseamos que cambie esa situación). Ella siempre ha sido mi musa y acepta lo que escribo aquí (haciendo comentarios como «Oh, papá» y «Eso me parece bien»), pero son sus entradas en el libro de visitas las que de verdad la emocionan y le dan esperanza. Les manda un abrazo.

EL PADRE DE ESTHER

Antes de nada, una advertencia: mis entradas son mucho menos poéticas y reflexivas que las de mi padre ;D .

Esta mañana me desperté hacia las ocho tras dormir bastante profundamente (oye, sólo me desperté un par de veces por los ronquidos de mi padre). En algún momento, sobre las nueve, empezó a dolerme la cabeza; una de mis enfermeras favoritas me dio un masaje y volví a dormirme. ¡No pasó gran cosa!

A mediodía mis dos hermanas y mi hermano Graham me sacudieron despacito y me gritaron (así me lo pareció a mí) para que me despertara. Al abrir los ojos no entendía qué estaba pasando, y entonces me entregaron una gran caja con el dibujo de una mascota y la dejaron en mi regazo. Ya estaba lo suficientemente consciente para pensar que estaban regalándome algún tipo de pastel con forma de gato, pero ¡no! Al abrirla SALTÓ UN GATO NEGRO. ¡Hola, Pancake!

¡Sí! Por lo visto, mi familia y una de las señoras lindísimas que trabajan en el Hospital Infantil se las ingeniaron para colar a mi gato Pancake en la habitación. Ahora mismo ronronea en mis piernas, y me produce una sensación fantástica tener aquí a mi gatito, aunque sea en el hospital. Aunque por ahora sigo aquí encerrada, estoy contenta. Me gusta la habitación: es enorme, la misma que me dieron la última vez. Genial :~). Tengo a mi gatito, me encuentro bien y he pasado todo el día jugando con Abby, Evangeline y con Graham, el mayor de mis hermanos. La mayor novedad ha sido la visita de mi gato, y, visto lo sucedido últimamente, es una buena noticia. Espero que pasen una buena noche y acuérdense de abrazar a sus mascotas y de ser geniales.

Un abrazo,

ESTHER

¡Estos días nuestra casa parece la estación central de Nueva York! Varios amigos han pasado a saludarnos, los abuelos han estado de visita, nos traen comida deliciosa tres días a la semana, la enfermera a domicilio viene al menos tres veces por semana… Y además de todo eso, ¡están las hermanas, los hermanos, sus amigos…! El jueves Abraham vino de la escuela con tres compañeros y entretuvieron a Esther con su interpretación infantil de «Shake Your Booty». ¡Fue graciosísimo!

Procuramos que Esther se tome los días con calma, porque sigue teniendo problemas para respirar. Le han subido el oxígeno a siete litros, pero, gracias a la nueva vía PICC que le han puesto, recibe sin interrupción los medicamentos que la ayudan a estar cómoda.

El alboroto que reina en casa se debe principalmente a que pronto celebraremos el fin de semana de Make A Wish. La familia y seis amigos especiales de Esther nos alojaremos en un hotel de Boston desde el 1º hasta el 5 de julio. Tenemos varias actividades programadas; por ejemplo, comeremos mientras damos un paseo en barco, recibiremos la visita de un famoso (!), haremos un maratón de las películas de Harry Potter, iremos a un concierto, jugaremos, comeremos, veremos los fuegos artificiales desde el séptimo piso de un edificio con vistas al río Charles, ¡y muchas cosas más! Esther está emocionadísima. Podrán ver las fotos y la información después.

Con varios escritores elocuentes en la familia, yo tiendo a desempeñar el papel pragmático.

Desde nuestro hogar al suyo,

LORI

¡Yuju! La fiesta de Make A Wish es este fin de semana, pero dará comienzo el miércoles con la llegada de dos amigos de Esther. El jueves nos alojaremos en el hotel de Boston, el mismo día en que llegarán los otros cuatro amigos. Ésta será una semana muy ajetreada para Esther, quien normalmente ya está sobreestimulada tras pasar un par de horas en compañía de alguien (así fue cuando hace poco recibió la visita de sus primos Victoria y Alex) o tras acudir a la clínica Jimmy Fund para la emocionante revisión semanal. Por supuesto, nosotros también tenemos muchas cosas que hacer: enviar la cama de hospital y los tanques de oxígeno al hotel, recoger a gente en el aeropuerto, limpiar la casa, empacar un millón de cosas para Esther, meter en las maletas los trajes de baño y la ropa de fiesta…

Recen para que nuestra hija tenga salud, fuerza y alegría, y también para que creemos recuerdos maravillosos que nos duren toda la vida.

LORI

Pancake y Blueberry,
QUINCY, MASSACHUSETTS, 2009

¡Paseo en barco!,
PUERTO DE BOSTON, MASSACHUSETTS, 2010

EL FIN DE SEMANA DE MAKE A WISH
Por Lori y Wayne Earl

Unos días antes de que diera comienzo el fin de semana de Make
A Wish recibimos un paquete voluminoso. Al abrirlo todos vimos por
primera vez las pulseras de color verde lima que se convertirían en
sinónimo de esperanza y de Esther (de hecho, desde aquel momento
sus amigos y familiares nos referimos a ese color como «verde
Esther»). Tenían grabadas cinco palabras muy simples: THIS STAR
WON'T GO OUT.* El paquete también incluía esta nota:

> Queridos Esther y familia Earl:
>
> Las pulseras han sido creadas por el equipo mundial de diseño
> de Alexa Lowey y Melissa Mandia. Esperamos que les gusten. Unas
> ochenta personas ya las llevan puestas y hemos recibido muchos
> pedidos de gente que conoce a Esther, por lo que encargaremos
> más en breve. Recuerden: *This Star Won't Go Out.*

Más adelante Alexa nos explicó que Melissa y ella habían estado
pensando en distintas opciones cuando de repente esa frase «le vino
a la cabeza».

La fiesta de Make A Wish de Esther llevaba dos años gestándose.
Al principio nuestra hija no conseguía decidir qué quería o necesitaba.
Los orientadores de la fundación le propusieron distintas alternativas:
por ejemplo, una excursión a Disney World (¡¿con un tanque de
oxígeno?!) o un viaje para conocer a algún personaje famoso (no se
le ocurría nadie que quisiera ver o conocer). Consideró la opción de
pedir un cheque regalo para Sephora, porque le encantan las sombras

---

* En inglés, «Esta estrella no se apagará», frase en la que se ha inspirado el título de este libro.
(N. de la T.)

de ojos, los esmaltes de uñas, las brochas de maquillaje... Pero, una vez se le ocurrió la idea de reunirse en persona con sus amigos de Catitude, se centró en ello al cien por ciento. Si bien era una petición poco común, los chicos de Make A Wish, ayudados por el grupo de amigos Friends of Esther, desempeñaron un trabajo estupendo para conseguir que su sueño se hiciera realidad.

A menudo le preguntaba a Esther por su salud y la veía con frecuencia en videoconferencias, por lo que creía estar segura de qué debía esperarme. Ella me advirtió de que prácticamente no se levantaba de la silla de ruedas, ya que tenía muchas dificultades para respirar. Sin embargo, de ningún modo podía llegar a imaginarme la verdadera gravedad de su enfermedad hasta que la vi en persona. Para mí fue una llamada de atención, pero también un privilegio, ayudar a atender sus necesidades básicas, aunque fuera por un espacio de tiempo tan breve. Me despedí de Esther en medio de un maratón de sueño reparador; sentí que aquélla era la última vez que la vería en persona y dudé de si ella lo recordaría.

LINDSAY BALLANTYNE

Las semanas previas a la fiesta de Make A Wish de Esther las dedicamos por completo a hacer planes. Nos alegraba mucho vernos y queríamos asegurarnos de que aprovecharíamos cada segundo que estuviéramos juntos. Pasamos horas y horas proponiendo ideas de lo más ridículas y apuntamos muchas de ellas en una lista. Éstas son sólo algunas de las opciones que se nos ocurrieron:

- Ir a la crepería a las tres de la madrugada a comer papas fritas con queso y leer libros en voz alta.
- Hablar con acento británico al menos 40% del tiempo.
- Jugar a rol en vivo en el hotel todo el rato.
- Abrazar a Abe (y a otras personas no tan importantes).
- Hacer un duelo de barras de pan.
- Incomodar entre todos a Arka.

Es evidente que no todas nuestras ideas tenían mucho sentido, y al final sólo cuajaron algunas de ellas. Una vez que estuvimos todos reunidos en Boston, enseguida nos dimos cuenta de que no importaba qué hiciéramos, sino simplemente que lo hiciéramos juntos. Pasamos muchas horas acurrucados, atiborrándonos de golosinas y riéndonos de tonterías. Pero principalmente acurrucados. Cuando pienso en el viaje, ésos son los momentos que primero me vienen a la mente. Después de todo, ése era el objetivo: estar con las personas a las que quieres y encontrar pequeñas maneras para demostrárselo.

KATIE TWYMAN

Durante varios días y noches rebosantes de entusiasmo y cargados de emoción, siete de los mejores amigos de Catitude de Esther y toda la familia estuvimos alojados en el hotel Marriott, situado en el muelle de Boston y con vistas a la fragata *USS Constitution* desde el patio. La primera noche los juerguistas disfrutaron de un bufet y de un ambiente desenfadado. Además, recibieron la visita especial de Jenn (la trabajadora sociosanitaria de Esther) y del mismísimo profesor

Dumbledore, que vino lleno de energía y acompañado de Andrew Slack, el cofundador de la Harry Potter Alliance.

El plato fuerte del fin de semana para Esther llegó al día siguiente con la visita de John Green, su amigo y escritor favorito de literatura juvenil. Aquella mañana su padre lo recibió en la recepción del hotel y le dio las gracias por haberse tomado la molestia de acudir a la fiesta de Esther. Wayne le preguntó si alguna vez había pensado en sí mismo como en una especie de Doctor Who. Al ver que John se había quedado un tanto desconcertado, Wayne se lo explicó:

Bueno, he visto varios capítulos de la serie con Esther, y al parecer es la historia de un alienígena increíble pero solitario —con dos corazones, dicho sea de paso— que ama a la humanidad y viaja por todo el universo haciendo cosas extraordinarias. Una de ellas es bajar del cielo periódicamente para elegir a un pasajero sorprendido y afortunado que lo acompañe en lo que él llama su «siguiente aventura». Tras prometer que pondrá el mundo del posible pasajero patas arriba, siempre les da la oportunidad de rechazar la oferta. Por supuesto, todos aceptan unirse a él y, para el final del viaje, tanto el pasajero como el Doctor han cambiado, siempre a mejor.

Entonces el padre de Esther le dijo lo siguiente a John, mirándole a los ojos:

Creo que tú eres el Doctor y que Esther es tu pasajera en este momento. Aún no sé por qué la elegiste, pero gracias por invitarla a unirse a tu aventura. Por encima de todo, sabemos que la quieres. Ésa es la parte fácil de entender.

Unos minutos más tarde ambos subieron a la habitación donde estaban todos reunidos a la espera de ese momento único y emocionante en el que el mismísimo John Green entraría en su mundo. Al abrirse la puerta, como si de un pistolero de antaño se tratara, John sacó una videocámara y empezó a grabar. Todos los amigos pasaron un día mágico con él, comiendo pizza, jugando, hablando y también llorando. El grupo entero participó en la «pelota seria», un juego que consistía en lanzarse una pelota de espuma repleta de preguntas que los jugadores habían escrito previamente. El que recibía la pelota debía responder a la pregunta que había quedado debajo de su pulgar derecho. Éstos son algunos ejemplos: «¿Qué es lo que más te asusta del futuro?», «¿Qué es lo que más te ha impactado en estos últimos cinco años?», «¿Cuál es tu momento más feliz y por qué?», «¿Qué le dirías a J. K. Rowling si tuvieras la oportunidad de conocerla?», y «¿Qué es lo que cambiarías de ti y por qué?» Aquella misma tarde, todos juntos salieron a tomar un café con John al cercano barrio italiano de North End, un acontecimiento que más adelante Esther describió en una sencilla frase: «Fuimos al North End, tomamos helado y café, y lo pasamos genial con John». Al salir de la cafetería, John le compró dos rosas a un vendedor ambulante y le regaló una a Esther. La otra se la dio a Arka, un compañero de Catitude, con estas palabras: «Bueno, aparte de mí, él es el único chico y no quiero discriminarlo».

Al día siguiente, antes de marcharse, John le escribió una nota a Esther en un papel con el membrete del hotel. Antes dibujó una flecha que apuntaba a las palabras que venían impresas en el margen superior de la página, IDEAS QUE VALE LA PENA CONSERVAR, y garabateó su opinión al respecto: «Eso no te lo puedo prometer». Así continuaba:

Querida Esther:

Este papel tiene el membrete del hotel donde he pasado una de las noches más importantes de mi vida. Gracias por regalarme ese día, por tu generosidad y por la pizza. He tenido la gran suerte de conocerte y, por lo que he podido ver, conocerte es literalmente quererte.

Menuda estrella brilla en nuestro pequeño planeta. Rezo para que suceda un milagro y nunca tenga que extrañarte, pero ten claro lo siguiente: mientras conserve algún recuerdo, me acordaré de ti y de regalos incomparables de los que me has hecho partícipe.

Un abrazo,

JOHN

Aquel mismo día, todos excepto Esther (porque estaba demasiado cansada) fueron en limusina a los cines IMAX, donde vieron la película *Eclipse*. Más tarde, el grupo recogió a Esther y comieron en un barco que daba un paseo por las islas del puerto de Boston. Para acabar el día, todos se dirigieron en limusina a Quincy, donde se había organizado un concierto de wizard rock exclusivamente para ellos. Actuaron los grupos Draco and the Malfoys y Justin Finch-Fletchley. Los fiesteros estuvieron en el paraíso mientras las voces y las guitarras eléctricas entonaban a todo volumen canciones sobre Harry Potter. Pasaron el último día holgazaneando en el hotel. Esther recibió la visita de su endocrinóloga, la doctora Smith, que vino con la familia para saludar a su preciosa y joven paciente. Aquella tarde, desde las comodidades del sexto piso del Massachusetts Eye and Ear Hospital con vistas al río Charles, todos los amigos disfrutaron de una fiesta privada (¡con más pizza!) y vieron cómo los fuegos artificiales del 4 de julio iluminaban el cielo.

Aquellos fueron unos días de unión y curación para los participantes. Esther lo pasó muy bien y dijo que su parte favorita, sin lugar a dudas, había sido la gente: la familia, Catitude, y el día que John Green nos visitó. Durante el largo fin de semana, todos los amigos —con muchas lap tops al alcance de la mano— estuvieron apretujados en los sofás, en el suelo de las habitaciones, y desparramados sobre las camas como si fueran un montón de palitos de helado. Por muy ajetreados que fuesen esos días, tuvieron tiempo de sobra para estar juntos y disfrutar de la tranquilidad.

Algunos amigos no vinieron a Boston, pero también querían a Esther y deseaban mostrarle su apoyo. Varios miembros de Catitude y algunas celebridades de internet enviaron cartas para incluirlas en un álbum de recortes que confeccionaron con el objetivo de animarla; entre muchos otros, Wheezy Waiter, Cute with Chris, Lauren Fairweather, Harry and the Potters y Julia Nunes. Katie Twyman de Catitude fue la encargada de entregárselo a Esther en la fiesta de Make A Wish. Ella misma escribió esta introducción:

Queridísima y maravillosísima Esther:

Este libro es un recordatorio de que hay muchísima gente que te quiere sinceramente y desde lo más profundo de sus geniales corazones... Nos has dado muchísimas cosas. Nos has dado carcajadas, sonrisas y risas. Nos has dado orgullo, confianza y autoestima. Nos has dado fuerza, ánimo y valentía. Pero, por encima de todo, nos has dado amor.

Uno de mis recuerdos favoritos de Esther es del viaje de Make A Wish; exactamente, del 4 de julio de 2010. Tras haber visto cómo estallaban los fuegos artificiales encima del río Charles, todos los amigos iban de camino al hotel en una camioneta, y Esther y yo en el coche con su familia. Hicimos el trayecto en silencio; aquel día tan ajetreado había dejado a Esther agotada. Llevábamos varios minutos sentadas la una al lado de la otra cuando, sin decir nada, Esther tomó mi mano con las suyas y se la colocó en el regazo. Después apoyó la cabeza en mi hombro y me acarició la mano con el pulgar durante todo el viaje. «Te quiero. Te quiero mucho», me susurró.

Aquello era lo único que necesitaba escuchar para que todo lo demás desapareciera. Esther hizo que me sintiera importante y muy querida. Me daba mucho miedo perderla. Pero ella siguió acariciándome la mano mientras ambas llorábamos en silencio.

Creo que no sólo fue la tristeza lo que provocó las lágrimas, sino también lo mucho que nos queríamos. Y aquello era lo único que importaba. A pesar del miedo, a pesar de la pena y del dolor, había amor. Para mí, así era Esther. Reunía todas las cualidades humanas: era imperfecta y estaba asustada. Pero considero que lo que la hacía tan extraordinaria era que rebosaba amor y que deseaba amar.

Catitude sigue siendo imperfecto y estando asustado, pero gracias a ella ahora hay mucho más amor entre nosotros. Y la queremos mucho por ello. La quiero mucho por ello. Te extraño, Esther.

Teryn Gray

Arka Pain,
Lindsay Ballantyne,
Esther y Teryn Gray,
Boston, Massachusetts, 2010

Abby Drumm, Arka Pain, John Green,
Katie Twyman, Teryn Gray,
Madeline Riley y Esther,
SALIDA PARA TOMAR UN CAFÉ EN
EL NORTH END DE BOSTON

Con Evangeline

Lindsay Ballantyne, Esther,
la doctora Jessica Smith (la médico de Esther),
Teryn Gray, Jennifer Rein (la trabajadora social de Esther) y Katie Twyman,
LA CLÍNICA ONCOLÓGICA JIMMY FUND, BOSTON

Katie Twyman, Arka Pain,
Teryn Gray, John Green,
Esther, Abraham Earl,
Lindsay Ballantyne, Abby
Drumm y Madeline Riley

Duelo de peinados
encrespados,
JOHN Y ESTHER

4 de julio,
Rugido con Teryn

Abraham Earl

Lindsay y Esther

LA CHICA QUE IMAGINABA ALGO MEJOR:
Generando un cambio «con Esther»
Por Andrew Slack, *cofundador de la Harry Potter Alliance*

Un grupo de niños con el que trabajaba en 2002 me animó a darle una oportunidad a *Harry Potter*. Me había mostrado reacio a leerlo porque pensaba que se trataba de una moda pasajera, pero me enganché en cuanto empecé el primer capítulo. Cerré el libro, me volví hacia la persona que tenía al lado y le dije: «Este libro acaba de cambiarme la vida». Hogwarts me abrió las puertas a un mundo de libertad, a un mundo de maravillas.

Descubrí entonces la comunidad de fans de Harry Potter y me quedé alucinado. La gente que estaba creciendo con Harry había establecido toda una cultura online relacionada con él. Juntos habían creado nuevas páginas web, *podcasts*, conferencias, *fanfictions*, toda una liga deportiva, musicales y cientos de grupos de wizard rock.

Al mismo tiempo que me embargaba la emoción por estar rodeado en la red de gente que no creía que me hubiese vuelto loco por estar loco por Harry, también me sentía frustrado. Harry Potter haría mucho más que simplemente celebrar el hecho de ser Harry Potter. Él lucharía contra las injusticias de nuestro mundo del mismo modo que lo hacía en el suyo. Después de todo, en la novela, Harry crea el grupo estudiantil ejército de Dumbledore, llamado así en honor a su mentor, Dumbledore.

Pensé que si toda la comunidad de fans online de Harry Potter se convertía en un ejército de Dumbledore, podríamos impulsar una nueva cultura de ciudadanos heroicos comprometidos con sus comunidades en el mundo entero; podríamos demostrar que la fantasía no es una vía para escapar de nuestra realidad, sino una invitación para profundizar más en ella. Como cabía esperar, la mayoría pensó que me había vuelto loco.

Un tiempo después conocí un famoso grupo de wizard rock llamado Harry and the Potters. Está formado por dos hermanos que se parecen a Harry Potter, visten como Harry Potter y cantan canciones de rock independiente desde el punto de vista de Harry. A ellos les encantó mi idea, porque era una locura. Con su ayuda y la de mis mejores amigos nació la Harry Potter Alliance (HPA).

Corría el año 2010 cuando conocí a Esther Earl, y para entonces la HPA ya tenía muchísimas secciones, había enviado aviones cargados de suministros a Haití, construido bibliotecas por todo el mundo, financiado la protección de miles de civiles en Darfur y en Birmania, recibido los elogios de J. K. Rowling en la revista *Time*, y avanzado mucho en cuestiones relacionadas con el matrimonio entre personas del mismo sexo. Cientos de miles de fans se habían unido a nuestra causa, ya que se sentían con poderes para convertirse en héroes. Resultaba muy gratificante mostrarle a la gente que el poder de nuestras historias puede cambiar la historia del mundo.

Yo sabía que podíamos hacer mucho más, crecer aún más, pero necesitábamos financiación y buena publicidad. Evidentemente, es difícil que muchos grandes patrocinadores te tomen en serio cuando tu organización sin ánimo de lucro se llama Harry Potter Alliance. Pero nos hacía falta un primer empujoncito y que el resto siguiera la corriente.

Al haber pasado la infancia devorando los libros de *Harry Potter* con su hermana Evangeline, Esther encontraba consuelo en las experiencias del protagonista. Para ella, igual que para mí y para muchos otros, un triunfo de Harry era un triunfo suyo; una derrota de Harry era una derrota suya.

Esther era un miembro de la Harry Potter Alliance que anhelaba generar un cambio en nuestro mundo, y ése es un deseo que Esther y yo compartíamos. Ella se había quejado ante sus padres de que quizá no viviría lo suficiente para provocar ese cambio. Cuanto más avanzaba el cáncer, más cansada estaba ella. A menudo no podía salir de casa o levantarse de la cama, y eso le producía una sensación de impotencia y frustración. Esther también quería hacer amigos y formar parte de una comunidad. Sus problemas físicos hacían que esa tarea fuera prácticamente imposible, pero entonces apareció internet.

Los medios sociales e internet se han forjado una mala reputación por ser un espacio que puede resultar peligroso y hacernos insensibles a la experiencia humana. Pero la historia que a menudo se silencia es la de una adolescente que se muere de cáncer y que se comunica con la gente mediante las páginas web de fans de Harry Potter, Facebook, YouTube, Twitter y Skype. Esther hizo todo eso.

Cuando la fundación Make A Wish le preguntó a Esther qué quería, ella respondió que su mayor deseo era conocer en persona a sus mejores amigos. Aunque yo sabía muy poco sobre Esther, ella era una gran fan de la HPA y yo vivía en la ciudad, por lo que su madre, Lori, me invitó a pasar con ellos aquel fin de semana que me cambiaría la vida.

Al entrar en el hotel con el títere de Dumbledore en la mano, me desconcertó que se respirara un ambiente tan positivo en la habitación y que todo el mundo estuviera contento y riéndose a carcajadas (¡con chistes muy irreverentes!). Pero lo que más me sorprendió fue Esther. Nos hicimos amigos enseguida. Ella tenía una dulzura fuera de lo común. Te miraba y veía algo en ti; te veía como te gustaría verte a ti mismo. Gracias a su amabilidad, cariño y amor por la vida, permitía que los demás fueran ellos mismos.

Aquel fin de semana del 4 de julio ninguno de nosotros era consciente de que estaba a punto de suceder algo muy especial; de que faltaba un día para que llegara el momento en que el amor que sentía Esther por el mundo se convirtiera en algo contagioso. Ella estaba a punto de motivar un cambio en el mundo.

Pocos días antes de la fiesta de Make A Wish, la HPA entró en un concurso llamado Chase Bank Community Giving Challenge. Cerca de 10 000 organizaciones competían por recibir votos en Facebook; la que ganara se llevaría 250 000 dólares. A primera vista se trataba de una tarea imposible, pero, si se nos ocurría el modo de llevarla a cabo, aquél sería el elemento transformador que habíamos estado buscando.

Había montones de voluntarios por todo el mundo intentando día y noche conseguir votos para nosotros; contábamos con el apoyo de las páginas web de fans de Harry Potter y de los grupos de wizard rock; pero, a pesar de todo ello, para ganar necesitábamos que sucediera algo verdaderamente sísmico. Durante el fin de semana de Make A Wish Esther debió de hablar con John Green sobre la campaña, y eso provocó que él hiciera el video de Vlogbrothers titulado *With Esther*:[2]

He pasado toda la noche pensando en lo agradecido que estoy de conocer a Esther e intentando averiguar el modo de dar las gracias por nuestra extraña amistad intergeneracional con base en internet. Entonces he recordado que la primera noche maravillosa que pasé en compañía de Esther fue en la LeakyCon, una convención de fans de Harry Potter. Después de todo, si no fuera por Harry Potter, no conocería a Esther y probablemente tampoco existiría la *nerdfighteria*. Luego he pensado en que Esther es una gran seguidora

2 En inglés, «Con Esther». *(N. de la T.)*

de la Harry Potter Alliance, una organización benéfica con la que la *nerdfighteria* colabora a menudo. Por ejemplo, la *nerdfighteria* y la Harry Potter Alliance consiguieron 123.000 dólares para ayudar a Haití y mandaron a dicho país el avión *SS DFTBA* cargado hasta los topes. Sí, esa Harry Potter Alliance.

En estos momentos la HPA participa en un concurso importantísimo en el que puede ganar 250.000 dólares y hacer que el mundo sea muchísimo menos mierdoso. Ahora mismo la HPA está en el tercer puesto, pero sería fantástico que todos nosotros los votáramos y les dijéramos a nuestros amigos que hagan lo mismo, y que ganaran los 250 000 dólares que les permitirían seguir con su objetivo de llevar libros a niños de todo el mundo —desde el delta del Mississippi hasta Ruanda— y los ayudarían a defender con más firmeza los derechos humanos en todo el mundo. También es un modo de decirle a Esther «Hola, gracias por ser genial». No diré que debemos ganar este concurso por Esther, ya que en ese caso le dará una arcada y me odiará. Creo que debemos ganar este concurso con Esther. De modo que si quieren dar las gracias por la existencia de la *nerdfighteria*, la de Esther y la de los maravillosos músicos de wizard rock, por favor, pulsen en el enlace y voten por la Harry Potter Alliance. Voten, por favor. Y gracias de nuevo a todos los que estuvieron en Boston; lo pasé muy bien con ustedes.

Era lunes, 5 de julio de 2010. Estaba mirando cuántos votos había recibido la HPA en el concurso. Íbamos bien: de media conseguíamos un voto cada dos minutos. Y entonces, de repente, actualicé la página y vi que teníamos cincuenta votos más; luego cien votos más; y quinientos más; y al rato mil más.

El video lo cambió todo. Gracias a él, gracias a John y a Esther, obtuvimos el primer puesto en la Chase Bank Community Giving Challenge. Los *nerdfighters* de todo el mundo lo celebraron con este tuit: «Lo hemos ganado CON Esther».

Ella no podía creerlo. El video de John la había convertido en una especie de estrella en la red. Recibía muchísimos mensajes de fans en Facebook y en el correo electrónico. La gente le contaba sus problemas, y ella, por su parte, los escuchaba y los ayudaba. Su deseo de generar un cambio estaba haciéndose realidad.

Una semana después se celebró una gran convención de Harry Potter en Orlando (Florida), donde el Chase Bank iba a darnos un cheque enorme durante la rueda de prensa. En el último minuto la HPA intentó llevar a Esther y a sus padres a Florida para que estuviesen presentes. Por desgracia, con tan poca antelación, ninguna compañía aérea podía hacer los preparativos para dejar que embarcara con su máquina de oxígeno. De modo que peleé para que hiciéramos una videoconferencia por Skype durante la rueda de prensa y así Esther pudiera estar con nosotros todo el tiempo.

Al final de la rueda de prensa me volví hacia la pantalla y dije: «No hemos podido traer a Esther a la convención, de manera que le hemos llevado la convención a Esther». Todos vieron a Esther en su casa, sonriente, y la sala entera se puso en pie para ovacionarla. Más de cien personas se acercaron a la computadora para saludarla, para darle las gracias por ser tan genial y para hacerle saber que era una inspiración para ellos.

Según el escritor Jack Kornfield, al final de nuestra vida la pregunta más importante que debemos hacernos no es si hemos trabajado duro o si hemos conseguido muchas cosas, sino «¿He querido bien?» Y Esther quiso bien. No es común ver a un ser humano querer tan bien. Y aunque ella, muchos de nosotros y yo anhelamos provocar un cambio —incluso salvar el mundo—, lo que realmente necesita este mundo, más que ser salvado, es amor. A pesar de todos los problemas de este planeta, no estamos aquí para salvar el mundo, sino para enamorarnos de él. Y si ese amor sólo puede extenderse igual que el de Esther, y si podemos hacer lo que ella pidió y encontrar maneras creativas de expresar amor y gratitud tanto a las personas que nos importan como a las que no conocemos, en ese caso la condición humana se elevará y Esther Grace verá multiplicado ese deseo que ya recibió: haber generado un cambio.

Esther con el profesor
Dumbledore
y su habilidoso ayudante,
Andrew Slack,
BOSTON, MASSACHUSETTS, 2010

Con Paul y Joe DeGeorge
de Harry and the Potters,
SQUANTUM, MASSACHUSETTS,
2010

EL ARMA QUE TENEMOS ES EL AMOR

Por Paul DeGeorge, *miembro de Harry and the Potters*
y cofundador de la Harry Potter Alliance

Mi hermano y yo hemos escrito muchas canciones sobre la serie de libros de *Harry Potter*. Varias de ellas son absurdas, extrañas e irónicas; algunas, románticas; otras, superficiales; y unas pocas, completamente sinceras. «The Weapon» pertenece a la última categoría. A primera vista, la canción es una firme declaración de intenciones para dar a Harry consuelo y ánimo en su guerra contra Voldemort. Pero en ella también se mencionan varios de los temas principales de la serie de libros: el desinterés, el vencer a la muerte y el poder del amor como un arma duradera y potente en la lucha contra el mal. Estos temas han logrado conectar con los lectores de *Harry Potter* y, según me han dicho, para algunos fans nuestra canción ha tenido un papel fundamental a la hora de intensificar esa conexión. De hecho, el verso de la canción que dice «El arma que tenemos es el amor» se convirtió en el lema del Ejército de Dumbledore del mundo real: la Harry Potter Alliance. Con ese telón de fondo fue con el que interpreté la canción en la rueda de prensa que dio la HPA tras haber ganado la competencia. Aquel día Esther fue una de las asistentes, ya que su rostro estuvo proyectado —tan grande que hacía gracia— detrás del escenario a través de una señal de satélite. No fue ni la primera ni la última vez que tocamos la canción para Esther, y más tarde supe que ésa era una de sus favoritas. Tiene sentido. Ella siempre estuvo involucrada en una batalla mayor que su lucha contra el cáncer. Desempeñó su papel en la tarea de cambiar nuestro mundo a mejor. Quería que se reconociera y se tuviera en cuenta el poder del amor, y trabajó desinteresadamente para conseguir que el mundo sea un poco menos mierdoso y más maravilloso.

Ahora me doy cuenta del éxito de su lucha. Se manifiesta mediante su familia, sus fantásticos amigos de Catitude, la Harry Potter Alliance, la TSWGO, el Día de Esther y el trabajo de John Green y de todos los *nerdfighters* que han encontrado la inspiración en su existencia. Todos los que han conocido a Esther entienden que, a pesar de las dificultades de la vida, incluso a pesar de la muerte, el nuestro es un mundo increíble y hermoso, y debemos tomarnos en serio el papel que tenemos en la tarea de preservarlo y mejorarlo. Esas mismas ideas están en el corazón de «The Weapon». La interpretación más difícil que ha hecho mi hermano Joe de esa canción fue en el funeral de Esther.

Andrew Slack anunciando que la HPA
ha ganado 250 000 dólares «con Esther»,
BOSTON Y ORLANDO, 2010

EL ARMA (THE WEAPON)
Escrita por Harry and the Potters (Paul y Joe DeGeorge)

A Sirius Black hemos perdido
pero no nos damos por vencidos.
Lucharemos hasta ganar
y ver a Voldemort marchar.

Haré lo que haga falta,
la profecía no me alarma,
no, no me da miedo nada.

Porque yo tengo una cosa,
esa cosa que tú tienes dentro,
esa cosa que tenemos todos,
y esa cosa basta para salvarnos.

Tuvimos que aprender a pelear,
a que uno no vive si el otro sobrevive.
Y sé que ése es mi destino,
así que me alegra tener nuestro Ejército.
Venceremos al grupo del Señor Oscuro,
y todos los Mortífagos huirán de mí y de ti,
y de ti, y de ti, y de ti, y de ti, y de ti, y de ti.

Porque yo tengo una cosa,
esa cosa que tú tienes dentro,
esa cosa que tenemos todos,
y esa cosa basta para salvarnos.

El arma que tenemos es el amor.

Julio de 2010

Feliz Día del Padre, por E. Earl

Preludio: Explicación

De modo que volvemos a encontrarnos, ¿eh? Papá, iba a hacerte algo muy elaborado: cortar cartulina con distintas formas, pegar los trozos en los márgenes... Pero bueno, lo único que conseguí fueron unos preciosos dedos pegajosos. No sería muy buen regalo, ¿verdad? Entonces me decidí por la segunda opción: escribirte una carta (la primera era, como bien sabes, una corbata de colores vivos). Espero que te guste, y también que sea legible, ¡ja, ja, ja!

Capítulo uno: Desviándome del tema

A lo largo de toda mi vida (de todos mis 15 años, amigo mío) siempre he pensado que tienes aspecto de treintañero, igual que mamá. Pero ahora, a medida que el tiempo avanza y envejeces, empieza a parecerme que tienes cuarenta y pico. Pero ¿acaso no tienes ya cincuenta? XD.[1] Si me llamas Danei,[2] olvidaré tu edad, ¿trato hecho?

Bueno, el objetivo de ese párrafo era decirte que tienes aspecto de joven. Sin embargo, tengo un recuerdo de cuando fuimos al hospital de Aix (creo que era antes de que me diagnosticaran): estaba descansando en la cama, un poco gruñona, después de que me pusieran el catéter (ad+,[3]

1. XD es el emoticono que se utiliza para decir que te partes el c***. Habría utilizado :), pero es muy suave.
2. ... y Abby, y Graham, y Lori, y Abra...
3. Ad+: Además. Somos muy ingeniosos, ¿eh?

aquel catéter era mucho peor que el que tengo ahora...). Abrí los ojos y vi que estabas observando cómo dormía, y yo, malhumorada por los medicamentos, me enojé y me puse a Mickey sobre la cara.

Ahora, al pensar en aquel momento, me siento muy mal. También recuerdo el semblante cansado que tenías, aunque esbozabas una pequeña sonrisa. Verte agotado y con aspecto de viejo hace que me sienta fatal. Y ser yo el motivo de todo ello hace que me sienta... fatal. Pero sé que nunca me culparás de nada.[4]

Mamá, por su parte, jamás ha parecido tener más de 23 años, ¿verdad, papá?

Capítulo dos: El hogar está donde está la familia

En Williamstown teníamos un hámster, ¿verdad? ¿Se llamaba William? Cualquiera se acuerda...

Bueno, a lo que iba: Evangeline y yo solíamos construir una especie de laberinto con baldes de construcción, cintas de video y otras cosas con forma de bloque. Luego metíamos a William en el laberinto, corríamos alrededor y jugábamos al pilla-pilla. Willy siempre hacía trampas,[5] porque se colaba entre las grietas de las paredes del laberinto y chocaba contra nuestros pies. Entonces la paraba otro y... Sí, superemocionante. ¿Por qué te cuento esto? Oh, no lo sé, pero ahí queda eso.[6]

2ª historia: En estos momentos Graham está viendo un video de *Doctor Who*. En ese capítulo el Doctor (David Tennant) y Rose viajan

---

4. A menos que, por ejemplo, rompa una mesa jugando o algo así. Ejem... Angie... ejem.

5. Maldito tramposo.

6. Éstos son mis emoticonos, que son parecidos a los *smileys*.

al Londres del futuro. Se topan con enfermeras con cara de gato que prueban medicamentos en seres humanos (¡qué cruel!). También hay (¡hola, argumento secundario!) una mujer que es «el último ser humano de la Tierra», porque es el último ser humano originario de la Tierra... Bueno, pues esa mujer (Cassandra) tiene un hombre/alienígena que por alguna razón siente devoción por ella. Más tarde, bla bla bla, los humanos en los que hacían experimentos se salvan, la conciencia de Cassandra está dentro de Rose, el hombre/alienígena que adora a Cassandra SUPUESTAMENTE se muere, y entonces Graham dice: «Espero que ese tipo esté vivo. Me ha caído bien». Me encantan sus comentarios, de verdad. Al final la conciencia de Cassandra entra en el hombre/alienígena (POR SUPUESTO, Graham ya se lo había imaginado), Cassandra/el hombre/el alienígena vuelve a la Cassandra del pasado, dice «es usted tan hermosa...», y se muere. En ese momento, Graham comenta con ingenuidad (y con mucha gracia): «¡Oh! ¡Quizá Cassandra ha entrado en la chica y el tipo buena onda sobrevivirá!». ¡Graham es fantástico!

Últimamente he estado muy a gusto con él. A menudo suele pedirme que veamos *Doctor Who*, xro bno.[7] Disfruto mucho de su compañía y parece que él se lo pasa bien conmigo. Sí, estoy segurísima de que le irá muy bien en la vida.

Ahora es el turno de Abe. Fue a la tienda de todo a cien con mamá (oh, ya vienen los problemas) y volvió con regalos *pour moi* (una calcomanía y un pollo de plástico)[8] y el resto de la tienda para él.

Abraham es un encanto. Cuando quiere es muy adorable, y también un llorón... Qué pesadito se pone.

---

7. xro bno: pero bueno. ¡OoOoO, ésta era difícil!
8. No tengo ni idea...

Pero es un chico fantástico. A veces dice cosas muy profundas. Esa manía de preguntar «Pero ¿por qué? ¿Y por qué? ¿Y por qué?» me pone la cabeza... [9]

Recuerdo su primer cumpleaños: lo celebramos en la casa de Plymouth y preparamos el delicioso pastel de chocolate de mamá. Al salir al porche, pusimos a Abe en la silla y los demás nos sentamos alrededor de la mesa (¿o no era nuestra o algo así?). Luego Abe tomó un trozo de pastel con las manos y se lo apachurró contra la boca. Creo que también era la primera vez que comía pastel. Fue una experiencia muy bonita. Ah, creo que el pastel no le gustó demasiado, ¡ja, ja, ja!

Tengo otro recuerdo no muy lejano a ése, de cuando Abe tomó la inteligente decisión de encerrarse en el cuarto de baño y la puerta tomó la inteligente decisión de no tener el pestillo por fuera. Se asustaron mucho, ¡ja, ja, ja! Abe se echó a llorar. Al final yo (no quiero hacerme la chula) arreglé la situación gracias a mis enormes, bronceados y brillantes bíceps, con los que trepé a la ventana, me metí en el cuarto de baño y, ¡PUM!, abrí la puerta.

Ahora hablemos de Angie. Es todo un caso, la verdad. No estoy segura de cuál es el primer recuerdo que tengo de ella: o de cuando soltamos los escarabajos en Arabia Saudí o de cuando salvamos al gatito que aquellos imbéciles lanzaban de un lado a otro (también en Arabia Saudí).

Tuvimos al gato escondido en el armario tres días antes de que lo descubrieran. Oh, somos muy buenas.

¿Otro recuerdo? Salir a correr a las siete de la mañana en Albertville. Intentábamos «ponernos en forma» (yo con doce años y Angie con quince, ¡ja, ja, ja!). Me acuerdo de esa vez que fuimos corriendo hasta la casa de los Briggs (estaba lejos, ¿no?) y de repente,

9. ... como un bombo, pues.

sin previo aviso, tuve ganas de hacer caca. <u>Muchas ganas</u>. ¡¿Qué podía hacer!? ¡Estábamos muy lejos de casa! Pasamos a toda prisa por delante de algunos viejos verdes[10] y mirones matutinos[11] y al llegar a casa fui directa al cuarto de baño e hice caca. ¿Conoces esa sensación que se tiene cuando no puedes aguantarte las ganas de cagar y al final lo haces? Sí, así me sentí. Es algo… maravilloso.

Tras caer enferma, creo que Angie y yo nos distanciamos un poco. No teníamos mucho en común, ya que ella tenía una «vida de adolescente» y yo la de una «inválida de culo gordo».

Precisamente hace muy poco hemos hablado de ello… Es difícil mantener el contacto y ser amigas cuando te has acostumbrado a una rutina… Quiero mucho a Angie, y tiene un montón de potencial, y es muy fuerte. Es muy buena hermana. Espero poder crear más recuerdos con ella muy pronto. Hay una cosa más que me gustaría decir sobre Graham. Tras ver el capítulo de *Doctor Who* me preguntó: «Otra vez, ¿por qué tienes cáncer?» Y yo, que nunca estoy preparada para responder preguntas como es debido, le hablé sobre las células (él ya sabía lo que eran, «por la tele») y le expliqué que a veces la gente nace con cáncer en sus células. Le habría respondido algo más filosófico, pero… no lo hice. Hummm, bueno, pues Graham me contestó: «Si pudiese pedir dos deseos, uno sería tener más tiempo para salir con Amber; y el otro, que desapareciera tu cáncer, para siempre».

Abby es una de esas buenas hermanas mayores, ¿sabes a qué me refiero? Quizá tuviera una época rebelde… Recuerdo con claridad una vez que estaba con Alexa y… que la dejamos en su casa (?),

---

10. ¿Te acuerdas de ellos?

11. Llevábamos pantalones cortos y playeras de tirantes.

porque de repente tuvimos que ir a Walmart para que mamá y tú recogieran a Abby y a Keri del puesto de seguridad. Creo que las habían llevado allí por <u>robar un collar</u>, ¡ja, ja, ja! Según me ha dicho Abby, ni siquiera era de los buenos. [12]

Tengo muy buenos recuerdos de Abby. Por ejemplo, de cuando jugábamos a las tiendas en Arabia Saudí: abríamos[13] una tienda c/[14] nuestros peluches y... comerciábamos con ellos... Déjame que te diga que es mucho más divertido[15] cuando se es un niño. Hace poco intenté jugar a lo mismo c/ Graham y Abe, y me aburrí como una ostra. ¡Uau!

Bueno, estoy utilizando otro bolígrafo, para que lo sepas. ¡Ja, ja, ja! :P.[16] ¡¡¡He vuelto a encontrar mi bolígrafo favorito!!!

Abby siempre ha sido una buena hermana. Cuando vivíamos en Albertville no nos gustaba salir con ella; sobre todo a Angie, pero a mí tampoco demasiado. ¿Por qué? ¡Pues porque no! Cuando ella venía a vernos era porque nos hacía una VISITA desde SU espacio de amigos. E INVADÍA <u>NUESTRO</u> espacio de amigos. Siempre nos obligaste a llevárnosla con nuestro grupo, y era <u>HORRIBLE</u>, porque todos decían que ella era graciosa/simpática/una nueva cara, <u>INCLUYENDO</u> los <u>INTERESES AMOROSOS</u> de Evangeline y los míos; es decir, Ryan y Bruce. ¡¿Cómo demonios pudiste hacernos eso?!

Pero, aparte de eso, siempre me he sentido muy cómoda con Abby. Bueno, se <u>supone</u> que hay que sentirse así con la familia, pero a veces conectas mejor con ciertas personas, y eso es lo que siento con ella: es fantástica. También puede ser HORROROSA, porque no se detiene

---

12. Para que te quede claro: éste es un tipo que se ríe tan fuerte que se le arrugan los ojos.

13. Me refiero a Abby, Angie y yo.

14. C/ significa «con».

15. PERO MUCHÍSIMO MÁS DIVERTIDO.

16. Es broma. Soy lista, ¿eh?

a la hora de burlarse de mí, una POBRE NIÑA ENFERMA Y PÁLIDA. Si quieres saber mi opinión, era una vergüenza que me tratara así.[17]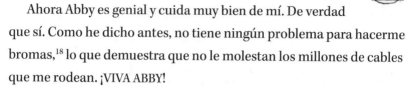

Ahora Abby es genial y cuida muy bien de mí. De verdad que sí. Como he dicho antes, no tiene ningún problema para hacerme bromas,[18] lo que demuestra que no le molestan los millones de cables que me rodean. ¡VIVA ABBY!

Tras elogiar a Abby, me gustaría señalar que ella no es la única hermana a la que admiro. Claro que ADMIRO a Abby, pero también a Angie en ciertos aspectos.

Angie es buena escribiendo y eso me da mucha envidia. Simplemente es el tipo de persona que me encanta.

Otra persona a la que aprecio y con la que siento necesidad de hablar y que todos conocemos y queremos es... KERI LYNN HINKLEY.

Uno de los primeros recuerdos que tengo de Keri Lynn «hermana Earl» Hinkley es éste: Graham y yo estábamos jugando a un videojuego[19] en el sofá de la casa de Medway cuando Abby y Keri entraron. Yo tenía unos ocho años, así que ellas... trece o catorce XD. Éramos muy pequeñas. Bueno, Keri nos saludó y la primera cosa que me pregunté fue si era india. Por supuesto, no dije nada. Claro que no, estaba muy ocupada jugando a tonterías y siendo vergonzosa. Más tarde supe que no es india, SIMPLEMENTE ESTÁ SUPERMORENA. ¿Será caucásica o italiana o algo así?

De alguna manera, aquella chica bronceada y sarcástica se hizo un hueco en nuestra familia y ahora la considero una hermana más. Está súper, porque aunque Abb y Keri dejasen de ser amigas, seguiríamos teniendo a Keri en nuestras vidas. Y eso me gusta.

17. ¿POR QUÉ IBAS A QUERER SABERLA, PAPÁ, POR QUÉ? No sé qué le pasa a esa cara.

18. Y tú siempre me dices que nadie se ríe de mí...

19. Seguramente sería aquel maravilloso juego de «Luigi's Mansion».

Hace algunas noches Keri durmió en mi habitación (¡en la del comedor!) y hablamos un rato de esto y de aquello. Estuve muy a gusto. Mucho. Quiero un montón a esa chica. 😜 [20]

Mamá es una persona maravillosa, ¿te habías dado cuenta? Si tú no estuvieras aquí (lo cual sería tristísimo 😢), sé que mamá seguiría siendo igual de maravillosa, ¡y lo sabes! Es una mujer encantadora. Si ella fuera la madre de una amiga, diría: «¡GUAU, chica! ¡Tu madre es zupercool!». Pero en su lugar, digo: «Sí, mi madre es cool, ¡TRÁEME UNOS ARÁNDANOS, PORFA!».

Pero vamos a ponernos serios un momento: me encanta hablar con mamá, de cosas profundas y no profundas. Me encanta abrazarla y me encanta cuando me asegura que las cosas van bien, incluso cuando (has acertado...) no van bien. Mamá es fantástica y la quiero.

Pero a ti, sin embargo... ¡¡¡no te soporto!!! Estoy escribiendo esta carta de diez páginas simplemente para demostrarte lo mucho que NO te quiero.

¡Es broma! Oh, te lo has tragado. Sí, claro que TE QUIERO, Wayne. ¡Ja, ja, ja! Menuda cara habrás puesto... Oh... pero no voy a hablar sobre ti AHORA, porque debes de estar machacado.

FIN... del capítulo dos.

Capítulo tres: Esther es mala (a rabiar)

¿Puedo confesarte un secreto (NO TE ENOJES) que creo que deberías saber? Aunque nunca me hayan besado (oooh), hubo una ocasión en que tú y mamá salieron y los chicos estaban con el grupo de la iglesia. Ang invitó a Kelsey a casa, y yo decidí SALIR de mi habitación y bajar al

---

20. No, no sé cómo funcionan los *smileys* que estoy utilizando, pero funcionan, ¡¿OK?!

jardín para ayudarlos a prender una pequeña hoguera. Esto sucedió hace bastante tiempo… Bueno, pues encendimos el fuego (Kelsey y Angie lo hicieron, yo miraba) y estábamos muy contentas. Ellas bebían vino, así que yo también probé un poco (no te pongas como un loco, sólo estoy contándote una historia). No me gustó mucho, pero tomé dos vasos (ya había bebido dos vasos seguidos antes, en Francia). Para entonces Ang había invitado a Adam y a varios de sus amigos. Yo me tumbé en la cama elástica, y me daba la sensación de que el cielo daba vueltas y que podía respirar muy bien. Pero Angie me miró a los ojos y me dijo que estaba borracha.

Bueno, estoy pensando en si debo o no arrancar esta página, pero la verdad es que me gustaría contarte cómo fue mi primera borrachera.

Angie y sus amigos decidieron irse a casa de Kelsey (DESPUÉS de pasar a recoger a los chicos). Mi hermana me ayudó a subir a la habitación, mientras yo me tambaleaba y me reía tontamente. Sin embargo, ella llevaba mi oxígeno, y no sé si era por el alcohol o por qué, pero no sentía que me faltara el aliento. Maravilloso. Cuando llegamos a mi habitación me dijo que me durmiera y que la llamara si necesitaba algo. Y lo hice, cuando me dio el hipo. Al final todos se marcharon y yo me quedé dormida. ¡Guau, la rebelión!

Literalmente, ésa fue la primera cosa típica de adolescentes estadounidenses que he hecho. Ay, ay, ay…

Bueno, quitando la «cita» c/ Yasser cuando aún tenía 14 años. Fuimos al cine con un grupo de amigos, y después al 99 a comer algo. Pero todo fue muy raro y él tuvo que marcharse en medio de la cena, y NO SÉ, pero fue muy extraño XD.

Aparte de eso, mi mayor locura es dormir con Mickey y todo el «alcohol» que tomo es algún que otro traguito al Smirnoff de mamá. ¡Estoy DESMADRADA!

Otra cosa «mala» que he hecho es ésta:[21] como bien recordarás, durante un tiempo a Angie y a mí nos encantaban las Barbies. Les poníamos muchísima ropita distinta, construíamos casas y habitaciones para ellas, pero luego no jugábamos demasiado. Nos lo pasábamos mejor preparándolo todo.

Siempre queríamos ropita nueva... Íbamos a mercadillos y comprábamos bolsas de ropa vieja para Barbies... Pero no teníamos suficiente (porque éramos unas niñas codiciosas).

Una vez ustedes nos «obligaron» a ir a casa de unos «amigos» que tenían hijos, y esos hijos tenían Barbies, de modo que jugamos con ellos. En un momento nos quedamos solas en la habitación, y tomamos (aún lo recuerdo) un vestido rojo que nos pareció precioso y quizás algunas cosas más... y LOS ROBAMOS.

Me sentí muy mal, pero Isabelle, Skipper y Barbie estaban tan guapos...

Bueno, pues ése es el final de la historia. Seguramente venderíamos todas nuestras ropitas de Barbie en algún mercadillo, ¡ja, ja, ja!

¿Ahora qué opinión tienes de mí? Te he contado todos mis secretos oscuros. ¿Deberían colgarme, como a ese tipo en *Dimensión desconocida*? ¡Ja, ja, ja! Es broma, por favor, no me hagas eso...

Ah, ¿te acuerdas de la vez en que Graham se cayó de la cama en Arabia Saudí? Ay, me sentí muy mal, papá, porque Amanda y yo estábamos saltando de mi litera y entonces el pobre Graham se cayó y se rompió el brazo :(. Tengo un vago recuerdo de haber ido al hospital, pero no estoy segura. Me imagino que era demasiado pequeña para acordarme.

¿Me siento culpable por alguna otra cosa? A ver si se me ocurre algo... Aquí va una «seria»... Para empezar, sé que tú jamás me

21. En esta historia también participa Angie; ¿sorprendido?

culparías por nada que haya causado mi cáncer, pero HAY ocasiones en las que me siento muy culpable. Déjame que te lo explique:

- Mi cáncer nos trajo de vuelta a Estados Unidos. Sé que se estaban quedando sin dinero, pero también que te encantaba Francia. Me pone... triste.
- Mi cáncer ha hecho que nos QUEDEMOS en Estados Unidos. Sé que eso no es lo que planeamos, y a veces me siento culpable. Sé que no debería, pero los <u>sentimientos</u> no pueden controlarse.
- En una ocasión (y antes de que leas el resto recuerda que te quiero...), en el hospital, mamá y tú discutían porque se había derramado el café (¡JA, JA, JA, qué gracia tengo!), literalmente, y quizá fue por la morfina, pero lloré un poco porque el hecho de que <u>yo</u> estuviera internada era la causa de su estrés.

Probablemente no debería contarte estas cosas en tu regalo del Día del Padre, pero quería... contarte algunas cosas que no te he dicho antes. Y esos sentimientos no los tengo constantemente, sino en ciertas ocasiones. Sigo queriéndote.

Capítulo cuatro: <u>Amar, odiar, sentir.</u>
Papá, eres consciente de que soy un ser humano, y eso siempre es bueno. Por lo tanto, sabes que siento y pienso (créeme, tengo <u>mucho</u> tiempo para pensar...). Y gracias a Dios, también eres consciente de eso. Estoy segura de que hay muchos padres que no lo ven así, pero mamá y tú son unos padres de primera.

Bueno, no me acuerdo de qué iba a decir, pero, oye, ya es 3 de julio (acaba de empezar el día, porque creo que son las doce y media más o menos). ¿Y sabes qué? John Green acaba de irse a su habitación a dormir tras un día entero de... John Green, ¡ja, ja, ja! Es un tipo fantástico y, bueno, voy a escribir algo que puede que tenga o no[22] sentido.

Hoy John ha jugado a la «pelota divertida» con nosotros. Se trata de hacer preguntas supergraciosas y absurdas como: «¿Caca con sabor a chocolate o chocolate con sabor a caca?» o «¿Color de la ropa interior?» Pero después hemos jugado a la «pelota seria», y la situación se ha puesto bastante seria.[23] Cada vez que salía una buena pregunta, John nos pedía que nos pasáramos la pelota para que cada uno dijera su respuesta. Él y Abby (la amiga) lo han grabado todo (sin embargo, más tarde Lindsay me ha contado que John ha grabado las respuestas de todos hasta llegar a mí. Luego ha dejado de grabar, ¡ja, ja, ja, ja, ja!).

Al final de la «pelota seria» nos abrazamos y nos dijimos lo mucho que nos queremos, y estuvo muy bien. Y lleno de lágrimas. Luego nos echamos una siesta.

Más tarde fuimos al North End a tomar helado y café, y me divertí mucho hablando con John.[24] Katie, Teryn y yo regresamos en taxi, y el resto volvió caminando con el señor Silla de Ruedas.

Al volver al hotel, tenían preparada la presentación de fotos que montaron. ¡La presentación! ¡Tenían preparada la presentación! La vimos todos juntos y me gustó mucho. Un poco larga, pero sonaron mis canciones favoritas y salí muy guapa.

Estoy disfrutando contándote todas estas historias, pero voy a terminar, porque la mayor parte de todo esto ya lo sabes.

---

22. O que puede que no tenga...

23. Hola, Blue: ya es... 10 de julio, así que cuento todo esto de memoria... ¿ok?

24. ¡Y con mis amigos!

Miércoles, 14 de julio; las 17:30
(muy temprano, ¡ja, ja, ja!)

Abraham está terminando el dibujo de una especie de montaña rusa para mí, x lo que ambos estamos sentados en mi cama. Bueno, acaba de empezar otro dibujo de un chico con una patineta. Me encantan esas rampas para patinar en las que él, en su imaginación, ha estado.

Anoche, x primera vez en mucho tiempo, no me acosté hasta «tarde»... Estuve haciendo una videoconferencia hasta las dos y media con Abby D y Arka principalmente, xo también con Maddie y Katie. X lo tanto, hoy me he despertado a las cinco. Sí, tengo el horario patas arriba...

He estado pensando en historias que me gustaría que se recordaran (x tanto, historias que puedo contar yo misma), xo no se me ha encendido la bombilla. Qué mierda :O. Me gusta agarrar un bolígrafo y escribir palabras con él. Me relaja. Y además, estoy aburrida.

Tengo el tubo-G infectado. Tengo el tubo-G infectado y me dueleee. Estoy segura de que es x mi culpa: metí el nuevo MICKEY y, ¡zas!, empezó a dolerme. Bien hecho, Esther.

No sé qué he hecho, xo la gente de internet sigue diciéndome cosas como «Gracias, eres una inspiración», «Eres maravillosa», «Guau, eres famosa», «eres preciosa por fuera y por dentro»... ¿Y QUÉ LES CONTESTO YO?

Ah, John Green nos mencionó a mí y a mis amigos en un video, y luego colgó otro pidiendo a la gente que votara por la HPA con Esther. Ah, y antes de todo eso consiguió que cientos de *nerdfighters* firmaran en mi libro de visitas. Xo sigo siendo Estee, no creo que haya hecho nada más (?).

Bueno, ésa ha sido una perorata sin sentido, pero mira, estoy muy desganada. Sé que estoy enferma, xo ¿cómo puedo conectar con Angie? A decir verdad, no creo que lo intente, al menos no demasiado. Es que me supondría mucho esfuerzo meterme en su cabeza y tener una conversación en la que ambas nos sinceráramos. Me entra pereza y... UF, MENUDA PORQUERÍA DE PÁRRAFO.

Ahora mismo no puedo escribir (escribir bien, ¡je, je, je!), porque estoy cansada y me siento mal y me duele la panza. Espero que los antibióticos hagan efecto. Adiósss.

Lunes, 26 de julio de 2010

Hoy le expliqué a Graham que todo el mundo nace con células cancerígenas y que a algunas personas, como a MÍ, esas células se nos «despiertan». Parecía estar bastante interesado en el tema. También le hice unos dibujos, como x ejemplo (Person, probablemente esto no te interesará, xo ¡me da igual!):

Graham y yo:

—Todo el mundo nace con células cancerígenas. Ese bebé soy yo :).

—Estás rellenita.

—Los puntitos <u>azules</u> son glóbulos blancos. [Le explico qué son.] Los rojos son glóbulos rojos, y... los verdes son células cancerígenas.

—¿Son verdes?

—No, en realidad no.

—Ok.

—Pues yo viví durante mucho tiempo sin <u>cáncer</u> :).

—Hasta que vivíamos en Francia.

—Sí, más o menos. Bueno, la cuestión es que a veces las células cancerígenas se... chocan o algo así, o crecen más. Entonces es cuando empieza el cáncer.

—Ok. [Hace un comentario sobre pedos.]

¡Guau! Qué explicación tan mala... ¡ja, ja, ja!

P. D. «x» y «xo» y... lo que sea... significan «por» y «pero» y... lo que sea XD.

Julio de 2010

Mi cumpleaños es dentro de... ¿cinco días? Eso está muy bien. Lauren Fairweather, del grupo The Moaning Myrtles, vendrá con su novio, EL MISMÍSIMO Matt Maggiacomo, que tampoco es que esté tan bueno. Es broma. Él es de The Whomping Willows. También uno de los Slack vendrá con su novia, LA MISMÍSIMA nosequé nosequé, a la que estoy deseando conocEeEeEer.

No sé qué quiero para mi cumple o qué van a regalarme. Tengo literalmente todo lo que quiero; ya sé que eso suena muy «Oh, qué mona esta niña con cáncer, se me saltan las lágrimas», pero la verdad es que ya tengo todo lo importante.

Oh, me muero de ganas de escribir una historia aquí, xo se me han agotado las fuerzas. Se me han ocurrido una muy absurda y otra menos absurda, pero le estoy dando vueltas a otra historia mucho más difícil. Tienen buena pinta...

¡¡¡Y ahora voy a saltar a la cama y a crear un mundo para el juego del escondite en papel!!! ~~~

Pues hoy no hice nada aparte de estos personajillos para el juego del escondite en papel que estoy preparando. No tengo ni idea de qué estoy haciendo.

También pasé unas tres horas (dibujando los personajes :3). Algo he hecho. Adiós.

Jueves, 29 de julio
E. d. a.:* cansada
Humor: pensativo (?)

Mientras escribía «cansada», vi que Blueberry se quedó mirando (debería precisar que a mí) con los ojos como platos. «Oh, este gato seguro que es un tipo curioso», pensé.

Lentamente procedí a escribir «Pe...» y he vuelto a ver sus ojos redondos. «...ns...», oh, Dios mío, ¡el gato estaba observando el movimiento del bolígrafo! «...at...», ¿los niños autistas no hacen algo parecido? «...iv...», ¿no se fijan en cómo se mueven las cosas (por ejemplo, el cursor del ratón, como hace Blueberry)? «...a», quizá mi gato tiene algunos rasgos autistas. ¿Es eso posible? Ok.

* E. d. a.: estado de ánimo, evidentemente.

Bienvenido al VEDA* de Esther.

Gracias por entrar

Trascripción del video «Nada más que sentimientos».

9 de agosto de 2010

Mañana me hacen los primeros escáneres. Me da miedo que los resultados muestren que el cáncer no se ha reducido o que se ha extendido. Me preocupa que haya llegado a los huesos. Me siento un poco sola, porque últimamente no he hablado mucho con mis amigos. Y ése es un sentimiento que tengo casi siempre, ya que suelo estar sobre todo en la cama y de vez en cuando en el sofá. Además paso la mayor parte del tiempo con mi familia y mis gatos. Estoy cansada, siempre he estado cansada; y confundida, muy confundida. Oh, Dios mío, ahora mismo la confusión está en los primeros puestos de mi lista de sentimientos. Por otra parte, me siento orgullosa del esfuerzo que estoy haciendo; ustedes no saben nada de eso porque es algo del día a día y no lo grabo, pero últimamente me esfuerzo mucho para levantarme temprano y hacer cosas.

Estoy aburrida. Tengo muchos más sentimientos, pero son tantos que ni siquiera puedo encontrarlos. Y eso me abruma un poco: no saber cuáles son todos mis sentimientos. Y estoy triste por algunas cosas que me han pasado en la vida. Me alegra seguir viva todavía, pero también me avergüenza un poco no estar aprovechando la vida al máximo. Me da la sensación de que estoy tomando el pelo a la gente, por mis videos y por todo lo que han dicho sobre mí John Green y toda esa gente maravillosa. Hablan muy bien de mí, pero tengo la sensación de que los estoy engañando, porque no siempre soy

* VEDA corresponde a Vlog Every Day in April, «Vloguea Todos los Días de Abril». *(N. de la T.)*

maravillosa, y no siempre soy fantástica, y no siempre soy fuerte y valiente, y deberían saberlo. Me refiero a que no siempre soy perfecta: me enojo, hago tonterías, me atormento, lloro, odio mi cáncer, juzgo a la gente, grito a mis padres... A veces deseo que nada de esto hubiera sucedido, pero luego me doy cuenta de que en ese caso no sería quien soy. Es una sensación muy confusa. De todos modos, de vez en cuando deseo que nunca me hubiera pasado todo este tema del cáncer.

Si son personas con sentimientos, los animo a escribirlos, a dejar constancia de ellos en un diario, blog, video o post-it. Está bien ver qué sentimientos se tienen, aunque no siempre se entiendan, ¡porque el cerebro tiene muchísimos! Y el corazón, o lo que sea, es anatómi... anatato... anatómicamente correcto. Chicos, os veo mañana. Probablemente.

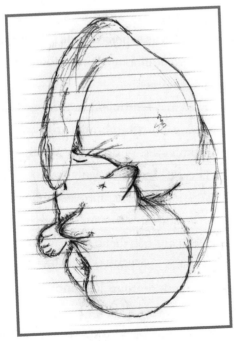

Un sobresaliente dibujo
de Blueberry
en su mejor momento,
14 DE AGOSTO DE 2010

Jueves, 12 de agosto de 2010; las 21:45

Esther ya tiene 16 años… (¡no puedo creerme que sea la madre de cinco niños de 21, 19, 16, 14 y 6 años!). Celebramos el cumpleaños de Esther de un modo muy sencillo: invitamos a algunos amigos a casa y tuvimos una larga conversación intelectual y divertida. Tomamos el postre favorito de Esther: el pastel de mousse de chocolate negro del Olive Garden. ¡Mmm! Abrió algunos regalos muy originales y, además, recibió postales, correos electrónicos y algunos paquetes de amigos y familiares cercanos y lejanos. ¡Gracias a todos!

El lunes volvimos a la rutina con un largo día en el hospital, donde a Esther le hicieron una PET, una TAC y análisis de sangre. Tras examinar los resultados, los médicos nos dieron una buena noticia: la quimio con el «medicamento inteligente» parece que está consiguiendo ralentizar el cáncer por ahora. Sin embargo, esa quimio provoca que Esther tenga la presión arterial muy alta, por lo que a partir de esta noche debe tomar otro medicamento para controlarla. La mejor noticia es que el cáncer sigue contenido en la zona pulmonar y que no se ha extendido a los huesos, que era lo que más preocupaba a los médicos.

Anoche jugamos al Cluedo de Harry Potter y, ¡Abby ganó! Esta noche, Graham, Abby y Esther están viendo *El señor de los anillos*, y parece que están pasándolo en grande. Somos muy afortunados.

LORI (de parte de la familia Earl)

14 de agosto de 2010

- – Acabo de terminar el dibujo a lápiz y espero que al repasarlo a bolígrafo (para que no se borre) no lo estropee demasiado.
- – ¡Oh, maldita sea, papá! ¡Ni tú ni mamá pueden leer este diario hasta que esté lleno de anécdotas divertidas! Y también de dibujitos, sobre todo de gatos…

Hoy es 13 de agosto (mejor dicho 14) y acabo de dibujar esto, que me ha llevado unos 45 minutos. Blue no paraba de cambiarse de posición, ¡ja, ja, ja!

Bueno, voy a maquillarme y vestirme y esas cositas, xq mamá, Angie, Abby y yo nos vamos al cine a ver *Come, reza, ama*, que NO tiene pinta de ser una peli para chicas. Ya he visto demasiadas de esas en mi vida…

1. Chico/a feliz
2. Chico/a triste
3. Tiene una aventura loca
4. Conoce a un/a amante chiflado/a
5. Beso
6. Amor

De acuerdo, hay distintos tipos de pelis para chicas, ¡pero ésa es una de ellas!

¡TENGO QUE IRME O LAS CHICAS EARL SE MARCHARÁN SIN MÍ!

P. D.: xq significa «porque» (creo que esto ya lo he explicado antes, pero hace falta que te lo repitan tres veces para acordarte, ¿verdad?).

Viernes, 20 de agosto de 2010

Últimamente Abe siempre está pegado a las faldas de mamá, y no sé el motivo. Por alguna razón pienso que empezó a comportarse así tras una larga estancia en el hospital en la que no dejaba de preguntar: «¿Va a quedarse mamá aquí, o papá, o quién?». Ha sido duro para el niño (casi he escrito «ha debido de ser»; odio cuando la gente habla así). Me entristece verlo :(.

Por lo demás, esta mañana (a las 7:00) me desperté sangrando por la nariz. Así es: me desperté con la máscara del BiPAP ensangrentada. Superdivertido.

Hasta este momento mi día sólo ha tenido cuatro o cinco horas. ¡Estoy volviéndome loca con esto de la «vida»! Estoy medio tumbada escribiendo esto y se me cierran los ojos. Malditos ojos, pensaba que su significado era éste: Ocultar Jamás el Objetivo Sensorial (???)

BUENAS NOCHES.

Domingo, 22 de agosto de 2010; las 13:30

El verano está pasando a toda prisa... ¡y la familia Earl está preparándose para la universidad, el instituto y el primer curso! Esther ha decidido que, como ya tiene dieciséis años, dejará oficialmente el instituto y empezará a hincar los codos para aprobar el examen del graduado escolar. De modo que pediremos algunos libros y la animaremos para que estudie. Además, eso le vendrá bien para seguir con su rutina de dormir todo el día y quedarse despierta hasta medianoche.

Por lo que se refiere a su salud, la presión arterial de Esther sigue bastante alta, pero está controlada. La última complicación es que cabe la posibilidad de que la quimio haya perjudicado los riñones. Eso significa que tienen que hacerle análisis de sangre todos los días hasta ver si el riñón se recupera por sí solo. Según Wayne, el cáncer es como librar una batalla en un frente, pensando que la estás ganando, y luego descubrir que el enemigo te ha sorprendido por un lado para volver a atacarte (bueno, él lo explica de un modo más elocuente, éste es mi resumen). Lo único que sé es que todos los días se nos presenta como un territorio nuevo e inexplorado.

Seguiremos en contacto.

LORI

«EL AMOR ES MÁS FUERTE QUE LA MUERTE»
Por Wayne Earl

«Los sabios brillarán como el fulgor del firmamento;
y los que enseñaron a muchos la justicia, como las estrellas,
por toda la eternidad.» Daniel 12:3

El 17 de agosto de 2010 Esther se sentó a grabar el VEDA número 11 del mes. En el que sería su último video de YouTube enseña la planta baja de nuestra casa. Comienza la grabación con tono juguetón, con su característica alegría: «Ya sé qué podemos hacer: ¡un recorrido por mi casa!» Acto seguido acompaña al espectador a dar un paseo por su habitación: «... y ésta es mi cama, y ésta mi lámpara, y éste mi estante, y éste mi santuario de Harry Potter. Y éste el de los cómics de *Archie!* Ah, y él es Denmark. No lo conocen; es mi máquina de oxígeno y lo amo». Después pasa por la cocina, la entrada, el salón y, para terminar, el cuarto de baño, donde acaba el video diciendo: «¡Miren esto! ¡Estoy mirándome en el espejo! ¡Mirándome en la cámara... en el espejo! ¡Mirándome a mí misma, y a ustedes!». Finalmente, hace una pausa, esboza una sonrisa de oreja a oreja y se despide con naturalidad: «Chicos... ¡los quiero!»

A continuación, aparece un dibujo suyo del monstruo de las galletas al pie de las escaleras y se oye a Esther bromear: «Lalalalá, ¡uau! ¡Una escalera! ¡Uau! No voy a subir. ¡No subirás!». Debajo del dibujo escribió las siguientes palabras: «De modo que nunca volvió a subir la escalera».

El 22 de agosto, domingo, grabó un breve video como parte de una felicitación colectiva de Catitude a John Green con motivo de su próximo 33er cumpleaños. En él se ve cansada, con dificultades para respirar, con el rostro pálido e hinchado, pero sonriente. Sus comentarios son inusitadamente breves: le desea a John Green un sincero «Feliz cumpleaños» y luego le dice «Te quiero», y promete que enviará algo más apropiado cuando se encuentre mejor.

Al día siguiente, 23 de agosto, Esther estaba agotada y pasó la mayor parte del tiempo en la cama. Aquella noche mandó a un amigo de Catitude el que sería su último mensaje de texto, compuesto por dos simples palabras: «Te quiero». Asimismo, vio en internet algunas charlas TED, y le llamó mucho la atención un debate acerca de los trastornos infantiles del desarrollo y su relación con el cerebro. Pensando que podrían ser de utilidad para su hermano Graham, nos envió el enlace y nos dijo: «Me ha parecido interesante. Tal vez no sea relevante para Graham, pero, bueno, sigue siendo interesante y sólo dura diez minutos. ¡Oye, no está nada mal! °~° ». Después hizo un comentario de dicho video en Twitter: «Me encanta que la gente hable de temas que los apasionan, porque transmiten la sensación de que ES UNA REVELACIÓN, y a mí eso me resulta entretenido/ motivador/gracioso...».

Aquélla fue la última vez que utilizó la computadora.

Esther no pudo dormir en toda la noche. Le costaba mucho respirar. A primera hora del día siguiente tuvimos claro que nuestra hija necesitaba más cuidados que los que podíamos proporcionarle en casa. Vimos cómo se la llevaban los técnicos en emergencias sanitarias y la introducían con mucho cuidado en la ambulancia. Lori se sentó a su lado para acompañarla en el trayecto al Hospital Infantil de Boston. Esther nos lanzó una sonrisa llena de valentía —aunque con la mascarilla de oxígeno no podíamos verla bien— y nos dijo adiós con la mano.

Llegamos enseguida a urgencias y nos reunimos alrededor de nuestra Star, que volvía a estar tumbada en la ya conocida cama del hospital. Me puse de inmediato a su lado.

«Hola, papá, me alegra que estés aquí», me dijo adormilada. «¿En qué otro lugar iba a estar? Éste es el acontecimiento principal. Después de todo, ¡aquí eres famosa!», le respondí.

Ella sonrió, me agarró la mano y la apretó muy fuerte, como si fuera una niña en su primer día de colegio, que sabe que pronto tiene que marcharse y lo hace con mucho valor, conteniendo las lágrimas.

Y después volvíamos a estar montados en el ascensor de un hospital, subiendo y subiendo… Aunque no habríamos querido estar en ningún otro sitio, en aquel momento pensábamos que esa ascensión al conocido piso 11 del Hospital Infantil era otro desvío necesario en el plan del tratamiento de Esther.

Para cuando estuvo instalada en la habitación, sus amigos de internet ya se habían enterado de que Esther estaba internada de nuevo. Pronto se amontonaron los comentarios, los mensajes y las preguntas referentes a su estado en Facebook, en Twitter y en la página web de CaringBridge. Blaze, de Catitude, tuiteó: «Sé que la mayoría de los que me siguen están al corriente, pero @crazycrayon está enferma y ahora mismo ella es lo único en lo que pienso». Desde Florida, Ericaeeks, otra amiga de internet, escribió: «Yo <3 @crazycrayon. Por favor, piensen en ella esta noche…». Y su amigo Andrew Slack: «Por favor, envíen amor, luz y aliento a una de las estrellas más brillantes del mundo que con una sonrisa ilumina mi corazón: @crazycrayon».

Algunos desconocidos también se preocuparon y enviaron muchas frases de ánimo. Dripduke dijo: «Acabo de salir de clase porque estaba a punto de echarme a llorar». La mayoría de los mensajes eran parecidos al que envió Hazmatbarbie: «Esther, ¡te quiero! Saldrás de ésta».

RebeccaActually resumió el sentimiento que muchos tenían: «No nos conocemos, pero te quiero». VerveRiot confesó: «No suelo rezar, pero esta noche puede que empiece a hacerlo por Esther, que está en el hospital luchando para no morir de cáncer». Durante todo el día y parte de la noche nos turnamos para seguir las incesantes muestras de cariño. Eran un gran consuelo para todos nosotros, incluso para Esther, si bien tenía demasiadas molestias para responder.

¡Nos parecía que toda la red estaba hablando de ella! No tendría que habernos sorprendido. Era la reacción natural de los amigos online de Esther, conocidos colectivamente como *nerdfighteria*. Como alguien dijo una vez, «una comunidad que tiene un único código postal. Un lugar mágico donde se valora lo genial y donde todos y cada uno de los miembros luchan para que el mundo sea un poco menos mierdoso». Ésa era la familia que Esther había llegado a conocer y a querer, y una vez que una de ellos tenía problemas, todos la apoyaban. Percibían que su joven Star estaba peleando, apagándose, y tomaron la determinación de seguir rezando, escribiendo, tuiteando, enviando mensajes, chateando y hablando por teléfono toda la tarde y hasta bien entrada la noche. No iban a permitir que Esther pasara sola por todo aquello.

Nuestra hija seguía teniendo muchas molestias y su situación general era cada vez más inestable, ya que se le había acumulado líquido alrededor de los órganos internos. Llegó un momento en que los médicos decidieron ponerle una sonda vesical, un procedimiento que Esther había tenido que sufrir más de una vez y que odiaba. Una enfermera nos explicó que era necesario en caso de que tuviera que orinar, a lo que Esther contestó: «Claro. Muy bien. ¿Y qué pasa si tengo que cagar?» Gracias a Dios, para última hora de la tarde la enorme cantidad de calmantes que le habían administrado empezó a surtir efecto. Esther estaba menos nerviosa y su respiración parecía menos trabajosa (gracias también a la ayuda de su siempre presente máquina BiPAP). Seguía consciente, pero empezó a tener los ojos cerrados durante periodos más largos y hablaba cada vez menos.

No fuimos realmente conscientes de la extrema gravedad de la situación hasta que el equipo médico de Esther nos pidió a Lori y a mí que saliéramos de la habitación. «No pinta bien. Es probable que se vaya esta noche...», nos dijeron. Después de que se marcharon, volvimos junto a ella. Tenía los ojos cerrados, y yo me acerqué y le susurré:

—Star... Internet ha estado revolucionado toda la tarde con gente hablando de ti. Esta gente online es fantástica. Todos desean que te recuperes.

Ella sonrió. Hacía mucho tiempo que me consideraba el intérprete o el mensajero de Esther, y había dicho en más de una ocasión que escribiría su historia si el cáncer se la llevaba. Después le comenté la conversación que acabábamos de tener con los médicos, le dije que quizás esa vez no ganaría la batalla. Acabé la conversación con una pregunta:

—Esther, ¿te parece bien que les envíe un mensaje a tus amigos para decirles lo mucho que los quieres?

Esperaba que asintiera de inmediato, de modo que su respuesta me sorprendió:

—No —contestó, muy tranquila y decidida.

Aquélla no era una reacción propia de ella, pero, por muy duro que me resultara, obedecí su orden y en mi siguiente actualización no mencioné que Esther les mandaba todo su cariño (estoy seguro de que sus lectores sabían lo que Esther sentía por ellos). Escribí la entrada en la página web de CaringBridge, a sabiendas de que generaría una onda expansiva de muestras de preocupación, pena y afecto:

Tras una noche agónica intentando tomar aliento y estar cómoda, esta mañana venimos al hospital e internaron a Esther en la UCI. Aún le cuesta mucho respirar, debido a lo que llaman «exceso de líquido». Eso significa que su cuerpo, en parte porque le falla un riñón, tiene cada vez más dificultades para expulsar el líquido a medida que va acumulándose. Sus niveles de oxígeno también han bajado y ella está agotada.

Esta visita al hospital es muy grave. Nuestro médico favorito acaba de informarnos de que quizá muera esta noche. Se lo he dicho a Esther. Ella sigue luchando y no muestra señales de querer tirar la toalla. Todos estamos aquí. Esther está rodeada de sus hermanas, que la adoran, y todos los trabajadores que la conocen la cuidan muy bien. ¡Deseamos poder pasar más días con nuestra Esther Grace! Antes le comenté a Graham que su hermana podría morir en el hospital, pero que preferiríamos llevárnosla a casa y disfrutar juntos de más noches a la luz de las estrellas. Él se mostró de acuerdo, ya que dieciséis años «son muy pocos para morir». Según él, «diecisiete años es mejor edad para morir. O quizá veinte, porque entonces ya eres muy viejo».

Más tarde comprendería que Esther ya había entrado en ese bosque y que había tomado la determinación de no volver la vista atrás. Ya caminaba con valentía «por cañadas oscuras» y, como cada uno de nosotros, tendría que enfrentarse sola a todo lo que le esperaba.

Abrumados por una sensación de impotencia, hicimos turnos para tomarle las manos y acariciar su preciosa cabellera mientras ella avanzaba en el largo camino hacia el silencio.

La medicación se abrió camino en su cuerpo cansado y pronto Esther se durmió. Entonces tuvimos claro que el respirador artificial y su poderoso corazón eran las dos únicas cosas que la mantenían con vida. Antes de perder la conciencia, Esther habló uno a uno con nosotros y agradeció las tristes palabras de afecto, las canciones, los masajes en las manos y las caricias en la cara. Quería a su familia más que a nada, y todos estuvimos junto a ella mientras se nos iba. Le habría encantado tener a sus queridos gatos allí y seguro que ellos la extrañaban mucho (desde aquel día duermen en la cama de Graham). Esther perdía y recobraba la conciencia, y en un momento espetó «1842». Nos quedamos asombrados y miramos en internet si ese número tenía algún significado. Sonreí al pensar que tal vez acababa de averiguar la respuesta al secreto del universo.

Esther siguió durmiendo, aunque de vez en cuando farfullaba alguna que otra cosa. Sin embargo, como una hora después, abrió los ojos de repente, intentó sentarse y, mirando directamente a Evangeline (quien le tomaba la mano derecha), dijo: «Me voy, me voy». Su hermana le preguntó adónde iba, y ella respondió: «Oh, estoy soñando». Cerró los ojos y volvió a dormirse.

Aquellas fueron sus últimas palabras.

Durante las tres horas siguientes lo único que se oyó en la habitación fueron el ruido de la máquina que le hacía respirar, las palabras de consuelo dirigidas a ella, y las lágrimas que se nos caían a los que estábamos a su alrededor.

A primera hora de la mañana del 25 de agosto tomamos la imposible decisión de apagar la máquina BiPAP. Cuando el fuerte zumbido se calló, el silencio fue inmenso. En media hora la respiración de Esther se volvió más trabajosa, como si dijera: «Así no aguantaré mucho más tiempo». Todos la velábamos: Evangeline seguía en el lado derecho, y Abby, en el izquierdo; Lori estaba junto a Evangeline, al lado de Esther; y Keri, la buena amiga de Abby que quería a Esther como a una hermana, estaba junto a Abby. Hacía mucho que los chicos se habían dormido. Yo me encontraba al pie de la cama.

Tras varios minutos de espera, llorando en silencio y tocando a nuestra querida Star, ella tomó su último aliento, muy largo, como si estuviera entregándolo, ofreciéndolo, avanzando hacia una vida nueva y más rica. Aquello nos pareció más un nacimiento que una muerte, una especie de rendición de buen grado; nos dio la sensación de que su lucha ya había terminado y de que estaba dispuesta a dar por acabada esa batalla final. Al ver lo que estaba pasando, miré al techo y, medio llorando, medio riendo, le dije a Esther: «Muy bien, cariño, muy bien. ¡Puedes irte! ¡Te queremos!»

Unos minutos más tarde, la doctora de Esther sacó lentamente el estetoscopio y lo colocó encima de sus dos pulmones ya silenciosos, y después sobre su precioso corazón. Me miró desde el otro lado de la cama y negó suavemente con la cabeza. Mientras observábamos aquella quietud, a todos nos maravilló el haber podido formar parte de una vida tan perfecta, valiente y fascinante. Evangeline sonrió y comentó: «Parece muy tranquila». Lori dijo que era la primera vez en muchísimo tiempo que veía a Esther sin la cánula nasal, y entonces se le quebró la voz. Abby subió un poco la cobija del hospital para taparle los hombros a Esther, y todos nos reímos y lloramos al pensar en aquel simple gesto, ya innecesario. Fue la primera vez que uno de nosotros no había sido capaz de reconfortar a nuestra Star.

Lentamente y con mucho cuidado nos despedimos de ella.

Al volver a casa, me senté y en la computadora escribí este texto en la página de CaringBridge:

25 de agosto de 2010; las 4:04

Amigos de Esther:

Nuestra querida Esther Grace ahora pertenece a los cielos. Estábamos todos juntos cuando nos ha dejado a las tres de la madrugada. No tenemos ninguna duda de que está más viva que nunca, pero nuestros corazones están rompiéndose...

DFTBA,

LA FAMILIA DE ESTHER

«Llevando en brazos a mi corazón»,
QUINCY, MASSACHUSETTS, 2010

Nos hemos despertado con la cama vacía... y con los corazones vacíos. Todo alrededor es horroroso. Estamos tristes. El tiempo está triste. Los gatos de Esther están tristes. Pero a ella le gustaba este tipo de días. A ella le gustaba todo. A Esther le gustaba todo. Nosotros queríamos quedarnos acurrucados, pero ella hacía que nos levantáramos y recibiéramos la gracia de un nuevo día. ¡Y Esther los quería mucho! A nosotros también nos quería. Esther quería. Gracias a todos, tanto a los cercanos como a los lejanos, tanto a los conocidos como a los desconocidos. Han apoyado mucho a nuestra luz y a nuestra vida, le han dado muchas horas de alegría y motivación. Ella los extrañará, y todos nosotros extrañaremos sus bromas. Preferimos no recibir llamadas y visitas, pero agradecemos sus condolencias, correos electrónicos, mensajes y tuits... *Nerdfighteria*, ¡son fantásticos! Recuerden: lo maravilloso siempre prevalece sobre lo horroroso. La muerte no es la última palabra, sino «la siguiente gran aventura», como bien dijo Dumbledore. Esther nunca fue una chica infeliz. ¡Siempre estaba dispuesta a emprender nuevas aventuras! En nuestros corazones y explorando el cielo: ahí es donde la encontraremos de aquí en adelante.

Nuestra Star era hospitalaria. Le daba igual quién eras o qué insignia llevabas, siempre eras bienvenido para visitarla y charlar con ella en persona o a través de la computadora. Esther acogía. Quienquiera que seas y dondequiera que estés, nosotros también te invitamos a unirte a nosotros para recordar y celebrar su breve pero gloriosa vida.

Con cariño,

LA FAMILIA DE ESTHER

Sentimos el uno por el otro en la oscuridad,

hablamos en código,

y nadie sabe cómo conseguimos que funcionara,

pero ¿qué hacemos ahora?

Sentimos el uno con el otro a través de la oscuridad,

sin estar seguros de nada, excepto de los huecos en nuestros corazones

y del dolor y de la pérdida y de la desconfianza,

y sabemos lo mismo y compartimos esa pena.

Hoy me he despertado sola, sin el sol.

Me ha parecido raro que el día pudiera cambiar,

pero hoy me he despertado sin el sol.

BLAZE MITTEFF de Catitude
escribió esta letra en los días inmediatamente
posteriores a la muerte de Esther.

Tres años han pasado desde que no tengo a Esther a mi lado, y sin embargo es posible que ella me haya enseñado más en este tiempo que en los ocho años que duró nuestra amistad. Mentiría si dijera que todo lo sucedido me sorprende; es decir, que haya sido la fuente de inspiración de libros, que haya motivado a innumerables personas o que haya repartido tanto amor. No me viene a la memoria ningún momento en que Esther mostrara negatividad. Nunca se inquietaba por los pequeños detalles, no expresaba sus miedos de un modo exagerado, y siempre era paciente. Sé que a ella no le gustaría que la describiera como perfecta, pero, si más gente fuera como ella, el mundo sería un lugar mejor.

No pasa ni un día en que no recuerde a Esther Grace. Pienso en todos los momentos divertidos que podríamos estar pasando y en todas las bromas de las que podríamos reírnos. Es frustrante que, a medida que pase el tiempo, cada vez más personas no tendrán conocimiento de la presencia que Esther tuvo mientras estaba viva. No obstante, me reconforta poder transmitir el amor que estaba en su esencia. Escuchar a gente decir «Te quiero» o ver las pulseras de TSWGO en las muñecas de mis amigos y familiares me da la esperanza y la seguridad que necesito para saber que, por mucho que pase el tiempo, su luz no irá atenuándose, porque después de todo... esta estrella no se apagará.

ALEXA LOWEY

Amigas y princesas para siempre, con Alexa Lowey,
MEDWAY. MASSACHUSETTS, 2003

El 24 de agosto, cuando supimos que Esther volvía a estar internada y que los médicos no eran muy optimistas, Catitude se reunió de un modo nunca visto. Nos conectamos en masa a Skype e hicimos una llamada grupal que duró al menos veinticuatro horas. Pasamos todo el día esperando con nerviosismo cualquier novedad. La mayoría de la gente trató de dormir unas horas, pero Teryn y yo no fuimos capaces. Me había dado de alta en un servicio para recibir alertas cada vez que se publicara algo nuevo en su diario de CaringBridge, y cuando el teléfono sonó a las dos de la madrugada no tuve ninguna duda. Sin embargo, me metí en la página web y leí las palabras que había temido durante todo el día.

Me quedé helada, con los dedos sobre el teclado y una sensación de asombro e incredulidad arremolinada en mi interior. Seguíamos teniendo la llamada de Skype abierta, de modo que susurré el nombre de Teryn. Le habíamos prometido a Andrew Slack que le informaríamos inmediatamente de cualquier novedad que supiésemos, así que le di a Teryn su número de teléfono, porque yo no me veía capaz de hablar, y menos para pronunciar aquellas palabras. Cuando la oí llorar, intentando explicar aquel acontecimiento aparentemente imposible, me derrumbé. Entre sollozos y lágrimas, pedimos a todos que volvieran a conectarse a Skype. Durante varias horas no se dijo casi nada; simplemente necesitábamos estar reunidos y escuchar las muestras de dolor, asegurarnos de que no estábamos solos en esto.

«Todos lo vivimos —dijo Katy—. Lo hicimos todos juntos. Todos sufrimos durante los siguientes meses y años, esperando a que cicatrizaran las heridas abiertas y los corazones. Y nos tuvimos los unos a los otros en internet para poner en orden las partes confusas del amor, de la pérdida y del dolor. ¿Qué haces cuando necesitas 700 dólares para comprar el boleto de avión que te llevará al funeral? ¿O cuando John Green hizo un video sobre tu amiga, y gente que ni siquiera la conocía está sufriendo? ¿Cómo lloras a alguien cuando ningún familiar, ningún profesor, nadie en tu ciudad ha oído hablar de una chica de Boston que murió de cáncer?»

El dolor era insoportable, pero lo superamos juntos, en la medida en que puede superarse una pérdida como ésa. Todos los que habíamos acudido a la fiesta de Make A Wish y varios amigos más pudimos asistir al funeral. Wayne me abrazó y me dijo que lo sentía mucho, que deseaba que nos hubiésemos vuelto a ver en una situación distinta. El viaje fue sanador y cicatrizante. Fue algo que necesitábamos presenciar.

Katy prosiguió: «Muchos de los miembros de Catitude nos reunimos en la LeakyCon [de 2011], una convención de fans de Harry Potter. Esther tenía que estar allí, pero era la primera vez que muchos de nosotros nos veíamos en persona tras su muerte. Lloramos su pérdida como nadie, pero también nos reímos como nadie, y bailamos, y comimos, y tuvimos ataques de pánico. Fue maravilloso, fantástico y estresante; creo que no hace falta que explique el estrés que supone intentar mantener juntas a dieciséis personas durante toda una semana lejos de casa. Pero el simple hecho de estar reunidos hizo que mereciera la pena. Seguíamos siendo amigos, sin Esther, pero ella estaba presente. La huella que dejó en todos nosotros no había desaparecido».

Años más tarde nuestra amistad se mantiene fuerte. Hemos tenido la gran fortuna de conocernos, de haber encontrado este sistema de apoyo de *nerds* con el que compartimos un pésimo sentido del humor. Varias personas nos han dicho que sienten que Esther está viva en nosotros. Espero que así sea. Sé que la llevo conmigo siempre, y que un trocito de su gracia brille a través de mí es un regalo que siempre me esforzaré por merecer.

LINDSAY BALLANTYNE

Uno de los mejores regalos que me hizo Esther fue algo que ni siquiera ella sabía que me había dado. Todo se remonta a una conversación que tuvimos al principio de nuestra amistad. Estábamos hablando de qué queríamos ser cuando nos hiciéramos adultos. En aquella época yo estaba haciendo el curso de preparación para empezar la carrera de Medicina, de modo que le dije que mi plan era ser médico. En aquel punto de nuestra amistad yo ya sabía que Esther estaba enferma, y habíamos charlado un poco sobre todo por lo que había tenido que pasar. Me había contado lo mucho que quería a sus médicos y enfermeras por mantenerla con vida, y pensó que era una idea fantástica que yo quisiera tomar ese camino. Me gustaría recordar con exactitud las palabras que empleó en aquella conversación, pero sinceramente no creo que sus palabras fueran tan importantes como el efecto que produjeron en mí. Aquellas palabras me llegaron al corazón. Hicieron que me sintiera orgullosa de mis aspiraciones profesionales. El mero recuerdo de que ella pensaba que iba a convertirme en médico es lo que ha seguido motivándome una y otra vez, y me ha ayudado a superar el extenuante curso de ciencias puras para entrar en la carrera.

Sin embargo, varios motivos me llevaron a tomar la decisión de no estudiar medicina, y en su lugar me matriculé en la Facultad de Optometría. De todos modos, no sé si habría seguido en el camino de convertirme en doctora si no hubiese sido por Esther y su apoyo. Durante los últimos años ha habido muchos momentos en los que he estado a punto de dejarlo y tomar otro derrotero, pero en cada uno de ellos he oído la voz de Esther en mi cabeza, dándome ánimos para seguir adelante. Ella sigue estando conmigo en todo lo que hago.

ARIELLE ROBERTS

Oh, Esther. Nunca podré explicar lo mucho que te extraño. Pero cada ápice de dolor y sufrimiento ha merecido muchísimo la pena. Gracias por introducirme en Catitude. Gracias por las noches que pasamos riéndonos de culos y de otras tonterías. Gracias por escucharme. Gracias por ser maravillosa, y por ser sincera. Gracias por el amor más puro e incondicional que jamás haya visto. La pena me pesa mucho, pero me diste suficiente amor y alegría para superar cualquier cosa.

Gracias por todo, Esther. Te quiero muchísimo.

KATIE TWYMAN

No siento que te has ido hasta que pienso en ti. Y entonces me doy cuenta de que nunca volveré a hablar contigo. Sólo podré escuchar las risas conservadas en tus videos de YouTube. Y ésa es una burda imitación de la realidad.

Cuando se muere un ser querido, la gente siempre dice: «No estés triste. A esa persona le gustaría verte feliz».

Seguro que tienen razón, pero seamos realistas: todos queremos que nos extrañen. A todos nos aterra dejar este mundo como si nunca hubiéramos estado aquí.

Pero no debes preocuparte por eso, Esther. Dejaste una huella imperecedera en mucha gente, y no creo que vayamos a dejar de extrañarte en mucho tiempo.

Luchaste con valentía, Esther. Lo hiciste muy bien. Viviste una gran vida en muy pocos años. Cambiaste muchas vidas en muy pocos años.

Esther Grace Earl, siempre te querré. Me siento muy orgullosa y afortunada por haber sido amiga tuya.

MANAR HASEEB

Esther: debo dar las gracias a muchas personas por hacer que los últimos cuatro años y medio de mi vida hayan sido maravillosos, pero ninguna de ellas se merece tanto reconocimiento como tú. No lo digo porque te considere mejor que el resto del mundo, aunque se podrían esgrimir muchas razones de peso para defender que, en efecto, eres mejor que muchísima gente. Pero he oído a varias personas hablar de ti de ese modo, como si hubieras alcanzado un grado de vida superior antes de marcharte. Y aunque entiendo a qué se deben esos comentarios, yo no te doy las gracias simplemente porque eres fantástica o una especie de ser divino de otro mundo. Todos sabemos que eres fantástica, y creo que no te habría gustado oír la segunda parte de la frase. De modo que no, no tiene nada que ver con eso. La vida nunca se ha portado muy bien conmigo, pero tú te encargaste de que me olvidara de todo eso, de todas las cosas horribles que me habían pasado. Me escuchabas, te preocupabas realmente por mí, y no me dejaste de lado; en vez de eso, me presentaste a muchas personas maravillosas que aportaron a mi vida un montón de experiencias extraordinarias. Y de repente me di cuenta de que las cosas malas ya no me importaban tanto, porque tenía demasiadas cosas buenas como para dejar que las malas me deprimieran durante mucho tiempo.

Jamás había sentido algo parecido. Era una sensación totalmente nueva para mí saber que tenía un grupo de amigos dispuesto a ayudarme en todo momento y que se preocupaba por mí. Tú fuiste la líder que entró en mi vida acompañada de un montón de personas igual de espectaculares; esas personas que se convirtieron en mi familia y en una fuente verdadera de apoyo. Nunca podré agradecértelo lo suficiente. Esther, eres mi amiga, y no puedo darte las gracias porque ya no estás aquí, pero espero que supieras lo mucho que te quiero y lo mala que habría seguido siendo mi vida si no nos hubiéramos conocido. Me abriste la puerta a un mundo en el que podía ser yo misma y ser querida por ello. De modo que continuaré intentando que mi vida sea lo mejor posible y repartiendo amor de todos los modos que pueda, porque ésa es la mejor manera que se me ocurre para rendirte homenaje. Y albergaré la posibilidad de volver a verte, quizás en otro plano de conciencia, en algún lugar abierto.

Me alegro mucho de haberte conocido. Me alegro mucho de haberte tenido cerca durante este tiempo. Y, sobre todo, estoy muy feliz de haber tenido la fortuna de que me consideraras tu amiga.

Siempre te querré,

DESTINY TARAPE

Tú fuiste la primera persona que conocí en internet. Aún no me lo creo. No cambiaría ese día por nada del mundo.

Te debo mucho. Recuerdo que al principio me daba miedo participar en el chat de Catitude, así que sólo te hablaba a ti. Mucho. Me contaste tus problemas de salud antes que al grupo. Sentí que confiabas en mí. En aquel momento supe que yo también podía confiar en ti. Te extraño mucho. Pero tu recuerdo vivirá para siempre. Es fantástica la huella que has dejado en el mundo. Cuando aún estabas entre nosotros, nunca me esperé que sucediera esto. Me da la sensación de que a veces doy por hecho nuestra amistad, me siento culpable por ello, pero sé que a ti te encantaría. Te extraño todos los días, y gracias por todo lo que hiciste y sigues haciendo por mí.

SIERRA SLAUGHTER

Una de las peores cosas de perder a alguien joven (y por partida doble cuando se trata de un amigo) es la sensación de que todo su potencial ha desaparecido sin haber sido aprovechado. Esther no tiene/tenía que preocuparse por eso. Estoy seguro de que le habría gustado hacer ciertas cosas en la tierra en lugar de en ese espacio intermedio adonde van nuestros seres queridos (no soy de los que especulan sobre la vida después de la muerte, pero estoy casi seguro de que la hay [¡ja, ja, ja, estoy especulando!]); sin embargo, simplemente siendo ella misma y haciendo buenos amigos, ha conseguido dejar una profunda huella en un montón de vidas.

Cuando conocí a Esther, recuerdo que pensé que era muy popular y extrovertida, madura y mucho más inteligente de lo que creemos que son los adolescentes. A medida que sabía más cosas de ella, más sorprendente me resultaba que una chica postrada en la cama pudiese ser tan cariñosa y comprensiva con los problemas de los demás. Esther era tan sabia que parecía vivir en el cuerpo de una adolescente como una etapa temporal de una vida más elevada, que abarcaba más allá de la amiga que conocíamos. Resulta casi irónico que su historia haya llegado a tanta gente y que nos haya empujado a aferrarnos a ella para que nunca la olvidemos. Así es como si, después de todo, Esther pudiera vivir el resto de su vida a través de nosotros.

PAUL HUBER

Esther, jamás olvidaré el día en que te conocí oficialmente en Skype y en Twitter con ocasión del Concurso Nacional de Ortografía de 2009. No me he perdido ninguna edición desde entonces, no sólo porque es muy divertido y me trae a la memoria los orígenes de Catitude, sino también porque me recuerda a ti. Tú y los participantes compartían las ganas de aprender constantemente. Además, como los concursantes, mostraban la valentía de cometer errores y de aprender de ellos. Pero, sobre todo, esa feroz competencia de ortografía me recuerda que fuiste una luchadora hasta el final. Para mí el concurso siempre será un símbolo del espíritu de Esther Earl <3.

MORGAN JOHNSON

Por muy egoísta que parezca, aún trato de recuperarme de mi pérdida personal. Me preocupa que mi amiga no sea recordada con todas sus complejidades, ya sea en mi memoria o por las personas que escuchen su historia. Y si ése es el precio que tengo que pagar para que la gente se plantee ciertas cosas —desde el cuidado de la salud hasta la mortalidad o la amabilidad con los demás—, si nos permitimos aprender alguna lección de la persona que recuerdo que era Esther —simpática, divertida, dulce y sobre todo buena amiga—, en ese caso, por lo menos, habré conseguido algo.

ANDREW KORNFIELD

Un padre y su maga,
SQUANTUM, MASSACHUSETTS, 2010

PANEGÍRICO

Funeral de Esther Earl, 29 de agosto de 2010

Por Wayne Earl

Gracias, Jim y Julie Salmon, y gracias, pastor Jim e iglesia de Medway Village, por dejarnos entrar en sus corazones y en su casa. Esther se habría alegrado mucho de verlos a todos, de saber que tenía tantos amigos que la querían. Y cantó desde este mismo estrado, formaba parte del coro, y disfrutó de muchas buenas canciones aquí.

Bien, puede que se pregunten: «¿Por qué está ahí arriba haciendo esos comentarios?, ¿él qué sabrá?» Pues yo tuve un asiento en primera fila y pude verla de cerca. No estuve en las gradas, sino en el banquillo de jugadores. Estuve justo a su lado durante toda su vida. Pero, por encima de eso, tuve la suerte de quererla; y la suerte de que ella me quisiera. Todos nosotros tuvimos la suerte de quererla; y la suerte de que ella nos quisiera y nos iluminara con su luz.

Como ya sabrán, no es una coincidencia que se llamara Esther Grace. Es el único nombre que teníamos pensado para ella. Si hubiese nacido chico podría haberse llamado Herman Mudd o algo por el estilo, pero tuvimos una niña, así que su nombre es Star. Siempre la llamaba Star; siempre la llamaba Estee. Y Grace es un simple recordatorio de algo que no queríamos olvidar: que todo se trata de la gracia. Todo se trata del hecho de que no nos merecemos estas cosas buenas, pero son nuestras de todas maneras, para disfrutarlas, compartirlas y gozarlas. ¡Ella era una estrella! Una estrella brilla, ¿verdad? No obstante, para cuando vemos su destello, ya se ha apagado. Pero sigue irradiando; en este caso desprendía su luz —la luz de ella— llena de gracia.

Esther nos ayudó a ver nuestros defectos, pero no de un modo abrumador. Nos ayudó a ver nuestro potencial, nuestra vida, lo que podíamos aportar... nuestra capacidad de ser geniales, ¿verdad? Algunas relaciones nos perjudican, queremos deshacernos de ellas cuanto antes. Pero otras nos benefician, nos gustan, nos gusta que sean así. Y otras nos cambian, y nunca volvemos a ser los de antes. Nos vamos pensando «Me ha pasado algo, me siento diferente...» Yo lo describo como si quisiera caminar más erguido, entregarme un poco más, amar durante más tiempo. Quiero que la gracia inunde mi vida. Ella hizo eso. Ella vivió. ¡Esther vivió! Dieciséis años, pero vivió bien, vivió intensamente, ¡y estaba viva!

A ella le gustaba ir rápido. Ya de pequeña corría con su cabello al viento. Y era brillante, alegre y apasionada... Eso me ha hecho recordar un momento de cuando vivíamos en Arabia Saudí: ella sólo tenía cuatro años y llevaba a Evangeline en uno de esos automóviles de cuatro ruedas arriba y abajo por las calles; o mejor dicho, por la arena.

Le encantaba crear. Han visto sus obras de arte en la red; las han visto de cerca. Estaba en plena creación de un fantástico juego para Abraham y ni ella misma sabía cómo iba a acabarlo, pero él creía que sí. Le encantaban sus videoblogs, y todas esas postales y textos, y las barras del parque, y jugar en la nieve y en la playa; todo lo que les gusta a los niños.

Tenía un enorme sentido del humor. ¿Llegaron a comprobarlo? Era divertida; era divertida, y también original, distinta, única y vital. Le gustaba el batido de chocolate, todo tipo de comidas y culturas, los videojuegos, los colores, los olores y la gente de diferentes partes del mundo. Le gustaba... Justo el otro día estuvo buscando... Me dijo: «Papá, mira esto, una página web dedicada a recopilar palabras en inglés que ya no se utilizan». Me describió algunas de ellas y después comentó:

«Quizá pueda hilarlas y hacer un párrafo o una frase entera con palabras que ya no usamos». En eso es en lo que pensaba Esther.

En su muro de Facebook hay una lista de cosas que le gustaban; por ejemplo, el «Baile de felicidad» de John Green, los caramelos Skittles y el wizard rock. Si entran, verán que la lista es interminable. Le gustaban los chicos. Cuando estaba enferma y venían amigos a visitarla, a veces se tumbaban con ella en la cama, porque Esther necesitaba esa conexión. Pero un día entré en la habitación y vi que tenía a Arka a un lado y a una chica al otro, y dije: «Si alguna vez agarrara a un tipo en la cama con mi hija lo echaría de casa, pero en esta ocasión reaccionaré con elegancia».

Nunca besó a un chico, o eso decía ella. Sin embargo, esta semana he estado leyendo sus diarios y hummm... ¿Dónde está Alexa? Bien, cuando tenían aproximadamente once años, Alexa le presentó a alguien llamado John, y ese tal John y Esther se escondieron entre los arbustos y se dieron su primer beso. Pero, entonces, Alexa regresó y les interrumpió. Menos mal.

Tuvimos la suerte de quererla. Tuvimos la suerte de que ella nos quisiera. Esther también quería, quería muy bien. Quería muy bien y de todo corazón. Le apasionaban todo tipo de cosas; en Arabia Saudí, por ejemplo, los gatos callejeros. Ella y sus hermanas traían a casa gatos abandonados —que no eran más que nidos de pulgas y otros bichos, ¡y quién sabe qué más!— y nos preguntaban: «Papá, ¿podemos quedarnos con ellos, podemos quedarnos con los gatos?» «Sí, pueden quedarse con ellos, pero fuera de casa, muy lejos». Una vez, tomó un gran bote en el que solían meter escarabajos y ella y sus hermanas lo llenaron de bichos. Después, entraron en casa y nos dijeron: «Mamá, papá, miren», y se los echaron por encima y observaron cómo les recorrían todo el cuerpo. «¿Verdad que es bonito ver cómo andan?» Aquello no nos hizo ninguna gracia.

Le encantaban las buenas causas, le encantaban las cosas que importaban. Murió con una pulsera de «Salvad a Darfur» en la muñeca; se la había visto puesta antes, pero no sabía que después de tanto tiempo, quizás un año, aún la conservaba. Y también llevaba una pulsera que hicimos aquí para ella. Quería a sus amigos, y tenía muchísimos para ser alguien que no podía salir de casa.

Hace poco tiempo empezó a escribir una columna en la que daba su opinión y consejo. La gente le escribía para preguntarle cosas como éstas: «Estoy en apuros, mis padres me ponen de los nervios, ¿algún consejo para vivir con unos padres insoportables?» Y ella les respondía: «Sé a qué te refieres, vamos a hablar de ello». Algunos de ustedes han leído esas entradas; las escribía personalmente para cada una de las personas que se ponían en contacto con ella. Últimamente recibía cada vez más preguntas.

Le encantaban la *nerdfighteria* y los últimos dieciocho meses que la resucitaron. ¿Hay algún *nerdfighter* hoy aquí? ¡Vamos! Veo a varios por ahí, muy bien. Si querían a Esther, en ese caso ahora son *nerdfighters* honorarios, ¿verdad? Ella era hospitalaria. No creía que hubiera intrusos. Abogaba por acoger a todos, y los invitaba a entrar en su corazón y en su habitación. Sabía diferenciar a la gente que estaba destrozada de la que no era sincera, pero siempre invitaba a entrar. Me maravillaba lo hospitalaria que era. No le importaba si la persona en cuestión estaba confundida o deprimida o era perfecta pero no tenía clara su identidad sexual; cualquiera que fuese el caso, ella decía «Adelante, quiero quererte, quiero ser tu amiga, quiero cuidar de ti, quiero entenderte». Ella no creía que hubiera personas propias y ajenas.

Además, tenía una capacidad excepcional para hacer que te sintieras la persona más importante de su vida. Diría que yo era la persona más importante de su vida hasta que otra persona entraba en la habitación, pero todos salíamos de allí con una sensación fenomenal. Y no era porque te diera la razón. Yo solía desahogarme con ella, le decía, «Oh, esto está volviéndome loco...», y ella me escuchaba. Ahora me doy cuenta de que nunca me dio la razón, pero me ayudó a sobrellevarlo. Y ésa es la gracia: estar ahí. Ella estaba ahí.

Quería a su familia. Quería a Abe. Bueno, era muy fácil hacerlo, porque anunciamos su nacimiento desde este púlpito. ¿Lo recuerdan? Entonces ya éramos bastante viejos; ¡lo digo por mí! Para sorpresa de todos, les dijimos que íbamos a tener otro hijo. ¡Ya saben que los milagros existen! ¿Y cómo nos las arreglamos con un quinto hijo? Pues se lo dimos a nuestras hijas. ¡No teníamos ni idea de qué hacer! No nos quedaban fuerzas: mamá se acostaba y yo me iba a trabajar... Pero ellas lo criaron. Evangeline lo cuidó el primer año y Esther el segundo, desde que Abe tenía un año hasta que cumplió dos. Ella se encargaba de él y lo educaba en casa, lo cual significaba «¿Te importa cuidar al bebé mientras recupero las energías?». Quería a Abe, eso es evidente. Pueden comprobarlo en sus videos de internet. Lo sabrán si alguna vez los vieron juntos.

Quería a Abby. Ella pensaba que tú, Abby, eras perfecta, inteligente y lista. Cuando cierro los ojos y me pregunto «¿Quiénes son los ejemplos a seguir?, ¿a quién quiero parecerme?», yo pienso en Esther. Pero, en mi opinión, si había alguien a quien Esther idealizara, ésa era Abby. Siempre decía «Uau, mi aspiración es llegar a donde está Abby».

Quería a Evangeline. Ella estuvo allí, Evangeline estuvo allí cuando ella murió. Y sus últimas conversaciones fueron con Angie. A ella era a quien Esther más deseaba impresionar, porque Angie era cool, Evangeline era muy cool. Esther pensaba que su hermana tenía una belleza perfecta, y tenía toda la razón. No le gustaba la gente falsa; no le gustaba hacer maldades, pero sí que cometió alguna travesura. Hace unos años, cuando los chicos aún eran un tabú, Esther creó una cuenta on-line de alguien llamado Chris, y este tal Chris empezó a enviar correos electrónicos a Evangeline, en los que le decía que le había visto en la escuela y...

¿Que cómo me he enterado de eso? Los padres lo sabemos todo. No hay secretos, y, si los hay, sólo tienen que esperar hasta las bodas y los funerales para que los devalen.

Bueno, pues Chris le escribía mensajes en los que le decía: «Evange-line, te he visto en la escuela; eres muy guapa, quizá podrías dejarme una nota». Esther estaba gastándole una broma. Cuando Evangeline lo des-cubrió se enojó muchísimo, y Esther escribió lo siguiente en su diario: «No puedo soportar que Evangeline esté encabronada conmigo». Al final hicieron las paces.

Y, por supuesto, Esther también quería a Graham. Lo acompañó en los primeros cinco años de vida. Como algunos de ustedes recordarán, él no sabía hablar muy bien. Entraba en casa y nos decía: «Subalu-ga-de-ba-laba-be-abagaba». Mi mujer, Abby, Evangeline y yo intercam-biábamos las miradas, porque no lo entendíamos. Pero entonces Esther nos lo aclaraba: «Oh, quiere espaguetis con helado e hígado y cebolla de acompañamiento; también un poco de queso feta y un vaso de sidra con gas para beber». Ella sabía exactamente qué era lo que Graham necesitaba y quería, y siempre estaba dispuesta a ayudarlo. Tuvieron una relación muy especial todos los días de su vida.

No puedo olvidarme de mi mujer, Lori. Nadie ayudaba a Esther tan bien como tú, estuviste a su lado día y noche, y casi nunca te oí que-jarte. Yo echaba una mano, pero nadie lo hacía tan bien como tú. Recientemente alguien le dijo a Lori que ella había hecho algo que nadie más podría haber hecho, y le respondió: «No, no... yo he hecho lo que cualquiera puede hacer». Y es que todos tenemos la chispa de la vida, ¿verdad? Todos estamos vivos; todos tenemos algo que aportar.

Esther, aparte de vivir y querer bien, también murió bien, lo cual no me sorprende en absoluto. Supo cuándo irse, pero resultó ser demasiado pronto. A veces sales por ahí con alguien y dices: «Bueeeno, está haciéndose tarde y creo que el último tren sale...» Pero en otras ocasiones actúas más bien así: «Sí, creo que ya es hora de que me marche». Y otras veces piensas: «¡No! ¿Qué me dices? Ahora no puedes irte». No queríamos que ella se marchara. Teníamos cosas, muchísimas cosas que esperábamos con impaciencia, muchas amistades que estaban floreciendo, un gran impacto que veíamos y que podíamos percibir. Angie estaba con ella y no sabíamos que era el último momento; no sabíamos que era el final. Sus últimas palabras fueron: «Me voy, me voy». Y entonces se durmió, y nosotros no nos separamos de ella durante las horas que pasó dormida.

Pienso en las cosas que va a perderse y no puedo quitármelas de la cabeza. Las cosas, las celebraciones, las primeras veces... Es la primera vez que me siento solo. No sé cómo será. No sé cómo será la primera vez que vea a alguien de su edad. Necesito gracia, necesitamos gracia para sobrellevar esta situación. Y Dios promete darnos ese tipo de gracia.

Esther no se arrepentía de nada. Algunos de nosotros vivimos con muchos arrepentimientos, tales como: «Oh, Dios mío, me arrepiento de haberme puesto estos zapatos. Me arrepiento de haber bostezado. ¡Oh, no! Me arrepiento...» Esther, por el contrario, te decía: «Ufff, papá, así es la vida, déjate llevar».

Ella murió muy bien. Sobre todo este último año, solía preguntarle: «Esther, cuando...» Antes de eso debo aclarar que, en las ocasiones en que hablábamos del cielo, yo le decía que creía que la vida es algo más, y ella se mostraba de acuerdo y me respondía que ella creía que…. Bueno, esto es lo que le preguntaba: «Cuando mueras, ¿me mandarás algún tipo de señal? Vamos a decidirlo ahora para que después no tenga que preguntarme si estoy equivocado. ¿Me dirás algo, me mandarás una señal?» En nuestra última conversación le dije que la quería y que la situación era muy grave, pero éstas fueron algunas de las últimas palabras que intercambié con ella: «Esther, déjame que te lo recuerde: si esta noche vas a casa, ¿me avisarás?» Habíamos hablado mucho acerca de ese tema, y después añadí: «Quizá podrías abrir los ojos y decirme que ves a los ángeles y que ves el cielo». Aquélla era una charla que habíamos tenido en el último año; nunca nos escondimos de la muerte; abrazamos la vida.

Y Esther se durmió. Durante todas aquellas horas que pasamos a su lado, sabíamos que no iba a volver. Y entonces, justo al final, abrió los ojos, tomó su último aliento y le dije: «Esther, ¡te vas a casa! ¡Me alegro por ti!» Y se marchó…

Sin embargo, nuestra relación con Esther no acaba ahí. La relación sigue. ¡Sigue! Esther está en sus corazones. Su relación con ella es única. Sigue, continúa. Si ella no es capaz de guiar su vida, porque no la ven como un ejemplo de cómo deberíamos vivir; si no albergan en sus corazones la esperanza de que exista ese otro lugar, ese otro significado… Créanme, la vida de Esther estaba centrada casi por completo en este mundo, y así es como debería ser. Ella creía que estamos llamados a estar aquí, a generar el cambio aquí, a estar vivos aquí y a amar bien aquí. El cielo es de Dios, y debe ser Él quien se ocupe de esos detalles. Ella también tenía la mirada puesta allí, lo sabía, pero creía que había que generar el cambio ahora. A mi parecer, ése es el único modo de vivir una vida significativa. Ella hizo lo correcto, amó la bondad y caminó humildemente con su Dios.

El doctor Seuss dijo lo siguiente (creo que debo citar a una autoridad en este caso): «No llores porque se ha acabado; sonríe porque ha sucedido». ¿Están de acuerdo? No sé cómo orientarme ante esta pérdida, porque es para mí un territorio inexplorado. Sé que todos debemos seguir adelante solos, pero aquí interviene algo más grande que nosotros. Y Esther representa eso, alumbra el camino y Dios la está utilizando de un modo maravilloso. La estrella se iluminó sobre nuestros corazones y manó gracia.

¿Ha acabado la historia? Adelante, respóndanme como una congregación, ¿ha acabado la historia? [La congregación contesta: «¡No!»] ¿Se apagará alguna vez esta estrella? [La congregación responde: «¡No, no!»] ¿Se apagará alguna vez esta estrella? ¿No? En memoria de Esther, ¿prometen vivir una vida genial? Se supone que tienen que decir que sí. ¿Está Esther ahora más viva que nunca? [La congregación responde: «¡Sí!»] Amén.

Tuve un asiento de primera fila en su maravillosa vida. Ella es mi estrella; ella es mi musa. Mis hijos lo saben. Siempre fui muy indulgente con Esther. Me desarmaba. Ella sacó lo mejor de mí, hizo que recordara lo peor, porque yo lo veía muy claro, pero entonces me invitó a entrar en su corazón. Y muchas veces, como por ejemplo el lunes, le dije: «Esther, no sé qué voy a hacer sin ti cuando te vayas. No sé cómo voy a seguir adelante. ¿Qué voy a hacer?» Yo esperaba que ella, como siempre, me respondiese: «Bueno, papá, déjame que te lo explique. Esto es lo que debes hacer: A, B, C». Pero, en lugar de eso, me contestó: «Ven aquí». Me abrazó, me agarró muy fuerte, pero no dijo nada, no dijo ni una palabra. Y ahora me doy cuenta de que ése era... ése es el mejor modo de querer a alguien: abrazarlo, saber que te quieren, dejarse llevar.

Tuvimos la suerte de quererla y de que ella nos quisiera. Amén.

Diré que eras joven y pura y de tez blanca,
que contigo en la puerta, el sol era una sombra de hojas en tu hombro
y una hoja en tu cabellera.

ARCHIBALD MACLEISH,
«Ni el mármol ni los áureos monumentos»

Queridos amigos:

Como podrán imaginar, extrañamos a nuestra Star. De alguna manera, todos los días parecen más duros que el anterior. Tenemos muchos momentos tristes: Abe pregunta quién acabará el juego que Esther estaba haciendo para él; Graham piensa cómo va a poder ver la nueva temporada de *Doctor Who* sin ella; Abby y Angie extrañan las charlas nocturnas y los mensajes; Lori y yo también lloramos, clamamos contra la injusticia de esta situación.

La realidad de su fallecimiento pesa mucho sobre nuestra necesidad de tenerla con nosotros. Si suena el teléfono, sobre todo por la noche, se nos para el corazón, ya que ella solía llamarnos desde la cama para que fuéramos a ajustarle el oxígeno o para recordarnos que era la hora de tomar la medicación. Nos cuesta acostarnos, y rezamos para que no nos despertemos a las tres de la madrugada presas del pánico. ¡Fue tan fácil quererla…! Y como dice la Biblia: «El amor es más fuerte que la muerte», y eso alivia un poco nuestro dolor.

Me encantaba leerle poesía. Ella aplaudía mi entusiasmo, ¡y hacía que me sintiera bastante inteligente! Este poema te lo dedico a ti, Esther Grace.

Sábado, 25 de septiembre de 2010; las 13:49

Amigos:

Acabo de recibir noticias sobre la donación de órganos de Esther. ¡Es una maravilla que dos personas puedan volver a ver porque cada uno de ellos ha recibido una de las córneas de Esther! Un hombre de Ohio y una mujer de Maryland ahora ven el mundo a través de los ojos de Esther. ¡¿Pueden creerlo?! Ella sigue dando visión y luz. Cuando supo que sus órganos no podrían utilizarse (debido al cáncer) se puso muy triste. Sin embargo, dio la autorización para que le hicieran una autopsia más exhaustiva. Ése fue un verdadero regalo a la investigación del cáncer, ya que se sabe muy poco sobre la propagación del cáncer en una chica que está siendo tratada en plena pubertad (ése era su caso).

Esther era una joven maravillosa, valiente y que se preocupaba por los demás. Si ella, una adolescente de dieciséis años, era previsora y estaba tan convencida de la importancia de la donación de órganos, ¡nosotros deberíamos hacer lo mismo! Sé que un señor de Ohio y una señora de Maryland estarían de acuerdo conmigo.

Entren aquí: http://organdonor.gov/

Wayne

Sábado, 4 de diciembre de 2010; las 14:50

Amigos de Esther:

Muchas gracias por seguir honrando la memoria de Esther con sus valiosas entradas en el libro de visitas de esta página web. Por desgracia, este bonito lugar de encuentro pronto cerrará sus puertas. Si desean añadir algún comentario más, les quedan unos pocos días, ya que la página se bloqueará antes de Navidad. De todas maneras, de aquí en adelante podrán seguir al corriente de todo lo relacionado con Esther en varios medios. Recientemente abrimos una página web dedicada a la nueva fundación que creamos en su memoria. Esta organización pretende proveer de recursos a los pacientes con cáncer y a sus familias y, además, financiar proyectos que a Esther le habrían encantado. Entren en Facebook y busquen el muro de This Star Won't Go Out.

Por supuesto, siguen activas las páginas de YouTube y de Facebook de Esther, por lo que todavía pueden verse y comentarse (encontrarán las direcciones en la sección de enlaces de esta página). También tenemos un canal de YouTube (entren en YouTube y busquen «wayneandloriearl») donde hemos colgado nuevos videos de ella. Tenemos muchas horas de grabación de nuestra querida hija, y esperamos editarlas y compartir más de su espíritu creativo con ustedes durante mucho tiempo.

¡Amigos, no saben cuánto extrañamos a nuestra Star! Siempre está presente en nuestros pensamientos y sueños. Todos los días, al despertarnos, nos preguntamos cómo es posible soportar esta locura. Nuestros hijos aún son jóvenes y sus vidas serán menos alegres sin ella. Abraham no la recordará. El viernes encargamos la lápida que ella misma eligió. Sí, a ella le parecería bien lo que nosotros decidiéramos, pero ¿qué niño tiene que pasar por el mal trago de elegir un recordatorio así? Siempre arrastraremos esa tristeza. ¿Mereció la pena? ¡No puedo creerme que haya hecho esa pregunta! Un minuto con Esther compensa todo el dolor que se nos eche encima. Pasar dieciséis años junto a un alma así fue todo un privilegio, el mayor de los honores. Verla desplegar a diario esos retazos de gracia nos motivó, nos dio una lección de humildad e hizo que nos sintiéramos muy orgullosos. Era majestuosa, pero disfrutaba al máximo del momento; en definitiva, era una chica sensacional. Su paso por la tierra fue delicado e intenso. Quiso bien y sin excepciones. Su vida es su verdadero recuerdo, un recuerdo viviente que nos sobrevivirá a todos nosotros.

Gracias de todo corazón por el apoyo que le han dado a nuestra Esther Grace.

WAYNE Y LORI

Me encanta el mar,
TOPSAIL ISLAND, CAROLINA DEL NORTE, 2008

Domingo, 19 de diciembre de 2010; las 21:52

¡Toda su gracia!

Este librito ha llegado a su final natural. Esther disfrutó mucho de sus muchas y variadas muestras de ánimo. Gracias por ello. La ayudaron en su lucha, e hicieron que nuestra parte en esa batalla fuera soportable. Estamos convencidos de que el amor nunca muere, de que trasciende cualquier cosa que se interponga en nuestro camino. Tenemos los recuerdos de un ser humano maravilloso y la esperanza perpetua de que ésta es sólo una separación temporal. Esther quería a sus familiares y amigos con toda su gracia. Era fácil quererla. La vida era más fácil para todos cuando ella estaba aquí.

¡Gracias por querer a nuestra Star!

WAYNE Y LORI

15 de mayo de 2011

> *El amor es más fuerte que la muerte.*
>
> Cantar de los Cantares 8, 6

> *Esperanza es la cosa con plumas*
> *que se posa en el alma,*
> *canta la melodía sin palabras*
> *y no se para, nunca.*
>
> EMILY DICKINSON,
> «Esperanza»

Mi querida Star:

Por fin hoy he ido a visitarte al cementerio. Me pregunto si en ese tipo de lugares existe algo más poderoso que la muerte. La primavera me responde que sí, y esta misma semana ha calentado la tierra lo suficiente para poder colocar tu lápida. Quedó preciosa.

El granito rojo es elegante, pero al mismo tiempo acogedor, justo como tú. Hiciste una buena elección, ¡aunque sea la segunda piedra más cara del mercado! Me ha sorprendido (¿y aliviado?) ver que no estabas allí. Era algo que me preocupaba, porque estoy acostumbrado a toparme con muertos en cementerios.

Pero estabas allí. Y al mismo tiempo, no estabas. Si hay un allí, allí, en ese caso estás, allí (¡guau!). Misterio. Saqué las primeras fotografías del lugar para enviárselas a tus amigos, y también grabé algunos de mis pensamientos al estilo de Esther; es decir, ¡con tu cámara Flip! Lo hice sin ensayar, si bien tuve conversaciones similares contigo a lo largo de estos nueve interminables meses. Sé que me considerabas tu amigo, pero en realidad sólo soy tu padre, y estuve preocupado por si te habrías perdido en algún lugar, por si tendrías problemas. Tuve pesadillas, pero no consigo soñar directamente contigo, y tú ya sabes lo mucho que sueño. ¡Deseo verte con todas mis fuerzas! No puedo entrar en una tienda y no pensar en que esto o aquello sería perfecto para Star. Siempre encontraba algún regalo para ti y agradecías mucho cualquier cosa que llevara a casa. «¡Oh, un tomate! Menudo detalle, papá. Es perfecto», «¡Fantástico! Nunca había oído hablar de *Las crónicas infinitas y deprimentes de los bebés babosos, alienígenas y luchadores de sumo*, pero, oye, ¡no puedo aguantarme las ganas para empezar a leerlo!» A menudo he querido hablarte acerca de mi día, pedirte consejo o ver el último capítulo de *Doctor Who* contigo (¡te encantarían!). A nadie más le gusta el café expreso. Alguien dijo que tendrías dieciséis años para siempre, pero yo no pienso en ti de ese modo. Para mí eres la niñita que con cinco años se abrazaba a su cojín con forma de estrella, y también una joven inteligente similar a una antigua *bodhisattva* que escucha, bendice y nunca envejece.

¿Qué se hace cuando acaba una gran fiesta? ¿Recogerlo todo? Saborearla, recordarla. ¿Es eso suficiente? Esther, ¡una mujer se tatuó una estrella y la frase «This Star Won't Go Out» en la muñeca derecha! Decidió hacérselo en esa parte de su cuerpo porque es ahí donde empieza la cicatriz. Ahora, con ese recordatorio, justo delante de sus ojos, tiene más esperanza y menos ganas de hacerse daño a sí misma. La gente habla de ti y siente la motivación para superar cualquier obstáculo en tu memoria. Lo comprendo. Tú aligerabas el lastre de los demás y también acarreabas el tuyo propio. Pero te necesitábamos aquí. Te necesito aquí, ahora. Si me concedieran un deseo, pediría verte, pero, si pudiera traerte aquí del otro mundo, te horrorizaría pensar que he malgastado mi deseo en algo tan trivial. Sin embargo, estoy enojado porque te has ido, y supongo que eso significa que todavía no lo he aceptado. Me da igual. No me importa no saber aceptar las cosas. Esto es lo que no admito: que la muerte gana (dicho con una indigna «m» minúscula). El Amor es más Fuerte. El amor y la esperanza van unidos, y si los separas, una parte se muere. Si la esperanza sobrevive, el amor perdura. Donde exista un ápice de amor, cualquier brizna de esperanza tiene espacio para crecer.

Después de visitarte en el cementerio he ido directamente al estudio de tatuaje. «El amor es más fuerte que la muerte» ha sido una frase que he tenido grabada en el corazón durante un tiempo, y ahora he decidido oficializarlo. Esa frase, junto a una estrella fugaz y tu nombre, Esther Grace, pronto aparecerán en mi cuerpo para que todos lo vean. Desde donde estoy sentado, así es como entiendo tu última morada. Pero no es la última.

Te quiero,

PAPÁ

Agosto de 2013

Hermanita:

Una vida no es para vivirla a medias. Es para vivirla al máximo, abrazándola por completo. Si se quiere cambiar algo en este mundo, hay que ser fuerte. Hay que aprovechar las oportunidades. Hay que perseverar. A veces se debe ir a ciegas en una dirección de la que quizá no se esté seguro, pero de la que esperas que te lleve al sitio adecuado.

Eso es lo que me has enseñado, Esther.

A veces siento que te tengo cerca, y eso me da la seguridad de que estoy haciendo algo en lo que tú crees. Dijiste que me veías como un ejemplo, que me admirabas y que creías que podría hacer todo lo que me propusiera. Sin embargo, yo siempre te he considerado a ti un modelo de valentía. Necesitaba que me aseguraras que quien quiero ser y lo que quiero hacer eran el camino correcto.

Cuando te marchaste, una parte de mí se fue contigo. Mi fuerza y mi esperanza se desvanecieron. ¿Cómo iba yo a generar un cambio en este mundo cuando mi mejor amiga, mi alma gemela, mi confidente, mi apoyo, la mitad de mi corazón se había ido? Todo se quedó en blanco. Una densa niebla lo cubrió todo y no podía respirar. Me pesaba el cuerpo, me quedé paralizada, no podía encontrar la salida.

Y entonces planté una flor.

Eso sí que lo podía hacer. Podía crear vida de aquella diminuta semilla. La alimenté, la regué, la vi crecer, y un día floreció un girasol. Me di cuenta de que con la vida viene la muerte, y con la muerte, la vida. Es un ciclo del que formamos parte. Sabía que estabas allí, mostrándome lo bellas que pueden ser las cosas. Una flor floreció y la niebla se disipó.

Entendí que no podía mejorar el mundo simplemente extrañándote. Así que respiré. Respiré a través del claro en la niebla. Espiré la rabia que me producía que te hubieses marchado. Espiré el dolor punzante de no poder hablar contigo otra vez, escuchar tu voz, sentarme a tu lado y mirarte a los ojos. Al expulsar todo aquel dolor sentí que la paz se depositaba en mis pulmones. El dolor disminuía y dejaba espacio libre.

Observé el girasol y sentí que estabas a mi lado, agarrándome de la mano. Pestañeé y te habías ido, llevándote contigo mi tristeza y dejándome esperanza. Puedo dar vida. Puedo traer color y belleza a este mundo.

Ahora te llevo conmigo; ocupas la parte de mi corazón que se rompió cuando moriste. Pero morir es una parte de este ciclo, el ciclo de la vida, y mientras esté en este mundo, en este lugar de paso, quiero hacer todo lo posible para fomentar la belleza y la vida.

Eso es lo que me has enseñado, hermanita.

EVANGELINE

Agosto de 2013

Querida Est:

Te extraño un montón. Las cosas han estado un poco confusas desde que nos dejaste aquí en la tierra. Sin ti me siento sola. No te tengo aquí para enviarte correos electrónicos o mensajes a las dos de la madrugada. Siempre recibía tus respuestas sinceras inmediatamente. Hablabas con claridad. Era fácil escuchar lo que tenías que decir, y también entender a qué te referías con los consejos que me dabas. El modo en que me mirabas y me decías: «Abby...». No me hacía falta nada más para saber qué estabas pensando, y que tenías razón, por supuesto. Extraño hablar contigo, contarte qué me pasa, divagar sobre los problemas que teníamos con los chicos o la familia, analizar cómo nos iba la vida en el país en el que estuviéramos en ese momento. Vivimos separadas la mayor parte del tiempo, pero siempre estabas ahí, siempre en mi vida, y yo siempre en la tuya. Extraño aquellas noches en las que jugábamos a juegos online, una enfrente de la otra, en la misma habitación; las horas que nos pasábamos escuchando música y jugando a Yahtzee hasta las cuatro de la madrugada. Extraño las risas, el amor. Estar tumbadas en la cama con el zumbido de la máquina de oxígeno, viendo cualquier programa de la tele al que estuviésemos enganchadas (probablemente *Las chicas Gilmore*). Y tus gatitos siempre nos acompañaban; tenías una conexión fantástica con ellos y con todos los animales. Hablando de gatos, ¿te he dicho que he llamado a mi coche Blueberry, por tu infame gato blanco que parece una nube de azúcar? Hace que piense en ti.

Extraño el modo en que querías y apreciabas todas las cosas —tanto las pequeñas como las grandes— que te rodeaban.

Yo no quiero con tanta facilidad y pasión como tú, pero deseo parecerme cada vez más a ti en ese sentido. Amabas con mucha facilidad, con una amabilidad y una aceptación insólitas. Entiendo lo simple que es. Quizás eras tan auténtica y sincera porque sabías que ibas a marcharte, era algo natural en ti debido al cáncer. Al releer todos tus correos electrónicos y cartas de antes de que enfermaras, veo que así es como eras tú. Eras apasionada y generosa. Sé que es fácil decir cosas positivas de alguien que ha fallecido, pero, sinceramente, no recuerdo nada negativo de ti. ¡Ja!

Deseaba muchas cosas para ti. Deseaba las cosas buenas, las locuras y las maravillas que este mundo nos ofrece a todos nosotros. El tiempo que pasaste aquí fue demasiado breve. Habrías sido una enorme bendición en la tierra. Habrías hecho maravillas. La verdad es que ya las hiciste. Sigues motivando corazones, y eso es algo verdaderamente especial, sobre todo para nosotros. Nos emociona ver que toda tu vida, tu historia y tu amor siguen vivos, y crecen a través de muchas personas. Resulta natural y obvio que seas una influencia increíble; brilla a través de la historia de tu vida. Aún sigues viva, cariño. Es demasiado descabellado para mi cerebrito humano comprender la enorme cantidad de público que ya has captado. Es fantástico. Me pregunto qué pensarás de eso. ¿No cabes en ti de gozo por toda esta locura? Debes de estar muy emocionada por haber llegado a ser una escritora de verdad. Te has hecho famosa.

Estoy escuchando para oír dónde estás.

Te lo juro. Estoy escuchando tu antigua lista de reproducción. Te siento y te oigo. Sé que no te has ido. En la luz del sol y en el cielo azul. En la brisa de la playa. En la alegría que encuentro en las cosas pequeñas. En la sensación reconfortante de pasar el rato con la gente que quiero. En el baile. Me encantaría bailar contigo. Estoy deseando hacerlo. Bailar, cantar a pleno pulmón y brincar las dos juntas. Vang y yo fuimos a bailar y lo pasamos muy bien. Últimamente he bailado mucho, hace que me sienta libre y natural. Siempre que escucho música te siento cerca. En los movimientos espontáneos, en las sonrisas y en el talento de los músicos. En la libertad. Me divertí mucho en Oregón, y tú estabas allí conmigo, disfrutando de cada nota de música y de cada giro del hula hoop. Extraño oírte aporrear el piano; tendré que retomarlo.

Suelo pensar en las tres hermanas haciéndonos adultas, con nuestras propias familias y unas vidas muy ajetreadas. En seguir siendo las tres chicas Earl. Me da mucha pena que no podamos crear más recuerdos de ese tipo. Pero tú e Inka son muy especiales para mí y conservo algunos recuerdos muy buenos. Nos conocimos gracias a ti, tú nos ayudaste a ser más sinceras la una con la otra, y te lo agradezco mucho. Tú mantienes la familia unida, como siempre hiciste al ser la hermana mediana. Gracias por querernos a cada uno de nosotros por separado pero en conjunto.

¿Me agarrarás de la mano cuando me vaya?
Por supuesto que lo hice aquella noche, cariño. No sé si lo recordarás, pero estábamos todos contigo, incluso Keri (tu otra «hermana»). Abe estaba dormido en el sillón que había junto a la ventana. Te pintamos las uñas, con rayas y motas muy bonitas. Era muy tarde, estaba muy cansada, y no quería que acabara; pero, al mismo tiempo, estaba preparada para que acabara, para que tú volvieras a estar bien. Preparada para que se acabara tu enfermedad. Estabas muy en paz, estabas tranquila.

El amor es ver a alguien morir.

No recuerdo tus últimas palabras, pero me acuerdo de la sensación; la sensación de verte dormir y de que todo lo que podía hacer era cogerte de la mano y pensar en lo mucho que te quiero. Y también la sensación de que no estuvieras más en la cama del hospital. No estabas esperando sin hacer nada, ya te habías marchado a tu siguiente gran aventura. Estábamos todos en aquella habitación, pero hacía mucho que te habías ido. Tu cuerpo ya no se parecía a ti. Tu alma, o espíritu, o lo que realmente somos estaba revoloteando, o probablemente correteando, tomando grandes bocanadas de aire y riéndose de alegría. Te habías marchado en busca de cosas mejores y mayores. Eso es lo que quieres que hagamos nosotros también. Quieres que nos levantemos y vivamos, y que no estemos tumbados en la cama agarrándote de la mano. En el camino de regreso a casa llovía mucho, y escuchamos a Dave Matthews. Estamos a punto de llegar al tercer aniversario de ese día. No es uno de mis recuerdos favoritos, excepto por el hecho de que sé que aquella noche te liberaste de la enfermedad, que empezaste de cero.

Te extraño. Muchísimo. Con todo mi ser. He estado evitando tu ausencia. No he pensado en ello. No me he acordado de ello como los demás, no he hablado mucho sobre el tema. He intentado no recordar que ya no estás aquí. Pero al final me he dado cuenta de que no te has ido del todo. Sigues estando viva y presente.

Sé feliz y, si no puedes ser feliz, haz cosas que te hagan feliz, o haz algo con la gente que te hace feliz.

Eres muy inteligente. Algún día todos tomaremos tu mismo camino, así que mi esperanza es que podamos ser más honestos los unos con los otros; que podamos amarnos sin complicaciones y disfrutar plenamente de todas las cosas corrientes, absurdas y graciosas; que encontremos la alegría en videos estúpidos de internet, en canciones *nerd* y en chistes tontos. Quiero que todos nosotros aprovechemos las maravillas que tenemos al alcance de la mano en este planeta maravilloso y descabellado; que proyectemos más energía positiva y que vivamos según tu ejemplo de amor. Eso es lo que quiero para mí, para nuestra fantástica familia, y para todos los demás.

Voy a ir terminando, porque esto ya es bastante largo y seguro que tienes cosas más importantes que hacer, como colgar videos en tu canal de AstralTube o ir a una fiesta de rock alienígena. No te lo dije lo suficiente, pero gracias por ser una hermana menor maravillosa durante todos estos años, lo pasé genial contigo. Soy muy afortunada por haberte tenido conmigo. Gracias por todo lo que has hecho por mí, y te quiero más de lo que puedo expresar. Y como tú me dijiste una vez: «Oh, sin ti tendría una familia de psicópatas. No lo digo porque ya lo sea, ¡ja, ja, ja!» Gracias por mantenernos en nuestro sano juicio y ser la chispa de la alegría en nuestras vidas.

Siempre te querré, hermanita,

ABBY

Septiembre de 2013
Mi poema para Esther

1. Star, la primera vez que te vi supe que eras la hermana adecuada para mí.
2. Tu corazón me recuerda a ti, porque eres muy amable y atenta conmigo. Me ayudaste cada vez que te necesité y nunca me fallaste.
3. Cariño, si estás viva o muerta, te seguiré queriendo pase lo que pase.

GRAHAM KENNETH EARL

Enero de 2013
El legado de Esther

Su legado es maravilloso, pero su promesa fue incluso mejor. Su corazón era para amar, para este mundo y para los demás. Ahora mismo estaría escribiendo una columna de consejos, creando blogs que cambian vidas (a la vez que otros muy disparatados y graciosos), haciendo trabajos de voluntariado con niños, y otras muchas cosas. Quizá exponiendo fotografías en galerías de arte, escribiendo historias infantiles o haciendo prácticas con John Green. Sin embargo, ya no está aquí. Nos hemos quedado suspirando por los espacios vacíos, los cuadros sin pintar y los descuidados gatos callejeros que nunca conocerán su mano cariñosa.

No obstante, tenemos mucho, y especialmente más que muchísimos otros, con nuestra pérdida. Y eso es un regalo. Ella era un regalo. De algún modo, eso tiene que bastar. Eso, y querer a otros por ella.

LORI EARL

En la primavera de 2009, Esther mencionó que había escrito una carta para su «futuro yo». Escuché la explicación del concepto, y la conclusión que extraje fue que se trataba de una genial idea sacacuartos. Creo que le respondí algo así como «Está muy bien, cariño», y luego lo borré de mi mente. En aquella época yo no tenía ni idea de lo serios y maduros que eran los pensamientos de mi hija de catorce años. Dos años y medio después (el 1^0 de diciembre de 2011), abrí un correo electrónico y leí estas palabras: «Ésta es una carta para la futura Esther, que recibiré cuando cumpla... diecisiete años». Después explicaba que lo había enviado a nuestra cuenta de correo «por si» ella no estaba para recibirla. En aquel momento recordé la breve conversación que habíamos tenido. Y entonces me eché a llorar. Todas sus palabras estaban impregnadas de significado, cada frase hacía que me costara más respirar. Sentí que me ahogaba y salí a llamar a Lori, que había quedado con alguien para tomar un café. Quería asegurarme de que no abriera el último mensaje de Esther en público.

EL PADRE DE ESTHER

futureme.org

Ésta es una carta para la futura Esther, que recibiré cuando cumpla... diecisiete años. Bueno, ya sabes que no me expreso muy bien. Tengo emociones, pero no se me da muy bien plasmarlas en papel. De todos modos, este correo electrónico es para ti, y seguro que entenderás casi todo lo que digo (eso espero).

En estos momentos tengo catorce años, y cumpliré quince dentro de cuatro meses. Futura yo, espero que te encuentres mejor que yo ahora. Espero que, si aún tienes cáncer, al menos se haya curado lo suficiente para que no necesites estar conectada a la máquina de oxígeno. Si no es así, recuerda utilizar ese *spray* oceánico para que no se te sequen los orificios nasales :]. También espero que hayas intentado hablar con más gente que está enferma de cáncer. En el mundo no SÓLO hay enfermos aburridos; hay muchas personas fantásticas, pero quizá todavía no las hayas conocido, y no lo harás si no lo intentas. ¿Sigues teniendo cáncer? ¿Sigues estando enferma? ¿Has regresado al instituto tras haber perdido muchos cursos?

En el presente, soy bastante vaga. Debido a mis problemas de salud no puedo hacer demasiadas cosas, pero, bueno, ¡espero que hayas levantado el culo de la silla! En el presente, por fin has empezado a hacer fisioterapia, pero sigues intentando librarte de las sesiones. Espero que en el futuro tengas más fuerza de voluntad y sepas apechugar con todo. ¿Recuerdas que siempre querías hacer algo por el mundo? ¿Lo recuerdas? Si todavía no has hecho nada maravilloso, no olvides intentarlo. Lo peor que puede pasarte es que falles, y en ese caso puedes volver a intentarlo hasta que lo consigas. Ahora mismo esas palabras no surten efecto en mí, pero trata de recordarlas.

Graham se encuentra bien. Tiene trece años, es un adolescente, y cuando recibas esto ya tendrá… quince años. ¡Guau, será mayor que yo en estos momentos! Sus problemas para hablar han mejorado, y ahora soy mucho más amable con él que en el pasado. Me alegro de eso. ¿Qué tal está en el futuro? ¿Está bien? Dale un abrazo. Juega con él. Él te quiere, y espero que le prestes más atención. ¿Y Abraham? ¿Tiene ocho años? ¡Guau, es muy grande! ¿Es un fanático del deporte? ¿Juega al básquetbol, al béisbol, al fútbol, hace natación y todas las demás cosas que quiere hacer ahora? ¿Y es un cerebrito? Ahora mismo es muy listo. Recita el Juramento a la Bandera a la perfección y escribe y pronuncia todas las letras del alfabeto. Y también está aprendiendo a leer.

Oh, ¿y Evangeline/Angie? ¿Te llevas bien con ella? Cuando tenías doce años y ella quince, eran muy buenas amigas, nos lo contábamos todo. Pero desde que enfermé, nos hemos distanciado un poco. Creo que quizá se deba a… No lo sé… ¿Tal vez a que sus problemas no parecen importantes comparados con mi salud? A lo mejor. No lo sé. Me gustaría que volviéramos a ser buenas amigas. Pero ahora es un poco raro pasar el rato con ella. ¿Ha desaparecido esa incomodidad? Por favor, esfuérzate por hacerte o por ser su amiga. Se necesitan mutuamente. ¿Ya tiene veinte años? Oh, ¿de verdad? Es muy adulta.

Abby ahora tiene diecinueve años; ah, no, cumplió veinte ayer, ¡uau! Veinte años. Olvidé felicitarla… Nunca pensé que llegaría el día en que la edad de mi hermana comenzara con un dos. Es raro. Mi futura yo tiene una hermana llamada Abby de veintidós años, ¿eh? Ya puede beber alcohol, ¡ja, ja, ja! Ahora está en Gordon, donde estudia para ser médico auxiliar. Me acompañó el día que me cambiaron el tubo-G y me sostuvo de la mano mientras me sacaban la vida de dentro (quizás exagero). Se mareó un poco y tuvo que sentarse, pero creo que se debió a que era yo, alguien a quien conoce, la que estaba sufriendo.

Estoy segura de que se convertirá en una médico fantástica si sigue por ese camino. Apóyala, haga lo que haga.

Y luego están mamá y papá. Oh, mamá, ¿qué tal se encuentra? ¿Vuelve a ejercer de profesora? ¿Es feliz? Ahora trabaja tanto que siempre está agotada. Hace demasiadas cosas. La quiero, y acuérdate de decírselo todos lo días. ¿Siguen papá y ella discutiendo? Ahora sólo hablan de dinero, porque la verdad es que no tenemos ni un dólar. El mundo está en recesión, y nuestra familia SIEMPRE ha estado en el extremo pobre. Ahora, por ejemplo, nos las arreglamos con 300 dólares al mes. Papá acaba de conseguir un puesto de trabajo como guardia de seguridad en un centro comercial. Es temporal, pero parece que está más animado que cuando se pasaba el día en casa buscando empleo. Me alegro de que esté haciendo algo. ¿Sigue teniendo problemas de depresión? No te enfades demasiado con él, se esfuerza mucho y te quiere. Si TÚ tuvieras cinco hijos y no consiguieras un puesto de trabajo, estoy segura de que también estarías deprimida.

Oye, ¿sigues siendo una *nerdfighter*? Ahora mismo es una gran parte de tu vida. La verdad es que casi toda tu vida... Voy a ir al LeakyCon del 21 al 24 de mayo, y creo que me acompañará Abby o Angie. Por si lo has olvidado, es una convención de fans de Harry Potter. Allí tendré la oportunidad de ver a los grupos de música que me gustan y, con un poco de suerte, conoceré gente. El único problema es que me siento culpable por ir, ya que la entrada es muy cara: 250 dólares por persona. Pero mamá y papá saben lo mucho que significa para mí. Es una locura lo mal que me siento por querer gastar tanto dinero. Ay...

¿Todavía eres fan de Harry Potter? Ya se habrán estrenado todas las películas, ¿no? ¿O la última saldrá en noviembre de 2011? No lo recuerdo. Pero acuérdate de que gracias a Harry Potter hiciste muchos amigos, y no te olvides de él cuando ya no lo necesites.

¿Y qué me cuentas de *Doctor Who*? Ahora mismo estoy enganchada a esa serie. Me da la sensación de que va a ser una gran parte de mi vida, aunque sólo se trate de una serie de televisión.

¿Qué tal están tus gatos, Pancake y Blueberry? ¿Se encuentran bien? ¿Tienes más gatos? ¿O animales? Blueberry y Pancake están tumbados en la cama conmigo y son muy cariñosos. Cada vez que alguno de ellos se restriega contra mí o se tumba a mi lado, el calor que desprenden y sus ronroneos de satisfacción hacen que sonría. Si les ha pasado algo, porque sé que Blueberry no se encuentra muy bien de salud, no te preocupes por estar triste o llorar, y acuérdate de todos los momentos maravillosos que has pasado con ellos. ¿Y qué tal está Nibbs? ¿Sigues teniéndolo o se lo diste a alguien? Recuerda que debes mostrarle algo de cariño, en el caso de que todavía lo tengas. Es un cachorrito y no se merece todos los desprecios que recibe, ya lo sabes. ¿Eres voluntaria en alguna protectora de animales? Si estás lo suficientemente sana, deberías planteártelo.

¿Y qué me dices de esas tonterías de los chicos? ¿Ya te han besado? A pesar de tooodos mis problemas de salud y psicológicos, sigo queriendo encontrar a un chico que me guste y a quien yo le guste. No puedo evitarlo, es una de las tonterías que deseo. ¿Al menos te ha gustado alguien a quien tú le gustabas? Ay...

¿Sigues siendo amiga de Alexa? ¿Y de Melissa? De todas las personas que conoces desde que has estado enferma, ellas son las dos únicas con las que sigues manteniendo el contacto. Son buenas amigas. Y aunque probablemente no seguirían siendo «amigas» si estuvieras sana, ellas son fantásticas y debes acordarte de llamarlas más a menudo. Si no has hablado con ellas desde hace años, ¿por qué no lo haces ahora? No temas ser tú misma. Necesitas amigos, y hay otras personas que necesitan amigos. Para hacer amigos debes poner algo de tu parte.

¿Qué tal tu estado mental? ¿Sigues tan confundida como siempre? ¿Vuelves a hablar con Dios? Esther, Él te ha apoyado en todos los malos momentos por los que has pasado, te quiere y lo necesitas. En el presente no le haces ni caso, y odio admitirlo. ¿Cómo crees que superaste la radiación, cuando todos pensaban que ibas a morirte aquella misma noche? ¿Al menos te acuerdas de aquello?

El jueves me harán otra TAC y otra PET para saber cómo estoy respondiendo a la quimio. Ojalá mis pulmones hayan mejorado... Estoy nerviosa, últimamente he notado que me cuesta un poco más respirar, pero espero y deseo que los resultados sean positivos. Oye, acuérdate de darles las gracias a los médicos. La doctora Smith y Annette son unas personas maravillosas. Y son tus médicos; no temas contarles qué te preocupa.

La verdad es que ni sé con seguridad si mi futura yo estará viva. Y por ese motivo enviaré este correo electrónico a mamá y a papá, porque si NO estoy viva, al menos sé que alguien lo leerá. Menuda manera de acabar la carta... Bueno, futura yo, intenta ser feliz. Intenta hacer cosas. No olvides que muchas veces pensaste que no pasarías de esa noche. Acuérdate de toda la gente que te ha ayudado en el pasado. Dile a tu familia lo mucho que la quieres. Ve a la escuela; puede que parezca una tontería, pero hacer tareas y trabajos te ayudará a no pensar en los pequeños detalles molestos. Lee. Ya no lees tanto, y es algo maravilloso. Intenta resolver el cubo de Rubik otra vez, ayer mismo lo conseguiste por primera vez :).

Y simplemente sé feliz. Y si no puedes ser feliz, haz cosas que te hagan feliz, o haz algo con la gente que te hace feliz.

Quiero decirte muchísimas más cosas, y quizá te envíe otra carta si pasa algo. Te quiero, y espero que todo te vaya bien.

EL DÍA DE ESTHER
John Green

Cuando supimos lo enferma que estaba Esther, Hank y yo hablamos por teléfono acerca de establecer para siempre un día festivo dentro de *nerdfighteria*. Ese día honraríamos a Esther del modo que ella eligiera y nos comprometeríamos a celebrarlo mientras siguiéramos haciendo videos. Se lo comenté a Esther en la fiesta de Make A Wish: podía escoger cualquier causa o motivo de celebración, y cada año, coincidiendo con el día de su cumpleaños, colgaríamos un video relacionado con ello. (No recuerdo si en aquel momento acordamos llamarlo el Día de Esther, pero celebramos el primer Día de Esther el 3 de agosto de 2010.)

Esther dedicó mucho tiempo y reflexión a su elección, y al final decidió que en el Día de Esther quería que se celebrara el amor: no el amor romántico —que ya tiene su correspondiente día festivo—, sino los tipos de amor que se infravaloran en nuestra cultura; por ejemplo, el amor entre amigos, familiares y compañeros de trabajo. Muchas parejas se dicen «te quiero» varias veces al día, pero esos otros tipos de amor, según Esther, a menudo no se reconocen. Precisamente, ése es el caso de mi hermano y yo: antes del Día de Esther, creo que no le había dicho «Te quiero» a Hank desde los doce años. Pero ahora, cada 3 de agosto, reúno el valor para decirles a mis amigos y familiares que les quiero. Incluso a mi hermano.

Quiero a mi familia. Mi familia me ha apoyado a lo largo de mi enfermedad, en mis peores momentos, cuando estuve a punto de morir... Y también cuando era más joven, antes de tener cáncer, y era una niña atormentada. Los quiero, quiero a mis hermanas, quiero a mis hermanos, quiero a papá, quiero a mamá, quiero a mis animales (están incluidos en la categoría de la familia). Quiero a mis amigos; son fantásticos, tanto los que he conocido en internet como los que conservo en la vida real. Y este video me hace feliz, de modo que lo he visto muchas veces, y me encanta, es precioso. Y gracias por decir que quieres a Hank. Sé que lo quieres, no tienes por qué decírmelo, pero admitir que quieres a alguien es algo bueno. Y te quiero, John.

Video de Esther en respuesta
al primer video del Día de Esther,
2 de agosto de 2010

FUNDACIÓN THIS STAR WON'T GO OUT
Por Lori Earl

Al día siguiente del funeral de Esther alguien llamó a la puerta de nuestra casa en Quincy. Al abrirla vi a un joven con su bicicleta, sudando profusamente por el calor de finales de verano. Tras decirme que era de la cercana ciudad de Braintree, me preguntó: «¿Es aquí donde puedo rendir tributo a Esther Earl?» Al responderle que sí, me entregó un sobre. Acto seguido, me explicó que había escrito una nota y que quería dar un pequeño donativo al grupo Friends of Esther. El gesto que tuvo aquel joven llamado Jarid me emocionó mucho, porque fue sensato, cercano... Lo que quiero decir con esto es que internet es enorme y abarca todo el mundo, pero Jarid era un vecino de la ciudad de al lado. Le pregunté si era un *nerdfighter*, me respondió afirmativamente y me hizo el saludo de los *nerdfighters*. Aquello me pareció maravilloso. Le di un vaso de agua y una pulsera de Esther; me dijo que la llevaría hasta que se rompiera... Cuando se marchó, abrí el sobre y vi que había un billete de cinco dólares y una nota escrita a máquina:

Sé por experiencia que, en época de necesidad, cada granito de arena sirve de ayuda. No tengo mucho dinero, pero me gustaría donar cinco dólares al fondo de Friends of Esther. Ella fue una inspiración para muchos. Cualquiera que fuera la adversidad que se interpusiera en su camino, ella nunca perdía la actitud positiva ante la vida. Nunca olvidó ser genial. Siempre será recordada.

Ése fue el punto de partida de la fundación que creó nuestra familia en recuerdo de Esther. La llamamos This Star Won't Go Out, en honor a nuestra propia estrella. El objetivo de TSWGO es ayudar a mitigar las dificultades económicas que acarrea el cuidado de un niño con cáncer. Por otra parte, financia proyectos que a Esther le habrían gustado. Recibimos una gran parte de las donaciones gracias a la venta de pulseras diseñadas expresamente para la fiesta de Make A Wish de Esther, y las distribuye DFTBA Records. Además, muchos particulares y grupos de jóvenes han tenido ideas muy bonitas y originales para recaudar fondos para TSWGO: se han rapado la cabeza, han vendido proyectos artísticos, han hecho caminatas y realizado carreras, han escrito e interpretado canciones para venderlas por internet, se han mecido en sillas toda la noche, ¡y un largo etcétera! Por ejemplo, un joven alemán de veinte años hizo un montaje con cinco mil piezas de dominó que al caer iluminaron una preciosa fotografía de Esther. Pasados dos años y medio desde su creación, TSWGO había ayudado con más de 130 000 dólares a más de sesenta familias. Los amigos y familiares de Esther estamos de acuerdo en que eso la habría hecho muy feliz.

Lori Earl, evento de TSWGO,
Nueva York, septiembre de 2013

La siguiente es una muestra de las obras de ficción originales que Esther escribió entre los años 2007 y 2010. Estos trabajos no están acabados, son las semillas de nuevas ideas. En estos primeros borradores puede verse cómo Esther exploraba, experimentaba y empezaba a encontrar su propia voz como joven escritora. Han sido editados para adecuar la extensión y corregir errores gramaticales básicos; por lo demás no han sido alterados, están tal y como los dejó Esther, sin acabar.

Anderaddon (fantasía)

Del 10 de abril al 1⁰ de mayo de 2007

En el extremo occidental del bosque de Ander se alza una enorme roca con forma de montaña. Se llama Anderaddon y es un reino conocido en muchos kilómetros a la redonda por la fuerza, la sabiduría y la amabilidad de sus gentes y la gran variedad de criaturas que allí habitan. Que se sepa, Anderaddon es la única ciudad del país de Topalville, en el que conviven erizos, puercoespines, ratones, gatos enjutos (vegetarianos) y los habitantes originarios: los ebitilis y los ebitis. Los ebitilis son seres jóvenes y cubiertos de pelo. Según se dice, son primos de los erizos y los puercoespines por el gran parecido que guardan, pero tienen mejores modales.

Los ebitis son también ciudadanos del mismo nombre, pero se parecen mucho más a los castores. Tienen el cuerpo a rayas, grandes dientes, una cola poderosa con lunares, y son las criaturas más fuertes después de los tejones. Los ebitis han gobernado el reino de Anderaddon a lo largo de más de quinientos años.

El rey Docknel se levantó lentamente de la silla sin dejar de limpiar los lentes y se sostuvo sobre sus dos viejas y frágiles piernas. Dos jóvenes sirvientes ebitilis, Pobby y Fandiliny, corrieron a ayudarlo, pero el anciano ebiti los apartó de un empujón. Estaba a punto de acabar de escribir sus pergaminos, y eso hacía que se sintiera bastante fuerte, como si fuera joven de nuevo. Sonrió en su fuero interno y dejó escapar una risita. Pobby se dio cuenta y se preguntó en qué estaría pensando el anciano.

—Majestad —comenzó a decir, esperando parecer más seguro de sí mismo de lo que estaba—, si está riéndose de un chiste, ¿por qué no lo comparte con nosotros?

—Claro, joven —respondió Docknel, sonriendo para sus adentros ante el nerviosismo de los jóvenes sirvientes—. Pensaba en la idea de volver a ser joven, intentaba recordar qué aspecto tenía, corriendo de aquí para allá en los viejos tiempos... Pero todo lo que he visto ha sido a un joven corriendo de aquí para allá con lentes y un bastón de madera, ¡burlándose de la gente!

Pobby se rió entre dientes en señal de agradecimiento. Sin embargo, Fandiliny no había prestado atención, ya que estaba pensando en qué contendrían los pergaminos que Docknel tenía en las manos.

—Majestad —dijo Fandiliny sin titubear—, ¿sería una grosería por mi parte preguntarle al señor qué ha escrito en los pergaminos?

Pobby le dio un codazo, asintió y le reprochó:

—Claro que sí, ¡es la pregunta más grosera que jamás se haya hecho! ¡En los asuntos del rey nadie debe entrometerse!

Los tres bajaron las escaleras poco a poco, procurando no ir demasiado rápido para Docknel. Y es que, si lo hacían a toda prisa, el rey iba a desorientarse, ya que tenía muy mala vista. Sin embargo, Docknel no consideraba necesario confesarles que sabía andar solo por su reino gracias al resto de sus sentidos. Creía que sería de mala educación y además, si la gente se enteraba, no muchos jóvenes irían a ayudarle a bajar las escaleras, y él disfrutaba de su compañía.

—¡Pero...! —insistió Fandiliny. No iba a rendirse tan rápido; su curiosidad no se lo permitía—. Majestad, a una servidora le encantan los pergaminos que el señor ha llenado con las historias que ha aprendido y escuchado a lo largo de los años... ¿Son estos pergaminos similares a aquéllos?

Docknel escondió una sonrisa, negó con la cabeza y lanzó un suspiro.

—¿Los ha leído todos? Señorita, quizá más tarde sepa qué contienen mis pergaminos. Ahora mismo debemos tratar otro tema. ¿Están los dos deseosos para el festival de esta noche?

Los ojos de los jóvenes brillaron de alegría, y ambos hablaron de cuánto les gustaba lo que estaba a punto de acontecer:

—¡Oh, sí! ¡Esto es lo que siempre he querido!

—Sí, una madre me dijo que habrá pudin...

—Y pastel de canela...

—¡Y sidra de madreselva y caramelos!

—¡Mermelada melosa de membrillo!

—¡Pastel de fresa, y té de ajo!

—¡Infusión de semillas de diente de león!

—Un momento —interrumpió Docknel, de pie en lo alto de las escaleras y mirando a Pobby con gesto de asombro—. ¿Acaba de decir «té de ajo»?

El sirviente se sonrojó, respondió que sí muy avergonzado y los tres se echaron a reír.

Chobly estaba tratando de hacer un anuncio, pero sólo una persona le prestaba atención. La fiesta había terminado, los pequeños estaban acostados, el vino se había acabado, casi no quedaba comida (sólo unas pocas personas <u>no</u> se habían dado un atracón), y los que aún podían sostenerse en pie estaban entretenidos charlando. De modo que el rey decidió tomar cartas en el asunto.

—¡HOLA! —dijo con voz de trueno.

Desde la fuente del césped donde se encontraba Docknel sólo podían verse las miradas de asombro de los invitados.

—Bueno, hummm, Choobly requiere su atención, si son tan amables...

El único ebitili esbozó una sonrisa y le dedicó un gesto de gratitud a Docknel. Después anunció con su característico refinamiento y jovialidad lo que tenía que decir:

—Ahora que finalmente gozo de toda su atención, quiero asegurarme de que están pasándolo bien.

Recibió como respuesta una gran ovación, y un par de sombreros volaron por los aires.

—¿Eso es todo lo que va a decir? —le preguntó alguien, después de que los aplausos remitieran.

—¡Cierre la boca, jovencito! No, aún no he acabado. Era una simple pregunta… —Choobly negó con la cabeza y prosiguió con su discurso—: Ah, sí… Tengo el placer de comunicarles que cualquiera que así lo desee puede subir al escenario a interpretar una canción.

La recién aparecida luna iluminó las sonrisas de la gente y, tras debatir quién sería el primero en actuar, un joven que se presentó como Macklen cantó la canción favorita de su familia:

> *Yo, sólo yo puedo ver*
> *tu bello semblante.*
> *Tú, sólo tú puedes saber*
> *cuándo alguien miente.*
> *Es bello:*
> *¡Burdo… es la B!*
> *¡Espantoso… es la E!*
> *¡Lamentable… es la L!*
> *¡La L ya la sabes!*
> *¡Ordinario… es la O!*
> *¡Ése es mi homenaje*
> *a tu bello plumaje!*

Todos los invitados lo vitorearon, y tras cantarla otras dos veces por petición del público, el joven Macklen hizo una reverencia y se sentó. Subió otra joven al escenario, pero esta vez se trataba de una eriza. Sus orejas no eran tan puntiagudas como las de los demás erizos, era bastante pequeña y menos robusta que el resto. Tenía la piel de un marrón dorado, y los ojos de color azul cielo. Habló con una voz dulce pero rasgada:

—¡Hola a todos! —saludó esbozando una sonrisa—. Me llamo Jennily, y soy la hija de Carnilly y Jenniliny. Voy a recitar un poema que encontré entre dos piedras, junto a las puertas del huerto, que se titula... Bueno, no tiene título, pero por varios motivos creo que se trata de un acertijo...

La ovación volvió a apoderarse de la sala, la gente reía de pura alegría al pensar que iban a plantearles un acertijo. A los habitantes de Anderaddon les encantaban. La eriza asintió una vez que se hizo el silencio y leyó un fragmento del pergamino que sacó del bolsillo de su delantal:

Los puros de corazón
no conocen de mi existencia,
pero si has encontrado esto,
léelo con paciencia:
«No tengo ni forma ni vida,
pero si quieres alcanzarme,
ataca, no salgas a la huida.
Sin él no se puede cocinar
y la muerte debemos esperar.
Por favor, escucha con atención
nadie bueno conoce esto

según mi descripción.
Ahora esta historia está en tu poder
y guardarla y develarla es tu deber»

Reinó el silencio durante dos minutos. La gente estaba cavilando, pero poco a poco empezaron a aplaudir. Nadie podía quitarse de la cabeza el acertijo mientras la siguiente persona cantaba una canción. ¿A qué se refería?

Al suroeste de Anderaddon, en un islote llamado Isla del Asesino, se alzaba un castillo. Las criaturas que allí habitaban eran asquerosos loros marinos, ratas marinas, comadrejas marinas y lagartos marinos, todos ellos gobernados por su rey, Escurrespada. Era un malvado loro gigante tan escurridizo como una anguila a la hora de confiar en él. El último rey, Jockle, era una despiadada rata marina, y su capitán de barco preferido era Escurrespada, entonces conocido como Lanzaespada. Una noche, mientras Jockle disfrutaba de una cena de gala para celebrar el botín que sus capitanes le habían llevado aquel día, dio la «casualidad» de que a Lanzaespada se le «escurrió» la espada de la mano y cayó en la pata delantera de su rey. Jockle lo maldijo y lo retó en duelo. Lanzaespada, a sabiendas de que el rey era mayor que él y que estaba herido, aceptó de buen grado. Jockle ya era otro cuerpo sin vida en el mar que rodeaba la Isla del Asesino.

—¡Hola!

—¡Oye, maldito idiota, acabas de ensuciar mi nuevo traje de seda!

—Oh, no estoy muy seguro de que haya sido Perro Asesino quien me ha rasgado el traje. ¡Él piensa como tú!

La sala era un caos total: la gente se peleaba, todo estaba manchado de vino... El nuevo rey había dado a los tripulantes los trajes de terciopelo y seda de los capitanes, así como barriles llenos de vino. Era su modo de demostrarles que era una persona de fiar. Y lo consiguió.

Escurrespada se puso frente a las dos largas y anchas mesas atestadas de comida. Se aclaró la voz para llamar la atención de la gente, pero nadie le hizo caso. Pidió en voz alta que lo escucharan, aunque nadie pareció darse por aludido.

¡ZAS!

Se oyó el grito de dolor de un lagarto marino que estaba de pie sobre la mesa. Escurrespada había lanzado su daga y se había clavado en la larga cola del lagarto. Toda la sala observó a su rey mientras el lagarto se lamía la herida. Una comadreja tomó la daga de Escurrespada y observó con asco la sangre morada que impregnaba la hoja.

—Oye, comadreja, ¡devuélveme mi daga!

Escurrespada estaba enfurecido. Les había pedido que le prestaran atención, pero nadie le había hecho caso. Sabía que tenía que hacer algo para ganarse el respeto de los demás, y la única manera de conseguirlo era que lo temieran.

La comadreja corrió rápido hacia Escurrespada, demasiado rápido. Tropezó con una botella vacía de cerveza y los que estaban a su alrededor se echaron a reír. Sin embargo, se callaron de inmediato ante la gélida mirada del rey Escurrespada, cuyos ojos temblaban de rabia.

—Ustedes... —empezó a decir, escupiendo saliva a todos lados— son... ¡son imbéciles! ¡Todos ustedes! ¿Y yo? Bueno, ¡yo soy la única persona con sentido común en este reino! ¿Debo recordarles quién es el rey? ¡YO! ¡YO SOY EL REY! Cuando digo que me presten atención, ¡me prestan atención!

El silencio imperó durante un par de minutos. Escurrespada ya sabía que había captado toda la atención y que, obviamente, en ese momento lo respetaban más (al lagarto se le había caído toda la cola). No obstante, el rey no quería que lo odiaran, de manera que continuó hablando con un tono más amable.

Le dio una palmadita en la espalda al loro que tenía al lado y dijo entre risas:

—Bueno, a veces uno tiene que desahogarse, ¿verdad? ¿Qué les parece si se llenan las copas de vino?

La gente estaba estupefacta ante el repentino cambio de humor del rey, aunque no osaron cuestionar al temido y poderoso Escurrespada.

—Ah, cariño, ¿has venido a hacerme compañía?

Era una espléndida mañana en Topal Land. Los pájaros cantaban, el sol brillaba y Loolane estaba en la terraza, desde donde oteaba toda la ciudad. Ésa era una costumbre de la esposa de Docknel, aunque él apenas iba a visitarla. Sólo lo hacía cuando tenían que hablar de temas importantes.

—Oh, Loolane...

Loolane se preocupó por el nerviosismo que percibía en la voz de su marido. Rara vez iba a verla, y se preguntó en voz alta qué querría en esa ocasión:

—¿Qué te trae hasta aquí esta maravillosa mañana? Espero que no sea nada que nos ponga de mal humor.

—No, no es nada de eso… Anoche no podía conciliar el sueño, y cuando finalmente me quedé dormido, unos jóvenes ebitilis vinieron y me despertaron. Yo…

Ella esperó un instante a que su marido acabara la frase, pero al ver que no lo hacía, le preguntó:

—¿Por qué no podías dormir?

—Oh… —titubeó Docknel—. Eh, no estoy seguro, la verdad. No se me iba de la cabeza el poema que la joven eriza recitó… pero no sé el motivo.

—¡Ah, sí! Mucha gente me ha hablado acerca del poema, pero cuando lo recitó yo estaba dentro acostando a los pequeños. ¿Te acuerdas de cómo decía? Debo admitir que me encantan esos poemas que los jóvenes recitan a las mil maravillas.

—No, no me acuerdo. Si no te importa, debo ir a hablar con… ¿Cómo se llama? Jennily, sí, ¡gracias!

Docknel le dio un beso a su mujer y bajó las escaleras tan rápido como pudo. A los cinco minutos ya se encontraba en el gran comedor, preguntando si alguien sabía dónde estaba Jennily. Recibió muchas respuestas distintas de un grupo de puercoespines.

—Sí, majestad, ¡se ha ido por ahí!

—No, no, Jennilimmigally, no. Estaba en la cocina robando comida.

—¡No, estás equivocado! La eriza se fue al huerto, con el resto de sus compañeras.

—¡No! Jennily no está ahí, ella…

Una joven ratoncita les interrumpió con una sonora risotada y aseguró:

—Disculpe, pero la señorita Jennily está en la cama, escondiéndose de las preguntas que le hace la gente sobre el acertijo. ¡Je, je, je! ¡Están todos equivocados!

Varios puercoespines chasquearon la lengua en señal de desaprobación, horrorizados ante la grosería de la ratoncita.

—¡Gracias a todos por su ayuda! —dijo Docknel al grupo—. Pero como ella es su amiga...

—¡Oiga! ¡La mejor amiga!

—Como ella es la mejor amiga de Jennily —matizó Docknel con un gesto de desdén, al mismo tiempo que la joven ratoncita hacía un gesto triunfal—, creo que sabrá mejor que ustedes dónde se encuentra. ¡Gracias!

Los puercoespines asintieron y se marcharon, burlándose de él.

—¡Pero bueno! Hay que tener valor...

Docknel estaba en el pasillo, delante de la habitación de Jennily. Llamó a la puerta, pero le pareció que dentro estaban ocupados con otra cosa.

—Señor, si no le importa, creo que entraré y les avisaré de que hay alguien esperando en la puerta.

—De acuerdo, me parece bien —respondió él sonriente.

Oyó que a la madre de la eriza, Carnilly, se le había caído algo de las manos, probablemente por la sorpresa que le había provocado saber que el rey estaba en la puerta.

—Oh, querida... —masculló, y se apresuró a arreglar la habitación—. ¿En la puerta? Hazlo pasar.

La ratoncita abrió la puerta, poniendo los ojos en blanco.

—Majestad, adelante, por favor —le dijo. Y añadió entre susurros—: Pero tenga cuidado con la madre, quizás intente limpiarle...

El rey esbozó una sonrisa y entró. Después, retiró una pila de libros de una silla y le ofreció el asiento a una señora Carnilly bastante nerviosa.

La señora sonrió y aparecieron dos hoyuelos en sus mejillas sonrosadas, rechonchas y rosas. Se arregló el delantal, pidió a su hija que fuera y le hizo un gesto a Docknel para que se sentara en la silla que tenía detrás de él.

—Majestad, ¿es cierto que quiere ver a mi hija por el acertijo?

Él movió su larga cola y sonrió avergonzado.

—Sí, señora, pero si ella no está de humor para hablar de ello, en ese caso discúlpenme...

—No, señor —dijo Jennily sonriendo—. Es todo un honor que venga a visitarnos un hombre tan ocupado como usted... ¿Le gustaría volver a leer el acertijo?

El rey asintió, muy contento de que hubiera accedido a recibirlo, ya que tenía la extraña sensación de que tendría que marcharse al día siguiente.

Jennily sacó un gran libro de poemas y lo abrió por la mitad, donde guardaba el trozo de pergamino. Se lo entregó a Docknel y éste lo leyó dos veces. Estuvieron callados un rato.

—Majestad —dijo Jennily, incómoda por haber roto el silencio—, ¿lo entiende?

Él suspiró y respondió:

—A medias, señorita, aunque creo que deberíamos consultarlo con más gente al aire libre. Bueno, si a usted y a su madre les parece bien...

Ambas asintieron, de modo que Docknel, Jennily y Rolly la ratoncita caminaron hacia el huerto.

Esther Earl
Cuaderno Lima
Invierno de 2007

El corazón me latía a toda prisa. La cabeza iba a estallarme y el dolor del costado era más fuerte de lo habitual. Observé la radiografía mientras las mariposas me revoloteaban en el estómago y los ojos se me llenaban de lágrimas. Estaba nerviosa. Preocupada. Asustada.

—¿Y eso qué significa? —preguntó mamá al radiólogo, con una ceja arqueada en señal de incredulidad.

—Significa que tiene líquido en los pulmones, y eso impide que se expandan como deben. Les entregaremos una copia para que se la lleven al médico, y él o ella les dirá adónde deben dirigirse después.

Me asaltaron muchas preguntas, pero estaba demasiado impactada y avergonzada para hablar. ¿Hay demasiado líquido? ¿Es grave? ¿Han visto algo parecido antes? ¿Quién puede saberlo? Yo no, desde luego...

—Esther, te ha hecho una pregunta.

De repente volví a la realidad y, en la medida de lo posible, le presté atención a aquel hombre.

—¿Te ves capaz de ir caminando hasta la consulta del médico?

He vivido con esto en los pulmones durante tres meses, ¿y ahora quiere saber si puedo caminar hasta el otro lado de la calle?

—Sí, creo que sí —respondí, con la voz un poco temblorosa.

—Bien. La secretaria les dará una copia de la radiografía, para que se la entreguen al médico. ¿De acuerdo? Por favor, siéntense en la sala de espera.

Después de indicarnos adónde debíamos ir, tomamos asiento. Mi madre estaba absorta en sus pensamientos, y yo, en los míos.

¿No es increíble que pienses que un dolor en el costado puede deberse a un tirón muscular, y al final resulta ser líquido en los pulmones? Eso fue lo que pensaron mis padres, que era un tirón. Bueno, seguramente no sería más que neumonía o tuberculosis, pero, con un poco de suerte, ni eso.

Veía la mirada vidriosa de mi madre... Tenía algo en mente. Probablemente estaría pensando en la vida. En aquella época vivíamos en una calle cercana a Cours Mirabeau.

[Advertencia: La historia sigue con Carly, un personaje ficticio, como protagonista. Se trata de la continuación de la historia anterior, y fue escrita en la misma época. Los acontecimientos que describe Esther son reales, le sucedieron a ella, incluyendo la graciosa imitación del acento francés.]

Los padres de Carly volvieron a entrar en la habitación. Su padre tenía un semblante serio, y su madre, el rostro lleno de manchas y los ojos hundidos. Estaba llorando, pero quizá no porque les hubieran dado una mala noticia; lloraba mucho, pero a lo mejor eran lágrimas de alegría...

La asaltaron muchas dudas, aunque, de alguna manera, sentada en aquella cama de hospital con un tubo que le salía del costado, se aferró a una brizna de esperanza.

—Carly —le dijo el médico que entró a la habitación con gesto serio. Iba acompañado por la doctora Janie y otra doctora a la que no conocía.

La doctora Janie apoyó la mano en la cama de Carly y esbozó una leve sonrisa. Carly ya podía sentir la tensión en el ambiente, oír el denso silencio de los cinco, y durante algunos segundos nadie dijo nada.

—Cagly —repitió la doctora Janie con su acento francés—. Tenemos que dezigte algo impogtante, algo que noz cuesta mucho desig. Ultimamenté haz tenido dificultades para guezpigar, y hemos vigto que se debe a que tienez liquidó en los pulmones. Al pginzipio pensamos que tenías neumonía, pego hemoz descubiegto que tienes un tumog en el cuello. De modo que el jueves te tgazladaguemos al hopital de Aix-en-Provence, pogque están especializados en cánceg infantil. Hablaguemos con los médicos de allí sobge tu caso. Son muy amables y cuidagán muy bien de ti. *D'accord? On parles plus demain, mais je dois vais à un autre place.* Erez muy ezpezial, Carly. *Et on touts t'aime! Plus tarde!*

[Se desconoce la fecha exacta]

Queridísima Sophie Amelia Bush:

¿Qué tal te encuentras? ¿Es Suxbury un lugar agradable? Me encantaría ir a visitarte, pero acabamos de mudarnos a la casita de Delham, y no creo que estemos instalados hasta pasadas al menos tres semanas. Y para entonces tú ya te habrás marchado. Te envío un enorme abrazo.

Tuya,

ESTHER G. EARL, ETCÉTERA, ETCÉTERA

[Se desconoce la fecha exacta]

Querida Jane:

Estoy sentada al escritorio, deseando de todo corazón tenerte a mi lado, ya que los días aquí son aburridos y ociosos. Practico francés a diario, y madame Dupont dice que, si sigo a este excelente ritmo, ¡pronto podré ir a Francia a visitarte! ¡Oh, deseo verte con todas mis fuerzas! ¿Qué tal se encuentra Patrique? Espero que bien.

Te extrañamos, ¡en especial mamá! Jane, se pasa el día deseando que estuvieras aquí para verla envejecer.

Me hace mucha gracia pensar en esa historia que me contaste sobre mamá haciéndose vieja.

Tengo que ayudar a preparar la cena. *Bisous!*

Tu hermana que te quiere,

CATHERINE LILLY MAFFY

[Se desconoce la fecha exacta]

Maria, ma belle:

La France, c'est magnifique, je elit, c'est parfait.

Patrique continu à faire toret son traivaille, at je suis à la maison, sans rien a fay. Et ba! Catherine à m'euire hier, et ce dit que vous son en ai ennui. Pluff! Moi, j'ai beaucoup d'ennir aussi.

Dit à mama que je t'aime, et je reviens depuis un moment!

Sincerement, la soeur

JANE LOUISE MAFFY

16 de junio de 1662

Querido diario:

Hoy me he sentado a pensar. ¿Qué sería de mí si naciera en un tiempo futuro? Primero de todo, habría máquinas con cerebro, y harían todo lo que se les demandara. En segundo lugar, haría que desapareciera la pobreza, y la gente no se moriría, a menos que así lo desearan.

Y no se me ocurre nada más, porque estoy muy cansada para pensar.

Tuya,

MARIE THERISE MUFFILINE

El corazón me dio un brinco cuando sonó el timbre. Corrí a atender al siguiente cliente y me fijé en la chica que esperaba en el mostrador, con las cejas arqueadas hasta lo alto de la frente y un mohín de enojo. Me miró directamente a los ojos y lanzó un suspiro de impaciencia.

—¿Vas a preguntarme en qué puedes ayudarme o te vas a quedar ahí comiéndome con los ojos?

Abrí la boca para preguntárselo, pero sólo fui capaz de aclararme la voz. Mi mente procesaba el hecho de que, por lo visto, la chica más guapa también era la más maleducada. A menos que me tragara mis palabras, perdería el control y acabaría por preguntarle a qué venía esa actitud.

—¡Oye! ¡¿Qué te pasa?! ¿Aquí se atiende a la gente o qué? —insistió casi a gritos, con los brazos en jarras.

—Hummm, ¿por qué las chicas más guapas siempre parecen ser las más...? —dejé la frase sin acabar, saqué un chicle del bolsillo y me lo metí rápidamente en la boca—. ¡Mmm! ¿Quieres uno...?

Ella frunció el ceño e hizo una mueca de repugnancia.

—¿Puedo ver al encargado? —me preguntó de inmediato.

—Vaya... Pues da la casualidad de que... yo mismo soy el encargado —farfullé, intentando apartar los ojos de sus orificios nasales, desde donde sobresalían unos pelitos.

En ese momento sentí una necesidad irrefrenable de abrir el casillero de Mandy, mi compañera de trabajo, tomar las pinzas de depilar, saltar por encima del mostrador y quitarle todos los pelos de la nariz a aquella chica. Pero me contuve, ya que Mandy se había llevado a casa las llaves de su casillero, y también porque podría parecer extraño. Fue mi propia nariz la que me sacó de mis pensamientos, ya que estornudé tan fuerte que incluso Brat dejó la frase a medias.

—Tú —repitió Brat, ya que, por lo visto, llevaba un rato hablando—, ¿tú eres el encargado de Vidvine?

Aquel tono de incredulidad me molestó, pero asentí y le pregunté con amabilidad qué deseaba. Sin embargo, cómo no, ella me interrumpió:

—Es imposible que tú seas el encargado. Parece que tienes mi edad, incluso menos. Tengo que...

—Hummm... —respondí yo, poniendo los brazos en jarras de manera teatral y agitando la cabeza a toda prisa—. Tengo diecisiete años, acabé el instituto y mi padre es el dueño de esta tienda.

Brat arqueó las cejas y puso los ojos en blanco.

—Muy bien. ¿Cuánto vale esta bolsa de papas? ¿Y nos conocemos?

Me quedé mirándola, con un nudo en el estómago de pura rabia.

—Antes de nada, ¿te has encabronado por una bolsa de papas? Y en segundo lugar, sí te conozco, de la clase de teatro.

Me reí para mis adentros por la broma, pero no cambié mi semblante enojado por pura diversión.

[Obra de ficción sobre el acoso escolar (2009). Prólogo]

¿Quién fue el que empezó a decir eso de que los chicos no lloran? Una vez mi padre comentó que él no había derramado «ni una sola lágrima» en toda su vida. Pero, si se me permite la pregunta, si un chico está destrozado, ¿se supone que debe hundir la cabeza y quedarse callado? ¿Qué tengo que hacer yo? ¿Aguantarme las ganas de llorar? Pues lo único que diré es que, si eso es así, va a costarme mucho.

Tom y yo somos muy buenos amigos; siempre lo hemos sido. Puede que él sólo esté en segundo curso, pero le gustan el deporte y otras cosas que a mí también me divierten, de modo que nos llevamos muy bien. Algunas personas, como Rufus E. Copan, se burlan de mí por jugar con un chico tres años menor. Rufus E. es un jugador de fútbol corpulento al que le encanta aterrorizar a los pequeños y joder a los profesores. Además, su padre, el señor Copan, es el dueño de un importante bufete de abogados y su familia dona mucho dinero a la escuela, por lo que todo el mundo (es decir, los profesores) adoran a Rufus E. La verdad es que no me importa demasiado que se meta conmigo, pero me molesta que también lo haga con otros chicos.

Por ejemplo, hoy en el recreo Tom y yo nos hemos acercado, como siempre, al montón de arena que hay junto a los columpios. Estábamos construyendo una ciudad de arena y destrozándola con nuestros enormes pies cuando vinieron Rufus E. y sus «amigos».

Al principio no les hicimos ni caso, pero son tan idiotas que no nos dejaban en paz. Tiraron todos nuestros edificios y nos llamaron nenitas. Podría haber reaccionado y responderle: «Sí, soy una nenita porque me divierte jugar con niños más pequeños; pero tú no eres una nenita porque te haces el duro y te burlas de la gente para subirte la autoestima, ¿verdad?» Entonces Rufus E. me diría: «¡Eres un...!» Pero yo le daría un puñetazo antes de que él tuviera tiempo de agarrarme. En lugar de ese brillante plan, balbucí mientras sonaba la campana y, rápidamente, cada uno se puso en la cola de su clase y nos hemos gritado adiós.

¡DUP! El leve ruido que se oía era sordo, parecido al que produce una manzana podrida al caer del árbol en un bosque oscuro y terrorífico donde nadie puede oír su aterrador...

—¡Rufus!

¡Qué susto! Otra vez me despertaba el grito de mi madre, que me llamaba desde el pie de las escaleras. (Cada vez que se me repite ese sueño alguien me interrumpe, de modo que no pude evitar darme cuenta de ello.) A toda prisa salté de la cama cómoda pero con olor a boñiga, me puse las zapatillas y bajé las escaleras. El brillante sol de la mañana era casi cegador.

—¡Aquí estás, tonto! —me saludó mamá y me dio un beso en la mejilla—. Pensaba que nunca ibas a despertarte; ¡el día casi ha acabado!

—Mamá... —me resultaba imposible no discutir con ella—. ¿Te das cuenta de que sólo ha pasado una hora desde el desayuno?

Ella se volvió hacia mí no con desdén, sino con curiosidad.

—Ya lo sé, cariño, pero si te pasas el día dormido, ¿qué harás por la noche?

Esforzándome por encontrar una respuesta, me dejé caer en la silla y desganado comí, mientras pensaba en por qué me había quedado dormido hasta tan tarde. Seguro que mucha gente se quedaba dormida, pero normalmente me despertaba antes incluso que mamá; ¿por qué aquel día había sido distinto?

Día tras día, semana tras semana, estaba convirtiéndose en una rutina. Durante dos meses seguidos me quedé dormido todas las mañanas hasta una hora más tarde del desayuno, momento en el que me llamaba mamá y yo bajaba las escaleras de mala gana. En la neoescuela apenas era capaz de prestar atención; al mediodía, comía y hacía garabatos, sin pensar; en el recreo me quedaba sentado, abría un libro y fingía leer. Al volver a casa, me daba un baño, cenaba y me iba a la cama... Y al día siguiente, vuelta a empezar. De vez en cuando sucedía algún cambio en mi rutina (un paseo al lago Kiko, una visita al árbol del dinero), pero, aparte de eso, parecía un zombi. Mamá estaba preocupada.

—Rufus —repetía constantemente—, ¿te has comido la verdura...?

Obra de ficción romántica (2010)

Ce n'est pas vrai, tu m'adores

Mientras estaba allí sentado, viéndola parlotear alegremente sobre los zapatos que había encontrado, no podía evitar preguntarme qué tacto tendría su cabellera si la recorriese con los dedos.

—¿Te gusta?

—Oh... —empecé a decir, intentando recordar dónde estaba—. Perdona, pensaba en... la cena.

Ella me miró con las cejas arqueadas, se rió y esbozó una gran sonrisa.

—La cena es muy importante, ¿verdad? —me preguntó, y tras ver que yo sonreía, prosiguió—: Te decía que el viernes voy a ir al cine con Renée y Lily. Me preguntaba si te gustaría venir...

—¿Como una cita doble? —bromeé, guiñándole el ojo. Sin embargo, en el fondo esperaba que dijera que sí. No importaba que Lily y Renée fueran heterosexuales.

Ella pareció desconcertada, e inmediatamente contestó:

—No, no. Como amigos.

Intenté sonreír, pero debí de poner un gesto de dolor, porque ella me preguntó si me encontraba bien.

—Sí, muy bien, gracias —le respondí sonriente—. Bueno, vamos a hablar de ti. ¿Qué tal estás?

—¿Acaso no hemos estado hablando de mí hasta ahora? —me lanzó una sonrisa burlona, levantando sus preciosos labios pintados de rosa—. Supongo que nunca sabes lo suficiente de mí, ¿eh?

Justo cuando iba a responderle con sarcasmo, llegó la comida. Normalmente, cuando salimos, el mesero se confunde: me da a mí la comida de Kaitlyn, y a ella la mía. Esta vez no fue una excepción.

Tomé con avaricia la bomba de colesterol que Kaity había pedido y aparté su ensalada de sus labios fruncidos (a menudo se burlaba de mí y me llamaba «carnívoro», porque estaba asqueado de la comida sana).

—Como iba diciendo... —proseguí—. ¿Qué tal el trabajo? Últimamente no te veo nunca...

Kaity levantó la vista y le dio la vuelta a su labio inferior, aunque tenía una mirada juguetona. Me dio un toquecito en la mano con la que no sostenía la hamburguesa, sin darse cuenta del cosquilleo que me dejó al apartarla.

—Pobrecito, ¿has echado de menos a Kaity? —bromeó entre risas.

—Ja, ja, ja... —le dije con el ceño fruncido—. Aún no me has respondido...

Entonces ella fingió ponerse muy seria y finalmente me contestó:

—Bueno, para ser sincera, el mundo es una mierda. He intentado conseguir un ascenso en el trabajo, pero ya le han dado el puesto a una psicópata tetona, culona y rubia.

Kaitlyn era la ayudante del ayudante (o lo que sea) en la revista más chic (¡supongo que los que dicen ser los más chic están equivocados!) de Nueva York: *La Cartera del Ladrón*. Por extraño que parezca, no tiene nada que ver con ladrones, y sí con carteras y cosas por el estilo. Es una revista de moda, y su ayudante se había fugado con el ayudante del editor. Kaity quería conseguir uno de esos puestos (ayudante del editor o la del siguiente que le diera un empleo), pero, al parecer, no reunía las aptitudes necesarias. No comprendo cuáles son las aptitudes que debes tener para elegir un traje de chaqueta y pantalón de papel de aluminio para el segundo *must have*, como en el tercer número del séptimo volumen de *La Cartera del Ladrón* que Kaity me obligó a leer. Recuerdo que fue una tortura.

—¿Tu jefe es un hombre? —pregunté, porque no me acordaba.

—Ojalá —dijo riéndose—. Pero no, es una mujer. Supongo que hoy en día las conejitas de *Playboy* tienen estudios.

—Siento mucho que no consiguieras el ascenso —le respondí. Se lo dije en serio, pero también me sentía incómodo hablando sobre chicas tetonas con Kaity—. Te lo mereces; después de todo, ellas pueden trabajar como strippers o conejitas y tú...

Antes de que pudiera acabar la frase, Kaity me dio un zape, con las cejas arqueadas y la boca entreabierta, casi sonriendo.

—Para que conste, decirle a una chica que podría salir en *Playboy* o algo así no es un cumplido —me advirtió.

Yo me quedé mirándola, preguntándome qué acababa de hacer. Ok, pensé muy lentamente, pero acababa de pegarme, ¿no? Y... y ella...

—¿Hum? —como siempre, Kaity interrumpió mis pensamientos con sus risotadas de desdén por mi comentario—. Oye, Jude, ¿te encuentras bien?

Si me dieran una moneda por cada vez que alguien ha pensado que estaba enfermo cuando estaba reflexionando, ¡ya sería rico! Incluso millonario. Ah, sí... Kaity estaba preguntándome algo.

—¿Hum? Kaity, tú mejor que nadie deberías saber que a veces me quedo en trance. Y no —le interrumpí cuando se dispuso a decir algo—, no he ido al médico.

Silencio. Comemos. Me aclaro la garganta.

Esto mismo me había pasado cuando se lo había dicho a otras personas, pero no con Kaity. Había hecho eso de «y no, bla, bla, bla» antes, pero Kaity siempre se reía o algo. Mierda...

—¿Jude?

Levanté la vista de mis papas fritas mojadas en catsup.

—Dime.

—Jude, yo... pues... —se quedó callada, como si hubiese perdido la capacidad de hablar—. Yo... pues... estoy saliendo con alguien.

—Muy bien.

Vaya, sí que le había costado confesármelo.

—Es un tipo fantástico —añadió rápidamente, con su típico gesto nervioso—, y amable. Es el hermano de la segunda mujer del padre del hermanastro del sobrino de mi jefa.

—¡Uau! —exclamé boquiabierto.

—Sí, sí, sí. Y la sobrina de mi jefa vino a una de nuestras conferencias, y quiere ser auditora, o sea editora —en ese momento, respiró hondo y se rió de su metedura de pata—. Ella me enseñó la fotografía del hermano de la segunda mujer. Bueno, la cosa es que volvió una semana más tarde, y me presentó al chico en cuestión, que da la casualidad de que trabaja para *La Obra de Arte* —acabó de decir entusiasmada, esperando mi respuesta.

Oculté lo mejor que pude mi confusión, me levanté y fui a abrazarla. La obligué a ponerse en pie y chillé como una niña. Espera, ¿estaba emocionado?

—¡Y él te ha ofrecido un puesto de trabajo! —dije. No quería herir sus sentimientos, pero sí averiguar si lo había hecho.

—¿Cómo? —me preguntó ella. Volvió a sentarse con un gesto de confusión—. ¿Quién? ¿El chico de la foto?

—¡Sí, él! Saliste con él y te ofreció un trabajo, ¿no? ¿No es por eso por lo que estás emocionada? —yo también me senté y me sentí incómodo por el silencio—. Bueno, él es editor, eso debe significar algo...

—Hum... —murmuró ella al despertar de sus pensamientos—. Claro que sí. Claro que significa algo —añadió nerviosa y le dio un trago a la cerveza—. Los editores participan a la hora de decidir quién se va y quién se queda. Pero, Jude, ése no es el motivo por el que estoy saliendo con él.

Me quedé anonadado. La Kaity a la que yo conocía utilizaba a los hombres, no salía con ellos. Hum, quizá, después de todo, había cambiado. La miré un segundo: sus preciosos ojos verdes, sus seductores labios rojos tomando un sorbo, sus muchas pecas que ella, a diferencia de otras chicas, intentaba resaltar, su larga melena castaña, rizada y despeinada. Era más guapa que la Mona Lisa, más deseada que la Torre Eiffel, más cautivadora que el mar de primavera en España... Ella era la perfección ideal. Y sin embargo yo era su amigo; el único al que le contaba sus secretos, el único con el que bromeaba y el único al que dejaba verla sin maquillaje.

Tras una pausa ella siguió hablando:

—Estoy saliendo con él porque, bueno, me gusta mucho.

¿He mencionado que soy el único con el que habla de sus chicos? Sí, qué alegría.

—Es amable, y simpático, sexy, divertido, está bueno, y después de la cita...

Murmuré algo para animarla a seguir con su descripción tras una larga pausa. Exactamente fue «¿Hummm?», cuando intentaba decir «¿Estás segura de que no es un idiota como tus demás ligues? ¿Y por qué has hecho una pausa?» Pero ella continuó:

—¡Oh, Jude! —suspiró, como si estuviese en el séptimo cielo—. ¡Es fantástico! En nuestra primera cita fuimos a Le Diamonde; ya sabes, ese restaurante francés de la calle Dos. Bueno, pues llegué más tarde que él, ¡y estaba esperándome en la azotea! Da la casualidad de que conoce al dueño, y nos pusieron una mesa especial allí arriba. Nos reímos mucho, charlamos y nos conocimos. Él es de Baltimore, y se especializó para ser escritor en la universidad. Checa esto: ¡fue a Harvard y a la Facultad de Derecho de Harvard!

Yo estaba impasible; por fuera, al menos. Por dentro estaba que echaba humo. El tipo ese había ido a Harvard tal y a Harvard cual mientras yo me había quedado en la universidad de la ciudad, sin tal ni cual. El imbécil se había especializado para ser escritor y ahora era editor de *La Obra de Arte*; mientras yo me había especializado en abogacía y era dueño de una mierda de restaurante italiano que no conocía ni Dios, en el que no ganaba ni un peso (bueno, sí que soy algo, pero nada comparado con el señor Pez Gordo). El señor Imbécil estaba saliendo con Kaity. ¡Mi Kaity! ¡Me lleva la...! Es posible que perdiera a Kaity diez años atrás, pero eso no significa que no pueda conquistarla de nuevo. Sí, esto parece una novela bélica muy empalagosa.

—Quiere que volvamos a vernos —añadió ella, sin darse cuenta de cómo me sentía—. ¿No es genial?

Esa última pregunta fue un poco retórica, pero, como no se me ocurría qué decir, respondí cortésmente:

—Hummm, es... genial.

Esbozó una de esas sonrisas de «acaba de tocarme un millón de dólares en la lotería», radiante de felicidad, y sus facciones se hicieron más perceptibles. No, no es broma.

—Hemos quedado el viernes —dijo cautelosamente, no sé por qué razón.

Hubo una pausa y entonces caí en la cuenta. El viernes era el día en que Kaity y yo íbamos a ir a jugar a los bolos. Lo habíamos planeado dos semanas antes, porque Kaity siempre tiene la agenda muy apretada.

—Kait, el viernes íbamos a... salir, ¿no?

Su sonrisa comenzó a desvanecerse, igual que su resplandor. En una ocasión normal, me callaría para que no lo hicieran. Pero no podía, estaba muy dolido. Ella me ha gustado desde hace mucho tiempo, y cada vez que tengo la enésima oportunidad de confesárselo, me deja plantado. No lo hace a propósito, pero bueno. Un plantón es un plantón, ¿no?

—Jude... Podemos dejarlo para otro día...

—Kaity, ¿no te gusta estar conmigo? —traté de calmarme, pero mi voz era más fuerte de lo normal—. ¿No te gusta estar conmigo? ¡Llevamos mucho tiempo planeando esto! Carajo, Kait. Quizás entre un acostón y otro puedes encontrar un ratito para estar conmigo.

Tengo un problema. O me quedo corto o me paso. Y en ese momento, cuando ya era demasiado tarde, me di cuenta de que había metido la pata.

Ella parecía encabronada, y su voz, también.

—Yo no... no... no... —se calló, y pasó de apretar los dientes a esbozar una sonrisa forzada—. Bueno, Jude, tengo que marcharme. Gracias por la comida.

Acto seguido, recogió sus cosas y se fue, antes de que pudiera darme cuenta de lo que ella acababa de hacer.

Entonces me acordé de que no me había dicho el nombre del chico de la foto. Si lo supiese, podría haberlo buscado en las páginas amarillas y darle una paliza.

Recorrí la conocida calle que va desde mi casa a la boca del metro, y sólo podía pensar en Kaity. Y en la tarde de ayer.

—¡Perdón!

Salí de mis pensamientos y levanté la vista a tiempo para ver a un hombre en bicicleta justo donde yo habría estado si no lo hubiese visto. Pero una chica pelirroja parecía no verlo, y el tipo no iba a quitarse de en medio para evitar el choque.

—¡Cuidado! —grité, listo para dar un salto y apartarla del camino si no me oía.

Por suerte, ella levantó la vista, me miró a mí y después al tipo de la bicicleta, y reaccionó a tiempo para pasarse a la carretera, donde un coche estuvo a punto de golpearla.

Ella pasó por mi lado con un gesto de congoja. Por lo visto, yo era la única persona en el mundo que había sido testigo de lo que había hecho el tipo de la bicicleta. Corrí tras ella, muy enojado, furioso incluso. Acababa de librarla de un viaje al hospital, si no de la muerte (hay un trecho, ¡pero bueno!). Merecía que me diera las gracias.

—¡Ejem! —carraspeé, no de un modo demasiado evidente.

Ella se volvió hacia mí y me asustaron aquellos ojos verdes que miraban directamente a los míos sin la más mínima expresión.

—Gracias por salvarme la vida. Me hiciste un favor —me dijo tras detenerse. Me resultó raro que no se mostrara más agradecida—. Gracias de nuevo —insistió, me estrechó la mano y se marchó.

Estaba atónito. Otra vez. Ella apenas reconoció mi mérito, y mientras se alejaba con sus botas altas de un azul claro, sentí que había sido un juguete para ella y que, cuando consiguiera uno nuevo, me vendería en un mercadillo. Volví a correr tras ella, con la sensación de ser un juguete al que le han dado cuerda.

—Disculpe, señorita, ¿se encuentra bien?

Muy suave, lo sé.

Ella me miró con recelo, sin dejar de caminar.

—Estoy... bien, gracias.

Por primera vez esbozó una sonrisa, y me llevé una grata sorpresa al ver el modo en que sus labios rojos jugaban con su tez blanca. Volví a dirigir la mirada a sus botas y vi que llevaba unos pantalones ceñidos de color rojo. Eran muy llamativos, no sé cómo no me había fijado antes. También vestía una camiseta de tirantes blanca y ajustada (le quedaba muy bien, ya saben a lo que me refiero...), un suéter negro y una chamarra de botones larga, y una oscura melena lisa le caía sobre los hombros.

¡Guau!

Amigos de Esther,
SQUANTUM, MASSACHUSETTS, 2010

AGRADECIMIENTOS

En primer lugar nos gustaría aclarar que éste es el libro de Esther. Como somos sus padres, hemos tenido que añadir nuestros nombres, ¡y lo hemos hecho encantados! Nuestro mayor deseo es que, tras leer este libro, tú, el lector, aprecies más tanto el misterio de la vida como la esperanza que conlleva el amor.

A nuestra editora, Julie Strauss-Gabel, y a todo el equipo de Penguin Young Readers; especialmente a Rosanne Lauer, Elyse Marshall e Irene Vandervoort. Gracias por creer en nosotros y por implicarse tanto en la historia de Esther.

A nuestra agente, Jodi Reamer; gracias por conseguir que toda la magia se haga realidad. ¡Estamos deseando volver a hacerlo!

A John Green, el amigo y escritor favorito de Esther. Su estrella brilla con más luz porque tú elegiste defenderla. Tu generosidad y compasión han hecho que todo sea un poco más fácil para nuestra familia. Nunca podremos agradecértelo lo suficiente. ¡Eres tan amable y genial como la gente piensa!

A los equipos médicos de la clínica Jimmy Fund y del Hospital Infantil de Boston; gracias por el buen trabajo que hicieron por nosotros y que siguen haciendo para muchas otras personas.

Gracias a la *nerdfighteria* y a Catitude por ayudar a Esther, sobre todo en los momentos más difíciles. Le dieron un hogar online y esperanza en la vida real. Sin su amor, no existiría una constelación en la que colocar a nuestra Star.

A todas las magníficas personas que ayudaron a transcribir los diarios, escritos, videos y demás de Esther. ¡Son una bendición!

A Alexa Lowey, la primera amiga de Esther, por todos los recuerdos y por crear la frase que llevamos en nuestras muñecas y corazones: This Star Won't Go Out.

Gracias a toda la familia Earl y Krake, por habernos apoyado a Esther y a nosotros de todas las maneras posibles, y por estar de acuerdo desde el principio en que nuestra niña de pelo revuelto era un regalo para el mundo.

A nuestros maravillosos hijos, Abigail, Evangeline, Graham y Abraham, quienes amaron a su hermana y la extrañan mucho. Gracias por dar a sus padres el espacio para llorar y escribir. Sabemos que sus corazones también están rotos y, a pesar de que no podemos evitar que sufran, siempre los querremos, ¡pase lo que pase!

Finalmente, a Esther Grace. ¡Fue tan fácil quererte…! Descansa en paz, pequeña. Seguro que volvemos a vernos.

Aquí podrán ver y leer más sobre Esther, Lori y Wayne Earl:

El canal de YouTube de Esther: youtube.com/user/cookie4monster4
CaringBridge: caringbridge.org/visit/estherearl
El blog de Wayne: timeforhope.blogspot.com/

El Día de Esther:
John Green anuncia el Día de Esther: youtube.com/watch?v=ixr4YISTmck
El Día de Esther de 2010: youtube.com/watch?v=VFX3uu6VyyU

Fundación This Star Won't Go Out:
Página web: tswgo.org
Facebook: facebook.com/TSWGO
Tumblr: tswgo.tumblr.com

Gracias a todos lo que han hecho posible este libro con sus inestimables contribuciones

LINDSAY BALLANTYNE es una mujer desmesuradamente alta de Colorado, donde trabaja como masajista. Entre sus aficiones se encuentran hacer yoga, ir a conciertos, salir a navegar con la familia y participar en varios proyectos de la *nerdfighteria*, que es su segunda casa. La encontrarán con el nombre itfeelslikegold en Twitter, Tumblr y en todas partes.

SARA BANFIELD (Cleverestwitch) es licenciada en Artes Culinarias y conoció a Esther a finales de 2009. Vive en Connecticut, donde pasa el tiempo jugando a los videojuegos, navegando por las redes sociales, siendo una *nerd* y analizando en exceso el mundo que la rodea.

VALERIA BARR nació en Ohio y en estos momentos estudia la carrera de Filología Inglesa en Cleveland. Es parte del consejo directivo de la Foundation to Decrease Worldsuck (Fundación para Disminuir la Mierda Mundial) y planea continuar con su formación para conseguir un máster en Biblioteconomía.

PAUL DEGEORGE y su hermano menor Joe crearon el grupo Harry and the Potters en el año 2002. Son considerados los fundadores del wizard rock (un género musical basado en Harry Potter) y han pasado gran parte de la última década de gira por Estados Unidos y otros lugares. Paul también es cofundador, miembro del consejo directivo y director de campañas y operaciones de la Harry Potter Alliance. Él y su esposa, Meredith Moore, son los dueños de Wonder Fair, una galería de arte y tienda de diseño en la preciosa ciudad de Lawrence (Kansas), donde residen en la actualidad. Online: harryandthepotters.com. Twitter: @hatp.

JULIAN GÓMEZ (@ittakesii) es un estudiante de Cine y Artes de los Medios en la Universidad Americana, donde forma parte del voluntariado de la Harry Potter Alliance. A Esther le entusiasmaba dicha organización y la apoyaba mucho, y ésa fue en gran parte la motivación de Julian para unirse al grupo. Es miembro de Catitude, *nerdfighter* desde mediados de 2007, y extraña mucho a Esther. Pueden encontrar sus videos en http://youtube.com/ittakesii.

TERYN GRAY es de Ladera Ranch (California) y cursa primero de carrera en la Universidad de California en Davis. Participa en el grupo de teatro y forma parte del equipo femenino de remo. Ha sido *nerdfighter* desde 2008, miembro de Catitude desde sus inicios, y ahora pasa el tiempo actuando, trabajando con las Girl Scouts de América, vlogueando, llorando por personajes de ficción y coleccionando calcetines bonitos. YouTube: holeysaintgeorge. Tumblr: holeysaintgeorge.

JOHN GREEN es escritor, ganador de muchos premios y número uno en las listas de best sellers internacionales. Entre los galardones que ha recibido se encuentran la medalla Printz y el Premio Edgar. Ha sido dos veces finalista del Premio Libro del *LA Times*. Junto con su hermano Hank, John es la mitad de Vlogbrothers (youtube.com/vlogbrothers), uno de los proyectos de video online más conocidos en el mundo. Pueden unirse a los millones de seguidores de John en Twitter (@realjohngreen) y en tumblr (fishingboatproceeds.tumblr.com) o visitarlo online en johngreenbooks.com. John vive con su familia en Indianápolis (Indiana).

La HARRY POTTER ALLIANCE es una organización sin ánimo de lucro que pone el cambio social al alcance de los jóvenes mediante el poder de la historia. La HPA reúne a fans, activistas y *nerdfighters* para formar un Ejército de Dumbledore en el mundo real, cuya labor es hacer que el mundo sea un lugar menos mierdoso. Desde 2005, la HPA ha conseguido que millones de jóvenes se conviertan en esos héroes sobre los que han leído, a través de su labor a favor de la igualdad, los derechos humanos y la alfabetización. Si alguna vez han deseado que existiera un octavo libro de Harry Potter, ¡la Harry Potter Alliance está viviéndolo! Únanse hoy a thehpalliance.org. Pueden seguir a la HPA en Twitter (@thehpalliance) y en tumblr (thehpalliance.tumblr.com).

MANAR HASEEB tiene una relación complicada pero plena con Texas, el estado donde nació. Algún día emprenderá su carrera en el rap, pero hasta entonces sigue acatando la autoridad y estudia en la Universidad de Texas en Dallas.

PAUL HUBER es un licenciado de St. Louis que ha estado implicado en la *nerdfighteria* desde 2008. Es un Ravenclaw a quien le encanta leer, el heavy metal y *Star Wars*, entre muchas otras obsesiones típicas de un *nerd*.

Morgan Johnson nació en Iowa y en estos momentos estudia un máster en Personal de Estudiantes Universitarios en la Universidad Estatal Bowling Green de Ohio. Tiene debilidad por el algodón de azúcar, las playeras con dibujos *nerd*, el color amarillo y la coma Oxford.

Alysia Kozbial (Lysh) es una aspirante a escritora que vive en Ohio. Forma parte de la comunidad de fans de Harry Potter y la *nerdfighteria* desde hace mucho tiempo. Le gusta dar largos paseos bajo las estrellas, porque sabe que la más brillante probablemente sea Esther.

Andrew Kornfield es una persona que vive en el estado de Nueva York. Le gustan las cosas buenas y divertidas, y siente una incomodidad moderada y razonable por las malas.

Alexa Lowey es de Medway (Massachusetts), donde tuvo la suerte de hacerse amiga de Esther en primer curso. Junto con su amiga en común Melissa Mandia creó en honor a Esther la pulsera verde con la frase This Star Won't Go Out. Alexa nos contó que la idea «le vino a la cabeza». Quiere a sus amigos y familiares más que a nada en el mundo y se siente muy agradecida de haber podido formar parte de este libro.

Blaze Mitteff vive en Florida, donde va a la universidad. Estaba convencida de que Lindsay, su amiga de Catitude, mandaría lo que ella había escrito para este libro.

Arka Pain estudia Filosofía y Literatura en la Universidad de Boston. Vive en Boston en la vida real y en la *nerdfighteria* online.

Arielle Roberts es parte de la junta directiva de la fundación This Star Won't Go Out y ha sido miembro de Catitude desde sus inicios en 2009. Es una estudiante de Optometría de Miami pero que en la actualidad vive en Boston. Le encanta acurrucarse en el sofá tras un largo día y ver un buen programa de televisión con una taza de té caliente.

Arielle creó expresamente para este proyecto una fuente tipográfica basándose en la escritura de Esther y ha sido utilizada en este libro.

ANDREW SLACK es cofundador y director ejecutivo de la Harry Potter Alliance (HPA) y miembro de la junta directiva de la fundación This Star Won't Go Out. Como miembro de la fundación Natham Cummings, Andrew está trabajando en la red Imagine Better: un movimiento sin precedentes que va más allá de Harry Potter y llega a todas las comunidades de fans.

Andrew es licenciado en la Universidad Brandeis y miembro de la sociedad Phi Beta Kappa. Ha escrito para el *LA Times* y la CNN, y también ha participado en la Radio Nacional Pública (NPR), el *New York Times* y ha sido portada de Forbes.com. En otros tiempos fue cómico a tiempo completo, y ahora es muy conocido por haber dado charlas motivadoras y divertidas (por ejemplo, en TEDx y en Harvard) y por haber sido orador en el Foro del Premio Nobel de la Paz.

SIERRA SLAUGHTER nació y creció en Nueva York, y en estos momentos estudia en la escuela de cine de Michigan. Las partes más grandes de su corazón pertenecen a Jesús, Will Smith, One Direction y la animación con plastilina.

LA DOCTORA JESSICA SMITH es especialista en endocrinología en el Hospital Infantil de Boston.

DESTINY TARAPE es una *nerdfighter* de veintiún años que vive en Seattle (Washington). Destiny ha sido *nerdfighter* y parte de Catitude desde hace más de cinco años y extraña mucho hablar con Esther en prácticamente cualquier momento del día o de la noche.

KATIE TWYMAN es otro más de los miembros de Catitude. Es de Minneapolis, siente un amor especial por los manatíes y por empezar proyectos poco realistas. Twitter: @katiefab. Youtube: kaytaaay.